Physique

Edition Luxembourg

Physique

**Edition Luxembourg
Volume 1**

Cet ouvrage a été élaboré par

Gerd Boysen
Hansgeorg Glunde
Harri Heise
Heinz Muckenfuß
Harald Schepers
Hans-Joachim Schlichting
Hans-Jürgen Wiesmann

avec la collaboration de

Bernd Heepmann
Wilhelm Schröder
Leonhard Stiegler

Traduction et adaptation pour le Grand-Duché de Luxembourg:

Sylvie Conter, Luxembourg
Pascal Daman, Luxembourg
Roland Sanctuary, Dudelange
Fernand Wagner, Esch/Alzette

Rédaction:

Helmut Dreißig
(rédacteur en chef)
Christa Greger
Jürgen Hans Kuchel
Christian Wudel

Graphiques et photographies:

Gabriele Heinisch (Cornelsen),
Yvonne Koglin,
Studio Meske,
Budde et Fotostudio Mahler

Conception:
Dierk Ullrich

Pour les autres sources iconographiques, consulter les références (photographies et documents).

1re édition, 2eme tirage 2007
Tous les tirages de cette édition peuvent être utilisés conjointement.
© 1996 Cornelsen Verlag, Berlin

Tous droits réservés pour l'ouvrage complet et ses parties. Toute utilisation autre que celle prévue par la loi ne peut se faire sans autorisation écrite préalable de l'éditeur.

Reliure: Stürtz GmbH, Würzburg

ISBN 978-3-464-06444-3

 imprimé sur papier exempt d'acide, issu de la sylviculture durable

Table de Matières

Mécanique I

La notion de force p. 6
1. Les effets d'une force
2. L'équilibre des forces
3. Action et réaction

Forces et mesures de forces
p. 16
1. Mesurons des forces
2. Force et déformation
3. Composition et décomposition de forces

Masse inerte et masse pesante
p. 24
1. Tous les corps sont inertes
2. Masse et poids
3. Comment mesure-t-on des masses?

La masse volumique p. 32
   La masse volumique – une propriété caractéristique des corps

Propriétés et structure des corps
p. 34
1. Un corps peut changer d'état physique
2. Le modèle corpusculaire
3. Propriétés des solides, des liquides et des gaz
4. La grandeur des corpuscules

Mécanique des liquides p. 40
1. Pression exercée par un piston
2. La pression hydrostatique
3. La pression hydrostatique et la forme du récipient
4. La poussée d'Archimède
5. Flotte ou coule?

Mécanique des gaz p. 56
1. Gaz enfermés
2. La pression atmosphérique et ses effets
3. Mesure de la pression atmosphérique
4. La poussée d'Archimède dans les gaz
5. Les pompes

Optique

Lumière et vision p. 74
1. Importance des sources lumineuses
2. La propagation de la lumière
3. La diffusion de la lumière

Angle de vision p. 84
   Taille et distance des objets

Lumière et ombre p. 86
1. Il n'y a pas d'ombre sans lumière
2. Lumière et ombre dans l'espace

Images optiques simples p. 92
1. Images dans une chambre noire
2. La chambre noire et la formation des images

Réflexion de la lumière p. 96
1. L'image dans un miroir – réalité ou illusion?
2. Réflexion sur une surface plane
3. Images fournies par des surfaces courbes

Réfraction et réflexion totale
p. 106
1. D'où la pièce de monnaie sort-elle
2. La réflexion totale

Les lentilles p. 114
1. La lentilles convergente
2. Les lois des lentilles convergentes
3. Qualité des lentilles et netteté des images
4. L'appareil photographique
5. Les projecteurs

Oeil et vision p. 128
1. L'oeil
2. La vision spatiale
3. Les lentilles corrigent les défauts de la vision
4. Une lentille augmente l'angle de vision

Voir l'invisible ... p. 138
1. Le microscope et la longue-vue augmentent l'angle de vision
2. Performances chiffrées des longues-vues

Couleurs p. 146
1. La lumière est pleine de couleurs
2. Synthèse des couleurs
3. Une faculté étonnante de l'oeil
4. Les couleurs des corps

La théorie des couleurs de Johann Wolfgang von Goethe p. 160
   Une autre explication de l'origine des couleurs

Magnétisme

Le magnétisme p. 162
1. Propriétés des aimants
2. Le modèle magnétique
3. Le champ magnétique

Chaleur I

Températures et thermomètres
p. 170
   La mesure d'une température

La variation de température et leurs conséquences p. 174
1. Les liquides et les variations de température
2. Les solides et les variations de température
3. Les gaz et les variations de température

Appendice p. 184

Chers élèves,

L'objectif du cours de physique est d'étudier les lois de la nature. Pour bien comprendre les phénomènes naturels, il faut que vous appreniez à les **observer**, à les **décrire** avec précision, à les **analyser** et finalement à en **déduire des lois**.

Pour vous aider à atteindre cet objectif, les auteurs de ce manuel on divisé chaque chapitre en une série d'éléments qu'ils vous proposent de découvrir ici. Certains de ces éléments seront traités en classe, d'autres vous serviront à compléter vos connaissances ou à satisfaire votre curiosité, même à la maison.

Introductions

Chaque sujet commence par une photo accompagnée d'une question ou d'une affirmation, afin d'éveiller votre intérêt. Ainsi, dès le début, vous serez amenés à vous **poser des questions** concernant le phénomène physique étudié dans les pages qui suivent.

Il y a quelque chose qui cloche …

Quel genre de miroir donne de telles images distordues?

Expériences

L'expérience joue un rôle fondamental dans l'apprentissage de la physique. Ce manuel en contient une multitude, qu'on peut classer en deux catégories:
Celles que vous pouvez réaliser vous-mêmes, même à domicile, avec des appareils de tous les jours. Ces expériences sont caractérisées par une lettre **E** droite.
Celles pour lesquelles il vous faut un équipement spécial. Ces expériences, caractérisées par un **E** en italiques, sont réservées au cours de physique.
Vous n'êtes bien sûr pas obligés de les réaliser toutes, mais sachez que plus vous expérimentez, plus la physique devient amusante et intéressante.

E1 Observe et décris le mouvement d'un chariot chargé d'un bloc de bois dans chacune des expériences suivantes décrites ci-dessous. Tente ensuite d'interpréter le mouvement du chariot et celui du bloc.

a) Fais démarrer le chariot brusquement en lui donnant un coup sec.
b) Arrête le chariot brusquement en le faisant rouler sur un obstacle.
c) Répète la même expérience en assurant le bloc de bois par un élas-

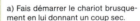

tique faisant fonction de «ceinture de sécurité» (fig. 3).

c) Déplace le chariot chargé en ligne droite et à vitesse constante, puis fais-lui décrire un virage serré.

E2 Attache deux chariots ayant différentes charges à deux dynamomètres reliés entre eux par une tige comme indiqué à la figure 4. En déplaçant la tige, tu modifies l'état de mouvement des deux chariots de la même façon.
Compare l'indication des

Info

Cette rubrique vous explique les nouvelles **notions** introduites. Il faut bien mémoriser ces notions afin que vous acquériez un vocabulaire spécifique à la physique. Vous pourrez ainsi décrire les phénomènes physiques dans un langage précis et adéquat. Ici on vous présentera aussi les **méthodes de travail** de la physique et on vous montrera comment choisir ou élaborer des **modèles** pour expliquer des phénomènes plus complexes.
Finalement, l'info vous permettra de **déduire une loi physique** à partir des phénomènes observés et des expériences réalisées et de la **transposer en termes mathématiques**. L'info est utile, même si toutes les expériences proposées n'ont pas été réalisées.

Info: La relation entre l'angle d'incidence et l'angle de réfraction

Le brusque changement de direction que subit un rayon lumineux en traversant un dioptre devient d'autant plus important que l'angle d'incidence est plus grand. L'expérience montre encore que, pour un angle d'incidence donné, la mesure de l'angle de réfraction dépend de la nature du dioptre étudié.
Le graphique 9 représente l'angle de réfraction β en fonction de l'angle d'incidence α pour les trois dioptres *air–eau*, *air–verre* et *air–diamant*. Pour des incidences faibles, les angles de réfraction sont proportionnels aux angles d'incidence. Pour des angles d'incidence supérieurs à 30°, les angles de réfraction augmentent cependant de moins en moins vite; la mesure de l'angle de réfraction β n'est donc pas une fonction linéaire de la mesure de l'angle d'incidence α.
Par ailleurs, tu remarques que le ver-

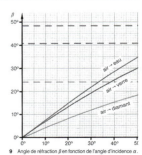
9 Angle de réfraction β en fonction de l'angle d'incidence α.

de réfraction est moins grand pour le dioptre *air–verre* que pour le dioptre *air–eau* (le changement de direction de la lumière est donc plus prononcé lorsque le pinceau lumineux pas-

Exercices

Les exercices sont le complément obligatoire de chaque sujet traité. Ils vous donneront l'occasion d'**appliquer les lois physiques** établies et vous permettront d'**évaluer si vous avez compris** la matière étudiée. Souvent, ils vous aideront à établir une relation entre les phénomènes physiques étudiés et votre environnement.

Exercices

5 Martine veut acheter un miroir de vestiaire. Elle mesure 1,60 m et ses yeux sont à une hauteur de 1,50 m au-dessus du sol.

a) Quelle doit-être la hauteur minimale du miroir si Martine, placée à 1 m du mur, veut se voir des pieds à la tête?
À quelle hauteur fixera-t-elle l'arête supérieure du miroir?

Suggestion: Quels sont les chemins parcourus par la lumière entre les pieds, respectivement la tête, et les yeux? Construis l'image!

b) Martine se rapproche du miroir. Que devient son image?

6 En regardant à travers le petit trou du dispositif de la figure 5, on aperçoit plusieurs pièces de monnaie. Explique le phénomène observé. Po... les pièces plus éloign...

Phénomènes naturels – Technique

Vous avez certainement rencontré en *biologie* ou *géographie* des phénomènes qui vous paraissent complexes. Nombre de ces phénomènes sont d'origine physique et leur explication se trouve dans cette rubrique.

Mais ces deux éléments vous montrent aussi l'importance de la physique dans la **vie de tous les jours.** Ils décrivent en outre les **applications techniques** en relation avec les phénomènes physiques étudiés, sans passer sous silence les problèmes écologiques posés par certaines de ces applications.

Ces textes méritent évidemment d'être approfondis. Peut-être ils vous inciteront à faire un exposé plus détaillé …

Phénomène naturel: Le Soleil couchant n'est pas rond!

Souvent le Soleil couchant nous apparaît légèrement aplati. Pourquoi l'axe vertical du Soleil paraît-il raccourci par rapport à son axe horizontal (fig. 11)?

L'atmosphère terrestre n'est pas un milieu homogène: la masse volumique de l'air diminue en effet avec l'altitude. Il en résulte que la lumière émise par le Soleil subit une suite de réfractions sur les couches d'air de plus en plus denses.

Une expérience (fig. 12) illustre ce phénomène. Dans un récipient en verre contenant déjà de l'eau sucrée, on ajoute de l'eau avec précaution. La surface de séparation entre les deux liquides est légèrement remuée pour ob... continu de

11

L'effet de la réfraction atmosphérique est bien visible lorsque tu observes un astre. Les rayons issus du corps céleste subissent des réfractions successives et traversent l'atmosphère selon une trajectoire courbe (fig. 13). Nous avons l'impression que l'astre se trouve dans le prolongement des rayons lumi...

Un peu d'histoire

Les découvertes qui ont fait avancer la physique au cours des siècles ne sont pas tombées du ciel. Des scientifiques ont parfois passé leur vie avant de trouver la solution à un problème. D'autres ont défendu des thèses qui se sont avérées fausses par la suite. D'autres encore ont dû renier leurs convictions sous la pression des autorités pour sauver leur tête.

Cette rubrique contient des anecdotes vous racontant des **découvertes importantes**; elle montre les difficultés rencontrées par les chercheurs. Grâce à des documents d'époque, vous verrez par ailleurs que l'évolution des sciences et de la technique a eu une influence considérable sur la vie des gens.

Un peu d'histoire: Archimède comme détective

Voici comment *Archimède*, célèbre mathématicien et physicien grec (28 – 212 av. J.-C.), démasqua un escroc:

Hiéron, roi de Syracuse, avait confié un lingot d'or à un orfèvre afin qu'il lui fabrique une couronne en or pur. Pour ne pas être trompé par l'orfèvre il avait fait peser le lingot au préalable.

Bien que la couronne fabriquée par l'orfèvre eût exactement la même masse que le lingot d'or qu'il avait reçu, le roi n'en demeura pas moins méfiant. Est-ce que l'artisan était honnête? N'avait-il pas remplacé une partie de l'or par de l'argent, caché à l'intérieur de la couronne? Pour s'en convaincre, on aurait dû détruire la couronne...

C'est ainsi que le roi Hiéron chargea Archimède de vérifier la composition de la couronne, mais tout en la laissant intacte. Le grand savant réfléchissait longtemps à ce problème difficile.

Un jour, en prenant un bain, il entrevit la solution du problème. Enthousiasmé par sa découverte, il oublia qu'il était nu et il s'élança dans la rue en criant: «Eurêka!» (J'ai trouvé).

As-tu compris? – Résumé

Ces éléments figurent à la fin des chapitres.
La rubrique **As-tu compris?** contient des exercices et des questions se rapportant à toute la matière traitée au cours du chapitre.

Le **Résumé** regroupe les phénomènes physiques, les notions, les expériences et les lois rencontrés au cours de ce chapitre. Il constitue le «fil rouge» du cours de physique. Vous le consulterez bien évidemment pour préparer les devoirs en classe. Il vous présente en effet sur un minimum de place un aperçu général de la matière étudiée.

Réfraction et réflexion totale

As-tu compris?

1 Quel point doit viser l'indigène (fig. 5)?

2 En te promenant le long d'une piscine, tu as certainement déjà observé que l'eau semble être plus profonde de ton côté que du côté opposé. Explique!

3 Pourquoi est-il dangereux de plonger dans une piscine dont tu vois le fond, mais dont tu ignores la profondeur?

Résumé
Réfraction au passage d'un dioptre

▶ Lorsqu'un rayon lumineux frappe obliquement la surface de séparation entre *deux milieux transparents*, il est **réfracté.** ◀

Lorsque la lumière passe **d'un milieu** d... ...ent

Plus l'angle d'incidence est élevé, plus la déviation du rayon réfracté ... ...p... à la direction incidente ...

La notion de force

1 Les effets d'une force

Les **forces** au sens physique du terme ne se reconnaissent que grâce à leurs *effets*. Indique, pour chaque photo, quel est le corps qui subit une force et décris l'effet de cette force.

E1 A l'aide d'un barreau aimanté, on peut changer la vitesse et la direction d'une boule en acier. La figure 8 te montre comment changer la direction.

Quelles autres possibilités as-tu pour faire changer la nature du mouvement de la boule? Décris chaque fois les changements produits.

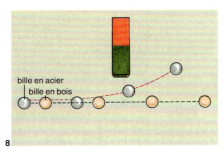

E2 A l'aide d'un crayon, mets deux voitures miniatures en mouvement de façon à ce qu'elles aient la même vitesse (fig. 9). Retire le crayon et note la distance parcourue par chaque voiture jusqu'à l'arrêt.

Répète la même expérience avec une bille en acier et un bille en verre.

Tente d'expliquer le déroulement du mouvement.

E3 Lance une balle verticalement vers le haut. Décris le mouvement de la balle de l'instant où elle quitte ta main jusqu'au moment où elle rebondit sur le sol.

E4 Dévisse la partie supérieure d'un stylo à bille.

Enfonce ensuite la mine dans la partie inférieure du stylo à bille et lâche-la brusquement.

Décris l'évolution du mouvement de la mine entre l'instant du lancement et le moment où elle percute le sol.

Qu'est-ce qui est à l'origine des variations du mouvement?

Info: La force au sens physique

10

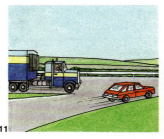
11

12

13

Dans le langage commun, le terme de force apparaît dans de multiples domaines: on parle d'épreuve de force, de force de frappe, de force navale, de force publique ...

En physique, la notion de **force** a une signification bien définie. La force, au sens physique du terme, est en rapport étroit avec les effets qu'elle produit:

○ le changement de la nature du mouvement d'un corps, ou **effet dynamique**,
○ la déformation d'un corps, ou **effet statique**.

Il y a **changement de la nature du mouvement** lorsque la valeur de la vitesse change ou bien lorsque la direction de la vitesse d'un corps change:

○ un corps, initialement immobile, est mis en mouvement (fig. 10),
○ un corps, se déplaçant à une vitesse donnée, augmente sa vitesse (fig. 11),
○ un corps, se déplaçant à une vitesse donnée, diminue sa vitesse (fig. 12),
○ un corps en mouvement change de direction (fig. 13),
○ un corps en mouvement change de sens (rebondissement d'une balle).

Les causes de ces changements de la nature du mouvement sont des forces.

Souvent, les forces provoquent aussi une **déformation**. Toutefois, celle-ci est généralement si faible qu'on peut à peine la déceler. Il est rare qu'elle soit aussi manifeste que le montre la figure 6.

Lorsqu'un corps n'est soumis à *aucune force*, la nature de son mouvement *ne peut pas* changer. Cela entraîne que:

○ en l'absence de forces, un corps initialement immobile reste immobile,
○ un corps en mouvement qui n'est soumis à aucune force continue son mouvement en ligne droite et à vitesse constante.

Ainsi, si on met une boule en mouvement et qu'on cesse ensuite toute action sur elle, celle-ci poursuivra son mouvement indéfiniment.

L'expérience montre cependant qu'au bout d'un certain temps, la boule ralentira et s'arrêtera sous l'influence des frottements entre la boule et le sol. C'est la **force de frottement** qui freine la boule.

Info: La force en tant que vecteur

Tu sais par expérience que l'effet d'une force dépend de son *intensité*, de sa *direction* et de son *sens*.

Voici quelques exemples:

○ Lors d'un tir au but, un joueur applique une force musculaire au ballon. Plus la force est intense, plus la vitesse atteinte par le ballon sera grande.

Pour que le ballon entre dans le but, la direction de la force joue un rôle évident. S'il n'y a pas d'«effet» dans le tir, la direction incidente du ballon est confondue avec la direction suivant laquelle la force agit. Cette direction est appelée droite d'action de la force.

○ Lorsque le gardien arrête un tir puissant, il doit développer une force intense. Un ballon qui roule sur le gazon, en revanche, ne subit qu'une force très faible: la force de frottement, qui le freine et finira par l'arrêter.

Dans les deux cas, la force appliquée est de *sens opposé* au déplacement.

Le terme physique pour désigner l'intensité d'une force est la *norme*. L'effet de la force dépend de sa **norme**, de sa **direction** ou **droite d'action** et de son **sens**. Souvent, l'origine (ou **point d'application**) d'une force joue aussi un rôle important (→ équilibre des forces).

Les caractéristiques norme, direction, sens, origine, sont celles d'un **vecteur**. Une force qu'on note $\vec{F}$ peut donc être représentée par une **flèche** (fig.14), dont la *longueur* correspond à sa norme. La *direction* de la flèche représente la droite d'action, sa *pointe* le sens de la force. L'*origine* de la flèche indique l'endroit où la force est appliquée. Si la force ne s'applique pas en un point bien précis, on place son origine au centre géométrique du corps qui subit la force.

Lorsque tu lâches un objet, il se met en mouvement et tombe par terre. Comme la nature du mouvement de l'objet varie, tu peux en déduire qu'il est soumis à une force. Chaque corps situé à la surface de la Terre, de la Lune ou de toute autre planète subit une force verticale dirigée vers le centre de l'astre. Cette force est appelée **force de pesanteur** ou **poids** et est notée $\vec{P}$.

Attention: Il ne faut pas confondre le «poids» du langage courant avec la force de pesanteur. Si tu achètes un «kilo de pommes», la grandeur physique associée est la masse et non le poids (→ Masse et poids). Le poids, au sens physique du terme, est la force avec laquelle ces pommes sont attirées par la Terre!

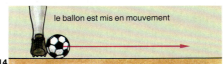

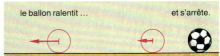

14

Technique: **Voyager 2 – déplacement sans propulsion**

Lorsqu'un corps n'est soumis à aucune force, on peut dire: «Une fois en mouvement, toujours en mouvement».

Si nous n'étions pas constamment soumis à des forces de frottement, il suffirait p. ex. de faire un tour de pédale pour démarrer en bicyclette. On pourrait alors, sans le moindre effort, avancer en ligne droite.

Mais tous les mouvements à *la surface de la Terre* sont accompagnés de frottements; sans propulsion, tout corps va finir par s'arrêter au bout d'un certain temps. Afin de faire durer un mouvement, il faut réduire les forces de frottement autant que possible.

En revanche, *dans le vide intersidéral*, les forces de frottement ne jouent pratiquement pas de rôle. Des corps en mouvement le resteront perpétuellement. Nous en avons une confirmation bien réelle avec les sondes spatiales qui explorent notre système solaire.

La sonde *Voyager 2* (fig. 1), par exemple, a été lancée en août 1977. Quatre ans plus tard, en août 1981, elle passait près de la planète Saturne, distante de la Terre d'environ 1,5 milliards de kilomètres.

1

2

Il fallait attendre quatre années supplémentaires, pour qu'elle atteigne, en 1986, la planète Uranus, à quelque 3 milliards de kilomètres de la Terre. En août 1989, Voyager 2 atteignait Neptune, à 4,5 milliards de kilomètres de nous. Depuis, la sonde spatiale continue son chemin hors du système solaire.

Ce trajet incroyablement long, Voyager 2 l'a parcouru presque sans propulsion! Seules les manoeuvres de pilotage pour changer la direction de vol nécessitaient du combustible.

Comme il n'y a pas de résistance de l'air dans l'espace, les sondes spatiales n'ont pas besoin de forme aérodynamique. En revanche, il faut les munir d'une grande antenne, afin qu'elles puissent garder un contact radio avec la Terre malgré la distance gigantesque.

Les données et les images transmises par Voyager 2 nous ont permis d'accroître considérablement notre savoir sur le système solaire.

La figure 2 montre une photo de Saturne. On aperçoit l'ombre de la planète sur les anneaux.

Un peu d'histoire: **Qu'est ce qui arrête le char à boeufs?**

Que se passe-t-il, lorsque les boeufs cessent de tirer la charrette? La carriole s'arrête presque instantanément – et ça nous paraît tout à fait normal …

Le philosophe grec *Aristote*, qui a vécu de 384 à 322 av. J.-C., se plaisait à chercher des solutions aux questions posées par la Nature. Il tenta ainsi de découvrir la raison pour laquelle la charrette ou un quelconque autre objet est en mouvement. Ses réflexions sont très éloignées de la physique d'aujourd'hui.

D'après Aristote, toute matière est constituée des quatre «éléments» suivants: la terre, l'eau, l'air et le feu. Chacun de ces éléments possède des propriétés bien déterminées. Ainsi, la terre et l'eau sont lourdes, alors que l'air et le feu sont légers. Ces qualités conduisent tous les éléments à se diriger vers leur «lieu naturel»: la terre et l'eau tendent à se déplacer vers le bas, l'air et le feu vers le haut.

Aristote distingue deux types de mouvements différents. Il définit un «mouvement naturel», qui résulte de l'effort de tous les éléments de retrouver leur état naturel. La chute d'une pierre est un mouvement naturel; la pierre étant en majeure partie formée de l'élément terre, son lieu naturel est en bas.

A ce mouvement naturel, Aristote oppose un «mouvement violent». Le déplacement de la charrette constitue pour lui un tel mouvement violent, provoqué par les boeufs. Ce mouvement cesse dès que sa cause – l'action des boeufs – disparaît. Pour Aristote, il n'y a pas de mouvement sans force, du moins sur terre.

Les corps célestes, en revanche, représentent le «cinquième élément» (latin *quinta essentia*: la cinquième essence). Leur mouvement naturel est le mouvement circulaire perpétuel.

La théorie d'Aristote peut paraître évidente. Nous sommes en effet habitués à ce que les mouvements s'arrêtent «d'eux-mêmes». Ainsi une voiture qui n'est plus propulsée ne continuera pas très loin. L'enseignement d'Aristote avec son apparence évidente a eu une grande influence sur la pensée des hommes. Il a fallu attendre près de 2000 ans, avant que la physique moderne ne prenne la relève.

Nous savons aujourd'hui que les forces ne servent pas à entretenir le mouvement, mais au contraire à *changer* sa nature. La charrette ne s'arrête pas parce qu'il n'y a pas de force qui agit sur elle, mais c'est au contraire la *force de frottement* qui provoque le freinage et l'arrêt de la charrette.

Un corps en mouvement qui n'est soumis à **aucune force** garde une vitesse et une direction constantes. *Galileo Galilei* (1562–1642) fut le premier à énoncer cet état de choses dans son principe de l'inertie.

Le principe de l'inertie

Tout corps persévère dans un état de repos ou de mouvement rectiligne uniforme* dans lequel il se trouve, à moins que quelque force n'agisse sur lui et ne le contraigne à changer d'état.

Isaac Newton, Philosophiæ Naturalis Principia Mathematica, 1687

* Un mouvement est dit *uniforme*, lorsque sa vitesse garde une valeur constante.

Ce principe a été repris et complété par le physicien anglais *Isaac Newton* (1642–1727) → encadré.

Petites questions

1 Imaginez, pour les questions suivantes, les réponses de Newton et d'Aristote:

a) Pourquoi une pierre tombe-t-elle par terre lorsqu'on la lâche d'une certaine hauteur?

b) Un corps est mis en mouvement grâce à une force. Que se passe-t-il, lorsque la force n'agit plus?

2 Les corps en mouvement que nous observons dans notre entourage finissent toujours par s'arrêter, lorsqu'ils ne sont pas propulsés d'une manière ou d'une autre. Comment expliquer ce phénomène?

3 A ton avis, qu'est-ce qui a poussé Aristote à admettre que les corps célestes sont soumis à d'autres lois physiques que les corps à la surface de la Terre?

Exercices

1 Voici cinq situations mettant en jeu des forces.
① Un gardien de but dévie le ballon du poing au-dessus de la barre transversale. ② Un décathlonien lance le poids. ③ Une voiture avance vers un feu rouge. ④ Un automobiliste, qui vient de longer un chantier à faible vitesse, accélère. ⑤ Un aimant dévie une boule en acier de son trajet initialement rectiligne.

a) Sur quel corps la force s'applique-t-elle?

b) A quel effet reconnais-tu l'existence de la force?

2 Donne quelques exemples du langage commun, où le terme de force n'est pas utilisé au sens physique.

3 Tu pousses une auto miniature pour la mettre en mouvement.

a) Décris l'évolution du mouvement de l'auto. Quelles sont les forces successives mises en jeu? Quel est leur effet?

c) Dans quelles conditions l'auto continuerait-elle indéfiniment son mouvement?

3

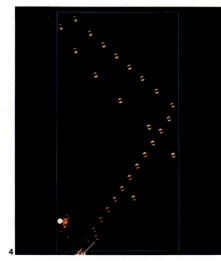
4

4 Le *curling* (fig. 3) est un sport où on fait glisser un lourd palet de granit poli sur la glace. Il s'agit d'atteindre un cercle situé à quelque 35 m. Comment expliquer que la pierre puisse glisser aussi loin?

Quelle est la fonction des joueurs avec le balai?

5 Lorsqu'on roule vite sous une pluie battante, il y a un risque d'*aquaplaning*. Les pneus perdent alors leur adhérence; l'eau se glisse entre la chaussée et le pneu et se comporte comme un lubrifiant.

a) En cas d'aquaplaning, une voiture ne peut ni ralentir ni changer de direction. Explique.

b) Quel est en conséquence le mouvement d'une voiture en cas d'aquaplaning?

6 «L'effet d'une force dépend de sa norme et de sa direction.»

Explique cette proposition à l'aide de la boule de billard de la figure 4. Sur la chronophotographie (éclairs lumineux à des intervalles de temps réguliers de 0,1 s), on peut suivre le mouvement de la boule.

2 L'équilibre des forces

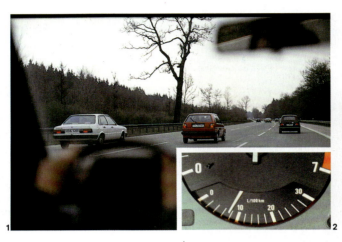
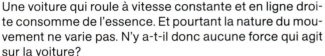

Une voiture qui roule à vitesse constante et en ligne droite consomme de l'essence. Et pourtant la nature du mouvement ne varie pas. N'y a-t-il donc aucune force qui agit sur la voiture?

Lorsque tu portes ton cartable, tu le soumets à une force. Cependant, la nature de son mouvement ne varie pas du tout …

E5 Réalise une piste inclinée à l'aide d'une planche et d'un bloc en bois. Choisis l'inclinaison (c.-à-d. l'épaisseur du bloc) de telle manière qu'une auto miniature descende le plan incliné à vitesse constante.

a) A quelles forces l'auto est-elle soumise quand elle roule sur le plan incliné? Fais un schéma!

b) Pourquoi la nature du mouvement de la voiture ne varie-t-elle pas?

c) Répète l'expérience avec d'autres autos, avec une bille en verre ou en acier.
De quoi dépend l'inclinaison nécessaire pour obtenir une vitesse constante?

E6 Un ressort est suspendu à un crochet. On attache une masse marquée à son extrémité inférieure à l'aide d'un fil.
Brûle le fil. Comment réagissent le ressort et la masse marquée?
Déduis-en la nature des forces qui s'appliquent à la masse marquée lorsqu'elle est accrochée au ressort. Quels sont leurs directions et leurs sens?

E7 Pose un barreau aimanté cylindrique sur la table. Rapproches-en simultanément des deux côtés deux autres barreaux aimantés. Est-ce que c'est possible sans que le premier barreau ne se mette en mouvement?
Explique comment tu dois t'y prendre, afin que le barreau du milieu ne bouge pas.

E8 Fixe une lame métallique à l'extrémité de la table.

a) Comment peux-tu montrer que l'effet d'une force dépend de sa *norme* et de sa *direction*?

b) Accroche une masse marquée à la lame (fig. 4). Que constates-tu, lorsque tu déplaces le *point d'application* de la force en faisant glisser la masse vers l'extérieur et vers l'intérieur?

c) De quoi peut donc dépendre l'effet d'une force?

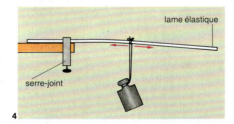

Exercices

1 Lorsqu'un parachutiste saute d'un avion, parachute fermé, sa vitesse augmente rapidement au cours des premières secondes de la chute pour se stabiliser au bout de 10 s autour d'une valeur de 200 km/h. Il descend à cette vitesse maximale jusqu'à ce qu'il ouvre son parachute, ce qui a pour effet de réduire sa vitesse. Celle-ci se stabilise maintenant aux environs de 20 km/h. Le parachutiste poursuit alors sa descente à vitesse constante pour se retrouver au sol au repos.
Interprète les différentes phases du mouvement en te basant sur les forces qui s'exercent sur le parachutiste.

2 Quelles forces s'appliquent à ton cartable, lorsque tu le tiens à la main? Que peux-tu dire de la norme, de la direction et du sens de ces forces? Fais un schéma!
Imagine que le cartable est déjà en mouvement et que tu le soulèves à vitesse constante. Indique les forces en présence sur un schéma.

Info: Solides en équilibre

Sur la figure 5, tu peux observer deux jeunes filles qui tirent un chariot suivant la même direction, mais dans des sens opposés. Le chariot reste quand-même immobile! Bien qu'il soit soumis à des forces, la nature de son mouvement *ne change pas.* Cela est dû au fait que les effets des forces appliquées se compensent.

Il en est de même du cartable que tu portes: son poids le tire vers le bas, mais ta force musculaire le tire vers le haut et l'empêche de tomber. Les deux forces se compensent; la nature du mouvement du cartable reste inchangée.

Lorsqu'un corps est soumis à plusieurs forces dont les effets se compensent, la nature de son mouvement ne varie pas. On dit que le corps est en équilibre.

Dans le cas particulier d'un solide soumis à deux forces, il y a équilibre lorsque:
○ les deux forces ont *même direction*
○ les deux forces sont de *sens opposés*
○ les deux forces ont *même norme.*

Il est souvent difficile de distinguer un solide indéformable en équilibre d'un solide qui ne subit aucune force (ou solide isolé). En revanche, lorsqu'il s'agit d'un corps déformable en équilibre, on peut facilement déduire la présence de forces grâce à sa **déformation.**

Certains corps reprennent leur forme initiale, dès que les forces n'agissent plus. On dit qu'ils sont *élastiques.* Les figures 6 à 8 nous montrent quelques exemples de corps élastiques. Sur la figure 8, on accroche une boule à un ressort élastique. La boule se met en mouvement et allonge le ressort. A l'équilibre, celui-ci se trouve dans un état déformé. Plus le poids de la boule est grand, plus la déformation du ressort est importante.

La boule est en équilibre sous l'action de deux forces: son poids, qui la tire vers le bas, et la **force de rappel** du ressort (ou force élastique) qui la retient. Ces deux forces ont même direction et même norme, mais sont de sens opposés.

La force de rappel qui apparaît dans un corps élastique dès qu'il est déformé s'oppose à la déformation. Elle est d'autant plus grande que la déformation est plus forte. A mesure qu'on augmente le poids du corps accroché au ressort, la force de rappel va aussi augmenter et l'équilibre est maintenu.

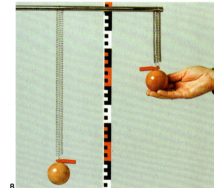

3 Un avion progresse à altitude et vitesse contantes (fig. 9).

a) Indique laquelle des forces représentées sur la figure 9 est la *force motrice*, le *poids*, la *résistance de l'air.*

b) Il doit y avoir une quatrième force qui est appliquée à l'avion, pour qu'il puisse effectuer le mouvement indiqué. Pourquoi cette hypothèse est-elle justifiée?

c) Pourquoi les flèches de sens opposé doivent-elles avoir même longueur?

d) Que se passe-t-il, lorsqu'on augmente la force motrice?

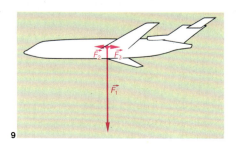

Technique: **Records de vitesse à bicyclette**

245 km/h - c'est la vitesse incroyable atteinte par une bicyclette!

A bicyclette, tu as certainement fait maintes fois l'expérience suivante: tu écrases les pédales, et pourtant, tu n'avances pas plus vite, même pas sur une route horizontale. Bien que la bicyclette soit propulsée par ta force musculaire, la vitesse n'augmente pas, elle reste constante. C'est la faute des **forces de frottement**.

Sur une bicyclette, on distingue divers types de frottements. Il y a d'abord les forces de frottement des roulements à billes dans les roues et les pédales, il y a ensuite la résistance de roulement des pneus, et finalement, pour des vitesses supérieures à 15 km/h, c'est la *résistance de l'air* qui prend le dessus. Cette résistance dépend de la vitesse: plus on roule vite, plus la résistance de l'air est importante.

Un cycliste qui avance à vitesse constante est en **équilibre**. Cela veut dire que la force motrice qu'il développe et les forces de frottement qui s'exercent sur lui ont même norme.

Pour atteindre de grandes vitesses à bicyclette, il y a donc deux possibilités: soit on augmente la force motrice (ce qui exige une force musculaire plus importante), ou alors, on réduit les frottements qui s'exercent sur la bicyclette.

Lors des «contre la montre» du Tour de France, les champions cyclistes utilisent des roues en alliage léger, comportant des pneus et des roulements à billes spécialement conçus. Ils portent des combinaisons qui collent à la peau, ainsi que des casques aérodynamiques, qui leur permettent d'atteindre des vitesses même supérieures à 70 km/h sur le plat.

On peut réduire davantage le frottement en munissant la bicyclette d'un habillage aérodynamique (fig. 1). De tels engins ont approché la vitesse de 100 km/h aux Etats-Unis. Certains cyclistes se sont même vus verbalisés par la police pour avoir dépassé la vitesse maximale autorisée.

Mais comment un cycliste peut-il atteindre une vitesse deux fois et demie plus grande? La seule possibilité est d'éliminer (presque) totalement la résistance de l'air en roulant à l'abri du vent derrière une voiture.

C'est ainsi que l'Américain *John Howard* a atteint en 1985 la vitesse incroyable de 245 km/h sur un lac salé de l'Utah.

Mais ce record est controversé. En effet, derrière la voiture se créent des tourbillons qui entraînent le cycliste. Il est fort probable que Howard a ainsi profité d'un vent arrière inadmissible.

N'essaie surtout pas de battre ce dernier record en roulant derrière une voiture. La distance de sécurité n'est alors pas respectée et tu risques ta vie!

3 Action et réaction

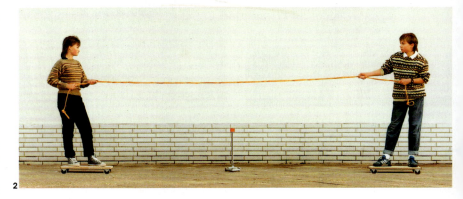

Qui atteindra la tige en premier? Est-ce toujours celui qui fait le plus grand effort?

E9 Répète l'expérience 9 en intercalant un dynamomètre (instrument de mesure des forces) entre chaque élève et la corde. Qu'indiquent les dynamomètres?

Un des élèves attache à présent la corde autour de la taille et n'agit plus activement sur le déroulement de l'expérience. Qui atteint la tige en premier?

E10 Pose un petit barreau aimanté et un clou en fer sur des coussinets en polystyrène que tu déposes sur la surface de l'eau contenue dans une cuvette.

a) Tiens d'abord l'aimant. Si le clou n'est pas trop éloigné, il se rapproche de l'aimant. Explique.

b) Que se passe-t-il, lorsque tu tiens le clou au lieu de l'aimant? Essaie de répondre à la question avant de faire l'expérience.

c) Quelles déductions tires-tu de ces expériences?

E11 Pose un ressort à boudin sur une feuille de papier et marque les deux extrémités d'un trait. Place des autos miniatures de part et d'autre du ressort (fig. 3). Immobilise l'auto de gauche et comprime le ressort.

a) Que se passe-t-il, lorsque tu lâches l'auto de droite tout en maintenant l'auto de gauche?

3

b) Répète la même expérience en lâchant l'auto de gauche?

c) Lâche à présent les 2 autos simultanément.

E12 Tire une lourde caisse à l'aide d'une corde. Peux-tu réaliser la même expérience lorsque tu as chaussé des patins à roulettes? Explique.

Info: Le principe de l'action et de la réaction

Chacun sait qu'un aimant attire un clou en fer. Mais la réciproque ne paraît pas aussi évidente. Et pourtant, lorsque tu immobilises un clou en fer, c'est l'aimant qui se rapproche de lui (→ *E10*).

A vrai dire, il faudrait donc énoncer: «L'aimant et le clou en fer s'attirent *réciproquement*.»

De même, une masse accrochée à un ressort tire celui-ci vers le bas, mais le ressort tire la masse vers le haut.

L'aimant et le clou, la masse marquée et le ressort exercent donc réciproquement des forces l'un sur l'autre.

En se basant sur des observations semblables, *Isaac Newton* a constaté qu'il s'agit d'un phénomène général et il en a déduit la loi suivante:

Lorsqu'un corps A exerce sur un corps B une force (**action**), le corps B réagit en exerçant sur le corps A une force de même direction, de même norme, mais de sens opposé (**réaction**). Cette

4

deuxième loi de Newton (→ encadré) est parfois intitulée «principe des actions réciproques». Nous retiendrons le terme de **«principe de l'action et de la réaction»**.

Voici un autre exemple: lorsque tu veux mettre en mouvement une voiture immobilisée en la poussant (fig. 4), il faut que tu lui appliques une force. Imagine qu'un ressort est coincé entre tes mains et la voiture: le ressort comprimé exerce une force de même intensité vers

l'arrière et vers l'avant (→*E11*). Tu subis donc vraiment de la part de la voiture une force dirigée vers l'arrière, de même norme que celle que tu appliques à la voiture.

Si tu n'es pas convaincu(e), imagine que tu portes des patins à roulettes. Il est clair que tu rouleras en arrière en voulant pousser l'auto. Cette fois c'est toi qui est mis(e) en mouvement grâce à la réaction de la voiture.

Il ne faut pas confondre le *principe de l'action et de la réaction* avec la *condition d'équilibre* d'un solide soumis à 2 forces.

Lorsqu'un corps soumis à 2 forces est en équilibre, ces forces s'appliquent au même corps. En revanche, le principe de l'action et de la réaction met toujours en présence deux corps. Les forces action et réaction sont toujours appliquées à des corps différents (fig. 5 et 6).

Le principe de l'action et de la réaction
A toute action est toujours opposée une réaction égale; c'est à dire que les actions réciproques que deux corps exercent l'un sur l'autre sont toujours égales et de sens contraires.
Isaac Newton, Philosophiæ Naturalis Principia Mathematica, 1687

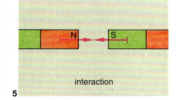

5 interaction

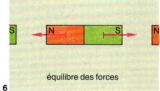

6 équilibre des forces

Exercices

1 Lorsqu'on tire un coup de fusil, celui-ci subit une force dirigée vers l'arrière, qui doit être amortie par l'épaule. Quelle est l'origine du «recul» d'une arme à feu?

2 Lâche un ballon gonflé: il se met à filer dans tous les sens. Quels sont les deux corps qui sont alors en interaction?

3 Lorsqu'une voiture démarre sur du gravier, celui-ci est propulsé vers l'arrière. La force que la voiture transmet à la route est donc dirigée vers l'arrière. Pourquoi l'auto part-elle en avant?

4 Monte sur un pèse-personne avec un objet lourd dans les mains. Comment évolue l'indication de la

balance, lorsque tu tires l'objet rapidement vers le haut?

Même question, lorsque tu le pousses brusquement vers le bas. Explique.

5 Pourquoi ressens-tu une douleur au pied lorsque tu heurtes une pierre? Explique en utilisant le principe de l'action et de la réaction.

Technique: **Propulsion par réaction**

Tu connais certainement l'histoire du célèbre Baron de Münchhausen, qui prétend s'être sorti d'un marécage en se tirant lui-même par les cheveux …

Bien sûr, tu sais que c'est faux. Lorsque, sur un pèse-personne, tu te tires par les cheveux, l'indication de la balance reste inchangée. Tu risques seulement de t'arracher quelques cheveux!

Pour que l'indication de la balance diminue, il faut que tu t'appuies contre un objet fixe, une table par exemple. Il te faut donc un deuxième corps.

Il en est de même lorsque tu **marches**. Pour avancer, il te faut un second corps - la *Terre* - auquel tu appliques une force (action) en appuyant en arrière du pied. En vertu du *principe de l'action et de la réaction*, la Terre réagit et te soumet à une force de même direction, de même norme, mais de sens opposé. C'est donc la réaction de la Terre qui te permet de marcher; on parle de propulsion par réaction.

De même, les **autos**, en faisant tourner leurs roues, appliquent à la route une force dirigée vers l'arrière. C'est la réaction de la chaussée qui propulse la voiture en avant.

Une **fusée** cependant, une fois qu'elle a quitté l'atmosphère terrestre, n'a plus rien sur quoi s'appuyer. Comment fait-elle alors pour accélérer, freiner ou changer de direction?

En fait, la fusée doit emporter dans l'espace le corps avec lequel elle compte interagir. Il s'agit, en l'occurrence, des gaz qui apparaîtront lors de la combustion du carburant. L'oxygène nécessaire à la combustion doit également être emporté.

Les gaz de combustion sont éjectés à grande vitesse par les réacteurs. Ce faisant, la fusée exerce une grande force dirigée vers l'arrière sur ces gaz, qui réagissent en soumettant la fusée à une force de même intensité orientée vers l'avant.

La figure 1 représente la fusée européenne *Ariane*. Elle est utilisée pour mettre des satellites sur orbite.

La propulsion par réaction est la seule à fonctionner aussi dans le vide spatial. Comme les frottements sont pratiquement inexistants en dehors de l'atmosphère, de minuscules réacteurs qui éjectent de faibles quantités de gaz à grande vitesse suffisent pour faire les manoeuvres nécessaires à la navette spatiale lors d'une mission de rendez-vous, par exemple, avec une station spatiale.

Ariane 1
Masse au décollage 202 600 kg
dont carburant 182 000 kg
charge utile 1 600 kg
Vitesse d'expulsion des gaz 2,8 – 4,3 km/s
Vitesse de la fusée en fin de combustion du 3e étage (à 210 km d'altitude) 10 km/s

1

La notion de force

As-tu compris?

1 «Les forces, ça n'existe pas! Personne n'en a jamais vu.» Que penses-tu de cette déclaration?

2 Pourquoi faut-il appliquer une force pour tenir un paquet, vu que la nature du mouvement de celui-ci ne varie pas?

3 Voici des corps (écrits en *italiques*) en équilibre.
Décris les forces qui sont appliquées à chacun de ces corps.
a) Une *caisse* repose sur la table.
b) Un chien tire sur la *laisse*.
c) Une *masse marquée* est suspendue à un ressort.

d) Un *parachutiste*, après que son parachute s'est ouvert, descend à vitesse constante.

2

e) Un *avion* vole à une altitude déterminée avec une vitesse constante.
f) Un tracteur tire une lourde *remorque* à vitesse constante.

4 D'où provient la force qui empêche un hélicoptère de tomber?
Suggestion: les pales de l'hélice poussent l'air vers le bas.

5 Pour se «promener» dans l'espace, un astronaute peut utiliser une sorte de pistolet à gaz, qui éjecte du gaz si nécessaire (fig. 2).
Quelle est l'utilité de ce pistolet? Explique.

La notion de force

Résumé

Effets d'une force

▶ *Lorsqu'une **force** agit sur un corps, alors*
*– soit la nature de son mouvement change **(effet dynamique)**,*
*– soit il subit une déformation **(effet statique)**.* ◀

L'effet dynamique se manifeste par une augmentation ou une diminution de la vitesse
ou par un changement de la direction ou du sens du mouvement.

3
La force musculaire
permet d'augmenter la vitesse du traîneau.

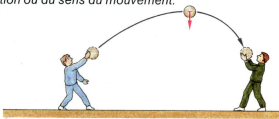

4
Le poids qui agit sur la balle
incurve sa trajectoire et modifie sa vitesse.

Lorsqu'*aucune* force n'agit sur un corps, la nature de son mouvement *ne change pas*.

Ainsi, sans l'action d'une force, un corps immobile reste immobile, un corps en mouvement continue son mouvement à vitesse et direction constantes **(Principe de l'inertie)**. C'est le cas d'une sonde spatiale qui évolue dans l'espace intersidéral, loin de toute planète.

Réciproquement, si la nature du mouvement d'un corps ne change pas, alors soit il n'est soumis à aucune force, soit il est en équilibre, c'est-à-dire que toutes les forces qu'il subit se compensent **(Equilibre des forces)**.

Une auto qui avance à vitesse constante en ligne droite est en équilibre: le poids est compensé par la réaction de la route, le frottement est compensé par la force motrice.

De même, une masse immobile accrochée à un ressort est en équilibre: son poids est compensé par la force de rappel du ressort.

Lorsqu'un corps est en équilibre, on n'observe pas de changement de la nature du mouvement, mais il peut apparaître une **déformation**.

Une force peut produire aussi une déformation. Lors de la déformation d'un **corps élastique**, celui-ci produit une force élastique ou force de rappel qui s'oppose à la déformation. Cette force de rappel augmente avec la déformation.

Lorsque la déformation ne change plus, on est en présence d'un équilibre dû à la force extérieure appliquée qui est la cause de la déformation et et la force de rappel qui en résulte.

Le principe de l'action et de la réaction

Les forces apparaissent toujours par deux:

▶ *Tout corps qui agit sur un autre corps provoque de la part de ce dernier une réaction.*
Chacun des deux corps subit alors une force.
Ces forces ont même direction, même norme, mais sont de sens opposés. ◀

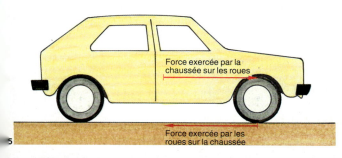

5
Force exercée par la chaussée sur les roues
Force exercée par les roues sur la chaussée

6
Un exemple: au démarrage, les roues motrices d'une voiture exercent une force sur la chaussée. Cette force est dirigée vers l'arrière.

En vertu du principe de l'action et de la réaction, la chaussée réagit et soumet les roues à une force dirigée vers l'avant. C'est cette force qui met la voiture en mouvement.

Forces et mesure de forces

1 Mesurons des forces

«Mesure de forces» au champ de foire: Tom a beau faire des efforts, Raoul a fait dévier l'aiguille plus loin …

E1 Tu peux te servir d'un extenseur ou d'une chambre à air pour comparer des forces.

Attention: fixe bien l'extenseur pour qu'il ne glisse pas! Si tu utilises la chambre à air, prends la valve entre les doigts (fig. 2).

A quoi reconnais-tu qui exerce la plus grande ou la plus petite force?

Que peux-tu dire, lorsque deux élèves appliquent la même force?

Quelle est la propriété de l'extenseur et de la chambre à air mise à profit au cours de cette expérience?

1

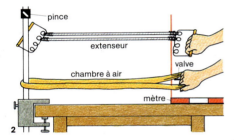

2

E2 Nous voulons *mesurer* des forces plus faibles que dans *E1*. A cet effet nous prenons un ressort en acier plus fin que l'extenseur de l'expérience précédente.

Nous construisons ensuite un instrument de mesure à l'aide du ressort et d'une baguette en bois que nous disposons comme indiqué à la figure 3. En plus, il nous faut plusieurs masses marquées identiques.

a) Comment peux-tu vérifier que toutes les masses marquées ont même poids?

b) Décris comment tu peux réaliser une graduation qui te permettra de mesurer des forces.

c) Pour obtenir des mesures plus précises, il faut que tu effectues une subdivision supplémentaire. Comment procèdes-tu?

d) Mesure le poids de ta trousse et écris le résultat.

e) Ton appareil à mesurer les forces (appelé aussi *dynamomètre*) a encore un inconvénient: il n'utilise pas la bonne unité de force. Dans l'info, à la page suivante, tu feras connaissance avec l'unité légale (ou unité du Système International) de la force.

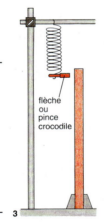

3

E3 Il s'agit ici de mesurer différentes forces. Pour faire toutes les mesures, tu dois disposer de dynamomètres ayant différents calibres, c.-à-d. différentes étendues d'indication.

a) Mesure les forces avec lesquelles un aimant attire différents corps en fer (agrafes, clous…).

b) Quelles forces faut-il appliquer pour déchirer du fil à coudre, du fil de laine…? Fais plusieurs mesures et prends la moyenne.

c) Mesure la force nécessaire pour déplacer un bloc en bois sur la table à vitesse constante. Une valeur approximative suffira.

d) Place deux crayons ronds sous le bloc et répète la même expérience. Qu'en déduis-tu?

E4 Fais monter un chariot à vitesse constante le long d'un plan incliné.

a) Mesure la force de traction. Pourquoi cette force n'a-t-elle pas pour effet de changer la nature du mouvement du chariot?

b) Place le chariot en haut du plan incliné et laisse-le descendre. Décris le mouvement et explique!

Exercices

1 Détermine les normes des forces représentées par les vecteurs de la figure 10 (1 cm correspond à 2 N).

Dans ton cahier, dessine à la même échelle les forces dont les normes sont: 0,8 N; 1,5 N; 5 N; 10,8 N.

2 Trois dynamomètres de même longueur ont différents calibres: 0 N à 1 N, 0 N à 10 N, 0 N à 100 N.

a) Lequel des trois dynamomètres a le ressort le plus raide?

b) Lorsqu'on applique une force de 1 N à chacun des trois dynamomètres, ils s'allongent respectivement de 1 mm, 1 cm, 10 cm.

Quel allongement correspond à quel dynamomètre?

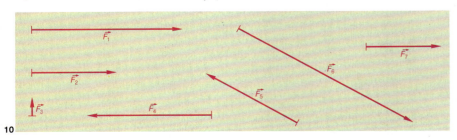

10

Info: Mesure de forces

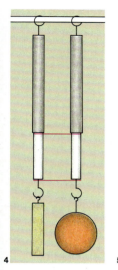
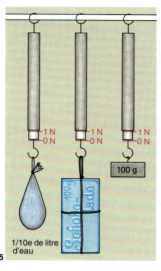
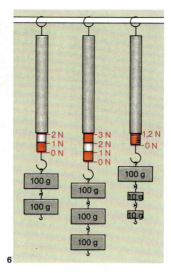

Pour **mesurer** des forces, il faut un ressort à boudin en acier (ou un autre corps élastique).

La mesure se fait en trois étapes:

1ère étape: Il faut d'abord préciser comment on peut constater que deux forces ont **même norme**.

C'est le cas, lorsqu'elles produisent la *même déformation* sur le ressort (fig. 4).

2e étape: Il faut définir une **unité** de force.

Nous adopterons la définition suivante: *l'unité légale de force correspond au poids d'un 9,81e de litre d'eau* (c'est la force d'attraction que la Terre exerce sur un 9,81e de litre d'eau).

L'unité de force porte le nom de **1 newton** (symbole: 1 N), en l'honneur du physicien anglais *Isaac Newton* (1643 – 1727). Tu trouveras des explications supplémentaires concernant l'unité de force dans le chapitre «*Masse et poids*».

Pour te donner une idée de l'intensité d'une force de 1 N, observe la figure 5:

Ainsi 1 N correspond pratiquement au poids d'une tablette de chocolat de 100 g.

Bien sûr, on pourrait inventer encore d'autres unités pour mesurer des forces. Mais cela conduirait aux mêmes problèmes qu'ont rencontrés les hommes lorsqu'ils mesuraient les longueurs en coudées et en pieds …

3e étape: La norme de la force mesurée doit être comparée à l'unité de force:

elle doit être exprimée comme un **multiple** de l'unité de la force.

Il faut donc munir le ressort d'une graduation. Pour l'obtenir, on utilise diverses masses marquées de poids 1 N. On accroche une masse après l'autre au ressort et on marque la longueur respective du ressort d'un trait (fig. 6). Ce procédé constitue l'**étalonnage** du ressort.

Afin de pouvoir lire les valeurs intermédiaires, on peut subdiviser l'espace séparant deux traits en 10 intervalles égaux. On peut alors mesurer des forces au dixième de newton près.

Notation: les forces sont représentées par un vecteur alors que la norme de la force est représentée par une lettre sans flèche.

Les **dynamomètres** (figures 7 à 9) n'ont pas tous le même *calibre*.

Le ressort de la figure 8, par exemple, est très fin. Même une faible force provoque un allongement important. Son calibre est 1 N.

Le ressort de la figure 9, plus gros, a une plus grande «raideur». Son calibre est 10 N.

Avant chaque mesure, il faut effectuer la *remise à zéro* du dynamomètre à l'aide d'une vis de réglage ou d'une glissière (collier coulissant).

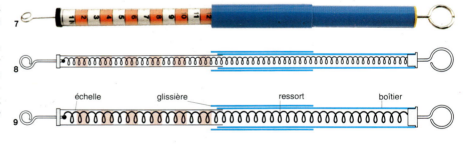

3 La fusée *Saturne V,* qui emporta en 1969 pour la première fois des astronautes vers la Lune, dispose d'une poussée de 33 400 000 N durant les 150 premières secondes après la mise à feu. Au décollage, la fusée a un poids de 26 900 000 N.

Quelle devrait être la poussée juste après le décollage, pour que la fusée reste immobile au-dessus du sol? Quelle force sert à changer la vitesse de la fusée?

4 Pour réaliser un dispositif permettant de mesurer des *longueurs,* il faut suivre les mêmes étapes que pour la mesure de *forces.*

a) Au jeu de pétanque, le joueur dont la boule est la plus proche du cochonnet gagne. Comment peux-tu, à l'aide d'un simple fil, déterminer le gagnant? Explique ta démarche.

b) Comment détectes-tu des distances *égales*?

c) Quelle est l'unité de la longueur? Comment peut-on la définir?

d) Explique comment tu peux, à partir de l'unité de longueur, réaliser une échelle sur une bande de papier.

5 Les grandeurs force, distance et température, où la procédure de mesure fait appel aux trois étapes décrites ci-dessus, sont des *grandeurs fondamentales*. Décris les trois étapes pour mesurer la température.

2 Force et déformation

Deux types de déformations...

Souvent, le trafic conduit à des déformations indésirables. **1**

Ici aussi, la déformation joue un rôle. **2**

E5 On déforme un ressort ou un élastique en y accrochant des masses marquées (fig. 3).

Recherche s'il y a une relation entre l'allongement du ressort (de l'élastique) et le poids des masses marquées.

Complète, dans ton cahier, le tableau suivant:

Nombre de masses marquées	Force F en N	Position de l'aiguille en cm	Allongement x en cm
?	?	?	?

a) Détermine la position de l'aiguille, lorsqu'aucune masse n'est accrochée. (L'élastique doit être tendu.) Accroches-y les masses marquées l'une après l'autre.

Pour chaque masse, inscris la norme de la force et la position de l'aiguille dans le tableau. Calcule les allongements respectifs pour le ressort et l'élastique.

b) Enlève une masse après l'autre et note à nouveau la position de l'aiguille en fonction de la force. Compare avec les résultats obtenus en a.

c) Construis un repère orthogonal (fig. 4) et fais correspondre à chaque couple de mesure (allongement; force) un point du plan. Trace ensuite la droite qui «passe le mieux» entre ces points de mesure (→ info).

d) Quelles conclusions peux-tu tirer de l'expérience?

Au cas où tes camarades auraient utilisé d'autres ressorts et élastiques, tu peux comparer leurs graphiques aux tiens. Que constates-tu?

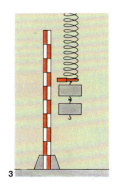

3

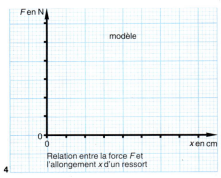

Relation entre la force F et l'allongement x d'un ressort **4**

Info: Rappel de mathématiques – la proportionnalité

Dans l'exploitation de l'expérience 5, tu as certainement utilisé le terme de proportionnalité. Tu as rencontré cette notion en mathématiques, en voici un bref rappel.

Il y a différentes manières de constater que deux grandeurs sont proportionnelles. Voici un exemple: le prix de différentes quantités d'essence est affiché dans le tableau ci-joint.

○ Un litre coûte 27,5 F, une quantité deux fois plus grande coûte le double, une quantité trois fois plus grande coûte le triple…

Lorsque deux grandeurs sont proportionnelles, alors au double (triple, quadruple,…) de la première correspond le double (triple, quadruple,…) de la seconde.

○ Les couples (1 l; 27,5 F), (2 l; 55,0 F), (3 l; 82,5 F) ont le même quotient. Lorsqu'on divise le prix par la quantité, on obtient toujours la même valeur:

$$\frac{27,5 \text{ F}}{1 \text{ l}} = \frac{55,0 \text{ F}}{2 \text{ l}} = \frac{82,5 \text{ F}}{3 \text{ l}} = 27,5 \frac{\text{F}}{\text{l}}.$$

Deux grandeurs sont proportionnelles, lorsque leur rapport est constant. Cette constante est appelée facteur de proportionnalité.

○ Sur la figure 5, les couples sont représentés graphiquement par des croix qui se situent toutes sur une droite passant par l'origine. Cette droite est appelée *caractéristique quantité-prix*.

Deux grandeurs sont proportionnelles, lorsque leur caractéristique est une droite passant par l'origine.

Les trois énoncés écrits en italiques sont équivalents. Ainsi, si la caractéristique de deux grandeurs fournit une droite passant par l'origine, on peut en déduire que le quotient de ces grandeurs est constant.

volume en l	prix en F
1	27,5
2	55,0
3	82,5
4	110,0
5	137,5
6	165,0
8	220,0

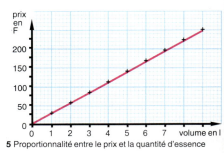

5 Proportionnalité entre le prix et la quantité d'essence

Info: L'exploitation graphique de mesures

Beaucoup d'expériences fournissent des tableaux de mesures comportant deux grandeurs (exemple: force F appliquée a un ressort et allongement x du ressort).

Lorsqu'on représente graphiquement les couples obtenus par la mesure, on n'obtient que quelques points dans le repère orthogonal (fig. 6). Comment peut-on, à partir de ces points, prévoir d'autres couples de mesure? Peut-on déduire une relation mathématique entre les deux grandeurs représentées?

Si l'on relie les points par des segments, on obtient une ligne en zigzag semblable à celle de la figure 7. Mais cette représentation ne permet pas de déduire une loi. Si l'on répétait les mêmes mesures, on obtiendrait certainement une ligne en zigzag différente.

Chaque mesure est en effet accompagnée d'une **erreur de mesure**. Que celle-ci soit grande ou petite, cela dépend de la précision avec laquelle la mesure a été effectuée. Mais malgré le plus grand soin apporté à la mesure, on ne peut pas éviter cette erreur. En conséquence, la valeur mesurée est parfois un peu trop grande, parfois un peu trop petite.

L'exploitation des mesures est particulièrement simple, lorsque les grandeurs étudiées sont proportionnelles. Aussi étudions-nous d'abord, si les points sont alignés sur une droite passant par l'origine. Attention: il ne faut pas s'attendre à ce que tous les points se trouvent exactement sur une droite. Les erreurs de mesure peuvent causer de petits écarts.

La droite doit laisser certains points au-dessus, d'autres endessous d'elle, de telle manière que les écarts vers le haut et vers la bas se «compensent» (fig. 8). La caractéristique x-F obtenue porte le nom de **droite de régression**.

Lorsque la droite de régression passe par l'origine, il y a proportionnalité. On en déduit que le quotient entre les deux grandeurs mesurées est constant.

Dans notre cas: $\frac{F}{x}$ = constant.

Il reste, pour compléter l'exploitation des mesures, à calculer le facteur de proportionnalité. Pour ce faire, on prend un point de la droite de régression (attention: pas un point du tableau de mesures) assez éloigné de l'origine. On détermine ses coordonnées et on calcule le quotient. Dans notre cas, on obtient une valeur de 0,8 N/cm, ce qui veut dire qu'il faut appliquer un force de 0,8 N pour allonger le ressort d'un cm.

Lorsque les points ne sont pas alignés, il faut tracer une courbe de régression aussi lisse que possible. Mais le plus souvent, on laisse alors le soin à l'ordinateur de trouver l'expression mathématique de la courbe représentant le mieux les points mesurés.

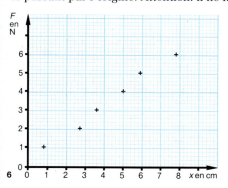

6

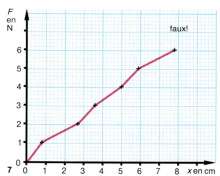

7

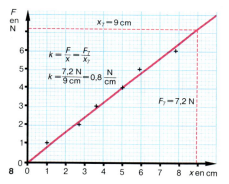

8

Info: La loi de Hooke

La figure 9 montre les caractéristiques x-F pour différents ressorts. Dans les trois cas, on peut énoncer: **la force est proportionnelle à l'allongement. On écrit: $F \sim x$.**

Cet énoncé qui dit que force et allongement produit sont proportionnels constitue la **loi de Hooke**, en l'honneur du physicien anglais *Robert Hooke* (1635-1703).

La loi de Hooke est valable pour tous les ressorts en acier, aussi longtemps qu'on ne dépasse pas leur limite d'élasticité (c'est-à-dire, qu'on ne les allonge pas au point qu'ils ne reprennent pas leur forme d'origine).

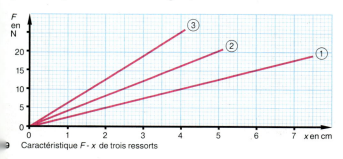

9 Caractéristique F-x de trois ressorts

F et x étant proportionnels, leur quotient est constant. Le facteur de proportionnalité dépend du ressort utilisé. Il porte le nom de **constante de raideur k**:

$$k = \frac{F}{x}.$$

L'unité internationale de raideur est $1 \frac{N}{m}$, mais on utilise communément l'unité $\frac{N}{cm}$.

On peut transformer cette formule pour obtenir $F = k \cdot x$.

Exercice modèle: Un ressort a une raideur $k = 2,5 \frac{N}{cm}$. Quel sera l'allongement pour une force de 18 N?

Solution:

Equation de départ: $\quad F = k \cdot x$

Transformation: $\quad x = \frac{F}{k}$

Calculs: $\quad x = \frac{18 N}{2,5 \frac{N}{cm}} = \frac{18 N \cdot cm}{2,5 N} = 7,2 \text{ cm}$

Une force de 18 N provoque un allongement de 7,2 cm.

Exercices

1 La mesure de l'allongement en fonction de la force pour un élastique et un ressort a donné lieu au tableau des mesures suivant:

F en N	x_1 en cm	x_2 en cm
0	0	0
0,2	0,8	1,0
0,4	1,6	2,4
0,6	2,5	4,2
0,8	?	?
1,0	4,2	6,5
1,2	5,0	9,1
1,4	5,8	11,5

a) Fais la représentation graphique des 2 séries de mesures.

b) Quelle série de mesures correspond à l'élastique, laquelle au ressort? Justifie ta réponse.

c) Introduis les valeurs manquantes dans le tableau.

d) Détermine la constante de raideur du ressort.

1

2 Toutes les questions suivantes se rapportent aux ressorts dont les caractéristiques F - x sont représentées sur la figure 9 de la page précédente.

a) Détermine les raideurs des trois ressorts.

b) Quelle droite correspond au ressort le plus (le moins) raide?

c) Comment le graphique permet-il de reconnaître qu'un ressort est plus raide qu'un autre?

3 La photo 1 représente un amortisseur de voiture. C'est un ressort de raideur $24 \frac{N}{mm}$.

a) Quelle force faut-il appliquer pour allonger ce ressort de 1,2 cm?

b) On charge la voiture. Le poids total de la charge a pour valeur 3600 N et se répartit de façon uniforme sur les quatre roues. De combien les amortisseurs seront-ils comprimés?

4 Le ressort d'un stylo à bille a une constante de raideur de $2 \frac{N}{cm}$.

a) Que se passe-t-il, lorsqu'on applique à ce ressort une force de 50 N?

b) A quoi faut-il faire attention, lorsqu'on applique la loi de Hooke?

5 Tu as vu comment on réalise l'échelle graduée d'un dynamomètre. Ce procédé peut être simplifié lorsqu'on utilise un ressort qui vérifie la loi de Hooke. Comment?

Technique: **Résistance des matériaux**

Lorsqu'au 19e siècle, on commence à construire le réseau ferroviaire, il n'est pas évident de fabriquer de l'acier de bonne qualité. Bien des catastrophes sont dues à des matériaux défectueux: déraillement de trains, écroulement de ponts, explosion de chaudières de locomotives à vapeur.

Pour éviter de tels accidents, on a rapidement recours aux essais de matériaux. Durant les premières années des chemins de fer, on teste la qualité des essieux forgés des wagons en les laissant tomber sur l'arête d'une enclume. Si les essieux résistent sans dommages à ce traitement, on admet qu'ils sont de bonne qualité ...

Ce procédé ne permet évidemment pas de déceler de petits défauts. Qui plus est, le choc entre l'essieu et l'enclume risque de provoquer des dommages mineurs pou-

2

vant entraîner des cassures ultérieures.

Mais bientôt, des procédés plus sophistiqués voient le jour. Parmi ceux-ci, l'*essai à la rupture*, qui permet de déterminer la qualité de l'acier est utilisé depuis la fin du 19e siècle. En voici le principe:

Avec l'acier qu'on veut tester, on réalise une tige qu'on fixe dans une machine complexe (fig. 2) pouvant exercer des forces de traction de plus en plus grandes. A cet effet, on écarte les têtes de serrage: la force appliquée à la tige métallique augmente lentement jusqu'à ce que la tige casse.

Durant ce test, l'ordinateur enregistre la **force** appliquée en fonction de l'**allongement** de la tige (fig. 3).

Un tel diagramme donne des informations bien plus précises sur la qualité de l'acier que la «méthode de l'enclume».

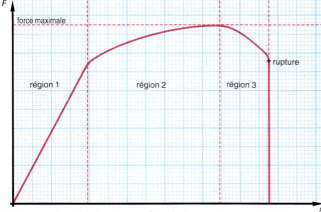

3 Relation entre force F et allongement x d'une barre

Le diagramme de la figure 3 présente trois régions:

Dans la *région 1*, la force est proportionnelle à l'allongement. La tige obéit à la loi de Hooke, on assiste à une déformation élastique.

Pour des forces plus intenses *(région 2)*, la déformation subsiste. Si la machine lâchait prise, la tige ne retrouverait pas sa forme initiale. On dit qu'elle subit une *déformation plastique*. La force mesurée à l'extrémité de la région 2 est la force maximale que la tige peut supporter.

Au-delà de cette force, la tige se rétrécit à un endroit et l'allongement se fait plus vite que l'écartement des têtes de serrage. En conséquence, la force de traction mesurée diminue *(région 3)*.

Pour un certain allongement, la tige se rompt et la force mesurée passe instantanément à zéro.

3 Composition et décomposition de forces

Anne seule contre deux garçons (fig. 4): un combat inégal?!

4

E6 Réalise les dispositifs de la figure 5. Mesure dans chaque cas la force qui déchire le fil.

E7 Construis un modèle représentant l'expérience de la figure 4. La force de traction d'Anne est remplacée par le poids $\vec{P}$ d'une masse marquée (fig. 6).

a) L'anneau qui subit les forces $\vec{F}_1$, $\vec{F}_2$ et $\vec{P}$ est en équilibre: $\vec{F}_1$ et $\vec{F}_2$ sont compensées par $\vec{P}$.
L'action des forces $\vec{F}_1$ et $\vec{F}_2$ est identique à l'action d'une seule force $\vec{F}_R$, appelée résultante de $\vec{F}_1$ et $\vec{F}_2$.
Quelles sont la direction et la norme de cette résultante?

b) Construis les vecteurs $\vec{F}_1$ et $\vec{F}_2$, ainsi que la résultante $\vec{F}_R$, en choisissant une origine commune. Quelle figure géométrique obtiens-tu?

c) Comment les normes des forces $\vec{F}_1$, $\vec{F}_2$ et $\vec{F}_R$ varient-elles, lorsque tu augmentes (diminues) l'angle entre les dynamomètres? Que peux-tu dire au sujet de la résultante?
Construis les vecteurs pour différents angles comme dans le point b).

d) Réfléchis: Anne (fig. 4) a-t-elle une chance d'emporter le combat apparemment inégal? Dans quelles conditions?

e) Pour trouver la norme de la résultante de $\vec{F}_1$ et $\vec{F}_2$, il ne suffit pas d'ajouter les normes des deux vecteurs. Pourquoi?

E8 Deux dynamomètres (fig. 7) agissent suivant la même direction.

a) Quelles valeurs affichent-ils? Détermine la norme, la direction et le sens de la résultante de $\vec{F}_1$ et $\vec{F}_2$.

b) Répète cette expérience avec diverses masses marquées.

Etablis une règle concernant la direction, le sens et la norme de la résultante de deux forces parallèles de même sens.

E9 Deux forces parallèles $\vec{F}_1$ et $\vec{F}_2$ de sens opposés et de normes différentes agissent sur une lame métallique (fig. 8). Etablis la règle donnant la résultante $\vec{F}_R$ de deux forces de même direction et de sens opposés.

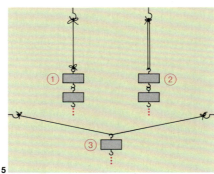

5

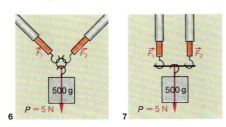

6   **7**

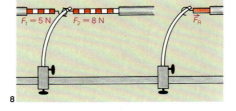

8

Info: Le parallélogramme des forces

Détermination de la résultante

Imaginons qu'Anne (fig. 4, page précédente) tire assez fort pour qu'il y ait équilibre des forces. On peut représenter un solide en équilibre sous l'action de trois forces sur un tableau magnétique à l'aide de dynamomètres (fig. 1).

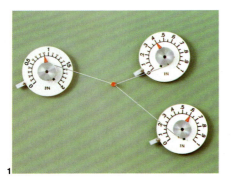

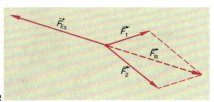

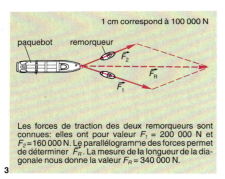

Les forces de traction des deux remorqueurs sont connues: elles ont pour valeur F_1 = 200 000 N et F_2 = 160 000 N. Le parallélogramme des forces permet de déterminer $\vec{F}_R$. La mesure de la longueur de la diagonale nous donne la valeur F_R = 340 000 N.

La figure 2 représente les vecteurs correspondants: $\vec{F}_1$ et $\vec{F}_2$ compensent le vecteur $\vec{F}_{Eq}$. L'unique vecteur $\vec{F}_R$ compense lui aussi $\vec{F}_{Eq}$. $\vec{F}_R$ a donc même effet que $\vec{F}_1$ et $\vec{F}_2$ ensemble. $\vec{F}_R$ est la **résultante** de $\vec{F}_1$ et $\vec{F}_2$. On écrit:
$$\vec{F}_R = \vec{F}_1 + \vec{F}_2.$$
$\vec{F}_R$ a même direction et même norme que $\vec{F}_{Eq}$, mais est de sens opposé:
$\vec{F}_R = -\vec{F}_{Eq}$. Ainsi $\vec{F}_1 + \vec{F}_2 = \vec{F}_{Eq}$
ou $\vec{F}_1 + \vec{F}_2 + \vec{F}_{Eq} = \vec{0}$.

En joignant les pointes des vecteurs $\vec{F}_1$, $\vec{F}_2$ et $\vec{F}_R$, on obtient à tous les coups un parallélogramme.

Retenons:

○ Deux forces $\vec{F}_1$ et $\vec{F}_2$ ayant même origine peuvent être remplacées par la résultante $\vec{F}_R$ des deux forces.

○ On obtient la résultante $\vec{F}_R$ par construction: $\vec{F}_1$ et $\vec{F}_2$ représentent les côtés d'un parallélogramme dont $\vec{F}_R$ est la diagonale. Dans ce **parallélogramme des forces**, les trois vecteurs doivent avoir même origine.

La figure 3 montre un exemple d'application: connaissant les forces $\vec{F}_1$ et $\vec{F}_2$, on peut déterminer géométriquement le résultante $\vec{F}_R$.

Remarque:
Lorsque $\vec{F}_1$ et $\vec{F}_2$ ont même direction, il suffit d'additionner *(même sens)* ou de retrancher *(sens opposé)* leurs normes pour obtenir la norme de la résultante.

Décomposition de forces

On est souvent confronté au problème inverse: nous voilà en présence d'une force $\vec{F}$ qu'on veut remplacer par deux forces $\vec{F}_1$ et $\vec{F}_2$ dont l'action combinée est identique à celle de $\vec{F}$: lorsqu'un lugeur glisse le long d'une pente, son poids $\vec{P}$ a pour effet d'appuyer sur la neige, mais aussi de le tirer vers la vallée. Autrement dit, on peut s'imaginer que le poids $\vec{P}$ est la résultante de deux forces $\vec{F}_1$ et $\vec{F}_2$, appelées **composantes** de $\vec{P}$. On écrit: $\vec{P} = \vec{F}_1 + \vec{F}_2$

Afin de déterminer les composantes d'une force $\vec{F}$, choisis d'abord judicieusement les directions suivant lesquelles tu vas la décomposer. Trace ensuite des rayons suivant ces directions en partant de l'origine de $\vec{F}$. Construis un parallélogramme dont la diagonale est $\vec{F}$. Les côtés de ce parallélogramme constituent les composantes $\vec{F}_1$ et $\vec{F}_2$ (fig. 4 et 5).

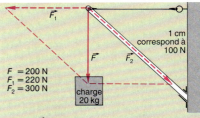

La force $\vec{F}$, qui agit sur le point de fixation de la charge, a pour effet de tendre la corde horizontale et de pousser la tige obliquement contre le mur. Aussi décompose-t-on $\vec{F}$ en une composante horizontale $\vec{F}_1$ et une composante $\vec{F}_2$ de même direction que la tige.

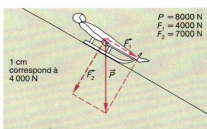

Le poids $\vec{P}$ est décomposé en une composante $\vec{F}_1$ en direction du mouvement (composante parallèle) et une composante $\vec{F}_2$ perpendiculaire au mouvement (composante normale).

Exercices

1 Dans un ascenseur maintenu par deux câbles (fig. 6), le contrepoids exerce une force de 3000 N sur la cabine. Avec quelle force le treuil doit-il retenir la cabine?

2 Tous les ressorts de la figure 7 ont une constante de raideur $k = 2 \, \dfrac{\text{N}}{\text{cm}}$.

a) Dans les trois cas envisagés, on tire vers le bas avec une force de 10 N. Quels seront les allongements pris par chacun des montages sous l'influence de cette force?

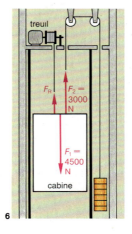

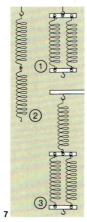

b) Ensuite on remplace chaque montage par un ressort unique subissant le même allongement lorsqu'il est soumis à une force de 10 N.

Détermine les constantes de raideur de ces ressorts.

3 Une auto (P = 10 000 N) est en équilibre sur une route inclinée de 20° par rapport à l'horizontale.

a) Décompose le poids en une composante parallèle et une composante perpendiculaire à la route. Justifie le choix de ces directions.

b) Détermine graphiquement les normes des deux composantes.

c) Qu'est-ce qui permet à la voiture de rester en équilibre? Ajoute les forces manquantes.

4 Revenons au combat apparemment inégal entre Anne et ses camarades étudié par l'expérience 7.

a) Les deux garçons tirent chacun avec une force de 280 N dans des directions qui font entre elles un angle de 120°.

Anne arrive à déployer une force maximale de 250 N. Peut-elle gagner contre les deux garçons?

b) Anne a-t-elle plus de chances de gagner, si les garçons se rapprochent ou s'ils s'éloignent? Fais une figure!

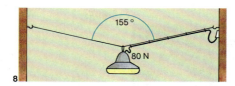
8

9

5 Une lanterne de poids 80 N est suspendue entre deux maisons (fig. 8). Détermine graphiquement la tension des deux câbles qui la retiennent.

6 Un hamac est tendu entre deux murs. Détermine les forces qui agissent sur les crochets de fixation, lorsque Jessica, de masse 45 kg, s'assoit sur le hamac, comme cela est indiqué sur la figure 9.

7 Les forces que doit supporter une corde à linge tendue sont bien plus importantes que le poids total du linge accroché. Explique!

Forces et mesure de forces

As-tu compris?

1 La graduation d'un dynamomètre pouvant supporter jusqu'à 10 N est détériorée. On ne reconnaît plus que les marques «0 N» et «5 N».

Comment procèdes-tu pour restaurer la graduation?

2 Un ressort à boudin s'allonge de 3 cm lorsqu'on y accroche une masse de 200 g. Quel serait l'allongement, si on y accrochait une masse de 100 g, resp. de 500 g?

Un élastique subit le même allongement de 3 cm lorsqu'on y accroche une masse de 200 g. Peux-tu prévoir l'allongement qu'il subirait, si on y accrochait les deux autres masses?

3 Jeff et Tom portent ensemble un seau de telle manière que leurs bras font entre eux un angle de 30°. Chaque garçon exerce une force de 80 N. Détermine le poids du seau.

4 Deux dynamomètres tirent sur un ressort en faisant entre eux un angle de 60° (fig. 10). Détermine l'allongement du ressort.

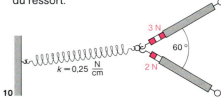
10

Résumé

La mesure des forces

Pour comparer deux forces, on les fait agir sur le même ressort. Si les deux forces provoquent le même allongement, alors elles ont *même norme*.

Pour mesurer une force, on utilise un **dynamomètre**, qui est constitué par un ressort gradué. L'étalonnage se fait en accrochant successivement des masses marquées identiques et en mesurant les allongements ainsi produits.

L'unité de force est le **newton**. 1 N correspond environ au poids d'une masse marquée de 100 g.

La loi de Hooke

Pour les ressorts en acier on constate que:

▶ *La norme de la force appliquée est proportionnelle à l'allongement.* $F \sim x$. ◀

Le facteur de proportionnalité dépend du ressort utilisé. On l'appelle *constante de raideur* (ou simplement *raideur*) k.

$$k = \frac{F}{x}$$. Son unité est $1 \, \frac{N}{m}$.

et $F = k \cdot x$.

Cette relation est appelée **loi de Hooke**.

Composition et décomposition

Le **parallélogramme des forces** permet de déterminer:
la *résultante* $\vec{F}_R$ de deux forces
les *composantes* $\vec{F}_1$ et $\vec{F}_2$ d'une force.

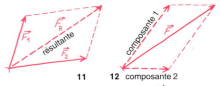
11   12

La norme de la résultante $\vec{F}_R$ de deux forces de même direction vaut:
$F_R = F_1 + F_2$ si $\vec{F}_1$ et $\vec{F}_2$ sont de *même sens*, $F_R = |F_1 - F_2|$ si $\vec{F}_1$ et $\vec{F}_2$ sont de *sens contraires*.

Masse inerte et masse pesante

1 Tous les corps sont inertes

Il faut une force pour modifier l'état de mouvement d'un corps. Cette phrase permet d'expliquer les événements illustrés sur les figures 1 et 2...

E1 Observe et décris le mouvement d'un chariot chargé d'un bloc de bois dans chacune des expériences suivantes décrites ci-dessous. Tente ensuite d'interpréter le mouvement du chariot et celui du bloc.

a) Fais démarrer le chariot brusquement en lui donnant un coup sec.

b) Arrête le chariot brusquement en le faisant rouler sur un obstacle.

c) Répète la même expérience en assurant le bloc de bois par un élastique faisant fonction de «ceinture de sécurité» (fig. 3).

d) Déplace le chariot chargé en ligne droite et à vitesse constante, puis fais-lui décrire un virage serré.

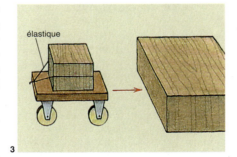

E2 Attache deux chariots ayant différentes charges à deux dynamomètres reliés entre eux par une tige comme indiqué à la figure 4. En déplaçant la tige, tu modifies l'état de mouvement des deux chariots de la même façon.

Compare l'indication des deux dynamomètres.

E3 Pose un gobelet en carton sur une feuille de papier de soie au bord d'une table.

Essaie de sortir le papier sous le gobelet sans le renverser ou sans qu'il ne tombe par terre. Répète l'expérience en remplissant le gobelet. Explique!

E4 Deux boules en acier de tailles différentes sont mises en mouvement par la même force (fig. 5).

Laquelle des deux acquiert la plus grande vitesse? Explique!

E5 Réalise le montage de la figure 6. Que se passe-t-il lorsque tu retires brusquement la planchette? (Entraîne-toi avec une pomme avant d'utiliser un oeuf cru.)

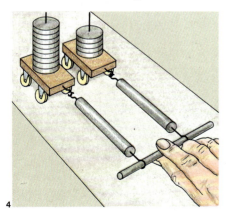

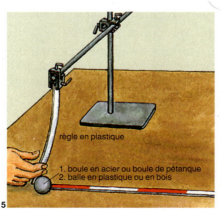

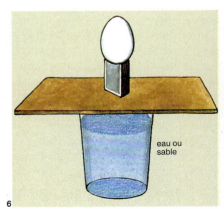

Info: Masse et inertie

Toute modification de l'état de mouvement d'un corps exige l'action d'une force. Sans l'action d'une force qui lui est appliquée, le corps conserve indéfiniment le même état de mouvement.

Néanmoins on a souvent l'impression que le mouvement d'un corps change «tout seul», donc sans l'intervention d'une force. Ainsi une voiture s'arrête assez rapidement quand le chauffeur débraye. Mais nous savons déjà que cette modification de l'état de mouvement de la voiture est elle aussi due à une force, à savoir la force de frottement.

Pour exprimer qu'un corps conserve son état de mouvement s'il n'est soumis à aucune force, les physiciens disent: **tous les corps sont inertes.**

Mais tous les corps ne sont pas inertes de la même façon: il est beaucoup plus difficile de mettre en mouvement un camion qu'une voiture particulière. Si par contre la même force agit sur le camion et sur la voiture particulière, la vitesse du camion se trouve modifiée plus lentement que la vitesse de la voiture. Le camion est donc beaucoup plus inerte que la voiture.

L'inertie est une propriété caractéristique d'un corps. **L'inertie est mesurée par la masse.** Un corps très inerte a une grande masse, un corps moins inerte a une masse plus petite.

L'unité de masse est **1 kilogramme** (1 kg) (→ *Mesure d'une masse*). On utilise aussi le milligramme (mg), le gramme (g) et la tonne (t).

1000 mg = 1 g; 1000 g = 1 kg; 1000 kg = 1 t.

Un corps de masse 8 t est 8 fois plus inerte qu'un corps de masse 1 t. Pour modifier de la même façon l'état de mouvement des deux corps, l'on a besoin d'une force 8 fois plus grande pour le corps de masse 8 t.

Deux *exemples* d'inertie:

Les pétroliers géants ont une très grande masse et donc une très grande inertie. Leur «distance de freinage» est énorme. Pour arrêter un tel bateau à temps, il faut faire passer les moteurs «en arrière toute!» à 5 voire à 10 km de l'arrivée. La force développée par l'hélice ne permet pas des modifications plus rapides de l'état de mouvement.

Lorsque tu retires la feuille de papier (fig. 7) assez rapidement, la masse marquée tombe sur la table, tandis que le bloc de styropor tombe par terre à côté de la table. Tu peux en déduire que le bloc de métal est beaucoup plus inerte que le bloc de styropor. En effet, lors du déplacement du papier des forces de frottement prennent naissance entre le papier et le styropor; ces forces suffisent pour entraîner le styropor et lui communiquer une assez grande vitesse: l'inertie du styropor est faible. Entre le styropor et le métal apparaissent aussi des forces de frottement lorsque le styropor commence à se déplacer, mais elles réussissent à peine à modifier la vitesse du métal: l'inertie du métal est grande; le métal reste pratiquement sur place.

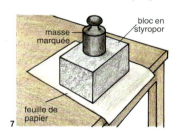
7

Exercices

1 Les figures 8 à 10 illustrent l'inertie des corps. Explique ce qui se passe sur chaque figure en utilisant la notion d'*inertie*.

2 Explique ce qui se passe sur les figures 1 à 4 en utilisant les notions d'inertie et de masse.

3 Vingt pièces de 5 franc sont empilées. On se propose d'enlever la pièce inférieure sans soulever et sans renverser la pile... Comment procèdes-tu?

Retire ainsi une à une les pièces par le bas. Jusqu'à combien de pièces peux-tu aller? Explique.

4 Mets-toi à la place d'un garçon de café qui doit servir une tasse de café bien remplie. Que se passe-t-il lorsque tu te mets en mouvement, si tu marches à vitesse constante, puis si tu t'arrêtes brusquement? Interprète.

5 Lors de quelles manoeuvres d'un bus est-il important de se tenir aux poignées lorsqu'on se trouve debout dans le couloir? Donne une explication physique.

6 Lorsqu'un marteau est démanché, on peut parfois le réparer en frappant violemment par terre l'extrémité du manche. Donne une explication physique.

7 Lorsque deux gros bateaux entrent en collision, les dégâts produits sont énormes, même si les vitesses sont assez faibles. Pourquoi?

8 Une assiette qui tombe par terre a plus de chance de se casser si le sol est en pierre que s'il est recouvert d'un tapis. Explique.

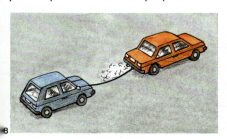
8

9

10

Vie quotidienne: Ceinture de sécurité et casque

La figure 1 montre ce qui se passe lors d'une collision.

L'extrait de journal suivant en donne une description minutieuse.

La voiture est arrêtée, le passager continue...

Imaginons une voiture de classe moyenne, en mouvement à 50 km/h, qui entre en collision avec un arbre. Lors de ce choc frontal, la voiture est raccourcie d'environ 60 cm. Après ce «chemin de freinage» de 60 cm, elle est à l'arrêt.

A l'instant du choc, le passager est animé de la même vitesse que la voiture, il continue donc son chemin vers l'avant à 50 km/h s'il n'a pas bouclé sa ceinture de sécurité.

Il est vrai que le frottement sur le siège freine un petit peu et que le passager a pu s'appuyer pendant 60 millisecondes en voyant l'accident venir.

Mais son mouvement ne s'en trouve pas beaucoup modifié. La voiture est déjà enfoncée et arrêtée lorsqu'il heurte le tableau de bord. Le chemin de freinage du passager ne mesure que 4 cm (c'est là la déformation du tableau de bord).

Le choc est assimilable à celui d'une massue de 4 à 5 tonnes. Et si sa tête heurte le châssis de fenêtre indéformable, le choc est encore beaucoup plus violent et mortel à coup sûr.

Tout change si vous mettez votre ceinture de sécurité. Elle vous freine déjà avant votre choc avec le tableau de bord, le châssis de fenêtre ou le pare-brise, car la ceinture peut s'allonger jusqu'à 25 cm, et vous êtes solidaire de la voiture dès le début. Ainsi vous profitez pleinement du ralentissement de la voiture dû à la compression de la zone déformable.

Voilà pourquoi il est impératif de boucler sa ceinture!

Lors d'un choc à 20 km/h seulement, la tête peut traverser le pare-brise avec risque d'une grave lésion des yeux ou du visage.

Pour les conducteurs de véhicules à deux roues le casque est indispensable. Le rembourrage de protection fait fonction de «zone déformable» (fig. 2); lors d'un choc, le chemin de freinage pour la tête vaut quelques centimètres au moins.

En plus, lors d'un choc contre une arête, le casque répartit les forces sur une plus grande surface du crâne.

En cas d'accident, le casque augmente les chances de survie du motocycliste considérablement.

Petites questions

1 Décris la façon dont protège la ceinture de sécurité.

Pourquoi la zone déformable d'une voiture ne protège-t-elle que les passagers qui ont bouclé leur ceinture?

2 Pourquoi faut-il remplacer les ceintures de sécurité après un accident, même si elles n'ont pas l'air d'avoir souffert?

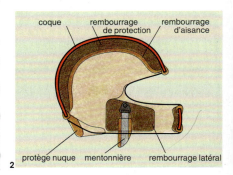

2 Masse et poids

Sur la Terre: l'astronaute peut à peine soulever son équipement.

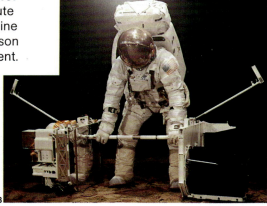

Sur la Lune: il porte le même équipement sans problème.

E6 Pose une carte postale sur deux dossiers de chaise. Poses-y une pièce de 1 franc et deux pièces de 1 franc collées ensemble comme l'indique la figure 5.

Retire brusquement la carte postale vers le côté. Est-ce que les pièces collées atteignent le sol avant la pièce isolée?

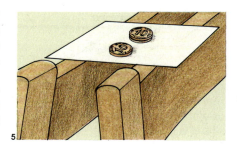

Le *poids* des pièces collées est pourtant *double* du poids de la pièce unique.

Que peux-tu en conclure sur l'*inertie* (et donc les *masses*) des deux corps.

Quelle est donc la relation qui existe entre le poids et la masse d'un corps?

Info: Le poids change – la masse est invariable

Les astronautes portent facilement leur équipement sur la Lune. Sur la Terre, ils n'y arrivent qu'avec peine. En effet, la force d'attraction qu'exercent la Terre et la Lune sur le même objet à leur surface est très différente.

La Terre exerce sur un même corps une force six fois plus grande que la Lune. La force d'attraction exercée par Jupiter sur ce corps est 2,5 fois plus grande que celle exercée par la Terre.

On appelle **poids** d'un corps, la force avec laquelle la Terre, la Lune ou Jupiter attirent ce corps.

Le poids d'un corps dépend donc de la planète sur laquelle on se trouve. Mais même sur la Terre, le poids d'un corps n'a pas partout la même valeur: il est plus faible à l'équateur, plus grand aux pôles.
Ainsi le poids d'un corps varie avec le lieu.

Pour communiquer à une balle de foot une certaine vitesse, il faut développer la même force sur la Lune que sur la Terre. En effet, pour modifier l'état de mouvement d'un corps d'une certaine façon, il faut la même force partout (sur la Terre comme dans l'Univers). Un corps a donc partout la même inertie c'est à dire: **La masse d'un corps ne dépend pas du lieu.**

Une pierre qui tombe d'une hauteur de 10 m met plus de temps pour toucher le sol sur la Lune que sur la Terre. En voici la raison: le poids de la pierre est plus faible sur la Lune que sur la Terre, par contre sa masse (son inertie) est la même. Le poids du corps plus faible sur la Lune communique à la masse (invariable) une variation plus lente de son état de mouvement.

Poids et masse sont des grandeurs physiques complètement différentes, comme en témoigne le récit suivant de l'astronaute *Neil Armstrong*.

Récit d'un séjour sur la Lune

«Nous devions d'abord nous familiariser avec les conditions inhabituelles de pesanteur (de poids). Sur la Lune, un astronaute peut facilement effectuer des sauts du lieu de 6 m de hauteur. Mais il ne doit pas oublier que sa masse reste la même et que la chute sur un rocher lunaire fait autant mal que la chute sur un rocher terrestre.»

La photo 6 montre deux corps lâchés au même instant: une pièce de 1 franc et 2 pièces de 1 franc accolées. Les deux objets ont été photographiés toutes les 0,05 s. La photo montre que le mouvement des deux corps est modifié de la même façon au cours du temps, bien que le poids de l'un des deux objets soit le double du poids de l'autre. La raison en est que le corps de poids double est aussi deux fois plus inerte, c.-à-d. sa masse est aussi double.

En un lieu donné, **le poids d'un corps est proportionnel à sa masse: *P ~ m*.**

La figure 7 montre la relation entre poids et masse pour différentes planètes. Pour un lieu donné on obtient une droite qui passe par l'origine.

La droite obtenue dépend du lieu.

Ainsi le quotient du poids par la masse dépend du lieu; ce quotient est appelé **intensité de la pesanteur** (symbole: *g*; → tableau).

$$g = \frac{P}{m}$$

Exemple: Quel est le poids sur la Lune d'un homme de masse 50 kg? Quel est son poids sur la Terre?
Solution: $P = m \cdot g$.

Sur la Lune: $P = 1{,}62 \frac{N}{kg} \cdot 50 \text{ kg} = 81{,}0 \text{ N}$

Le poids à la surface de la Lune est 81,0 N.

Sur la Terre: $P = 9{,}81 \frac{N}{kg} \cdot 50 \text{ kg} = 490{,}5 \text{ N}$

Son poids à la surface de la Terre est 490,5 N.

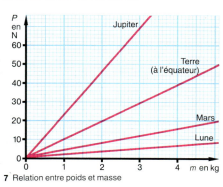

7 Relation entre poids et masse

Intensité de la pesanteur à la surface de différents corps célestes

corps céleste	g en $\frac{N}{kg}$
Terre	
équateur	9,78
Europe centrale	9,81
pôles	9,83
Lune	1,62
Mercure	3,7
Venus	8,87
Mars	3,93
Jupiter	25,9
Saturne	9,28
Uranus	9,0
Neptune	11,6
Pluton	0,57

Exercices

1 Un corps de masse 1 kg est soumis à une force horizontale de 1 N sur la Terre, puis sur la Lune.

Est-ce que la vitesse du corps augmente plus vite sur la Lune que sur la Terre? Justifie ta réponse.

2 Poids et masse sont des grandeurs physiques très différentes. Le langage courant ne fait pratiquement pas de différence. A la question: «Combien pèses-tu?», tu réponds par exemple: «50 kilogrammes».

Ta réponse n'est pas correcte. Que devrais-tu répondre?

3 L'équipement d'un astronaute a une masse de 84 kg.

a) Quelle est l'indication d'un dynamomètre auquel on suspend cet équipement sur la Terre (sur la Lune)?

b) Imagine une expérience pour montrer que la masse d'un objet quelconque est la même sur la Terre et sur la Lune.

4 Calcule le poids d'un moineau (30 g), d'une locomotive (90 t) et d'un homme (70 kg) en Europe centrale, à l'équateur et au pôle Nord.

Détermine aussi le poids de ces corps sur la Lune.

5 La figure 1 montre que même sur la Terre un dynamomètre peut indiquer des poids différents pour le même corps.

Essaie de trouver une explication pour ce comportement.

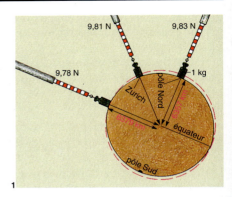

1

6 Un astronaute se trouvant sur la Lune développe une force de 200 N pour soulever une pierre.

a) Détermine la masse de cette pierre lunaire.

b) Pourrait-il soulever la même pierre sur la Terre? Justifie ta réponse.

Un peu d'histoire: **La découverte de l'attraction universelle**

Il y a 300 ans, le physicien anglais *Isaac Newton* (1643-1727) se demandait pourquoi la Lune tourne autour de la Terre.

Après 20 ans de travail sa réponse fut la suivante: c'est la Terre qui maintient la Lune sur son orbite en exerçant sur elle une *force d'attraction*.

Mais non seulement la Terre attire la Lune, la Lune attire aussi la Terre; l'attraction est donc *réciproque*. Les forces d'interaction ont *même intensité* (principe de l'action et de la réaction).

De même le mouvement des planètes autour du Soleil est dû à une telle attraction réciproque.

L'attraction réciproque entre deux corps est appelée **attraction universelle** ou **gravitation** (du latin *gravis*: lourd).

D'après sa célèbre loi de la gravitation universelle, Newton dit que l'intensité de la force d'attraction entre deux corps célestes dépend des masses des corps. Elle est d'autant plus grande que la masse des corps en présence est grande (à distance constante).

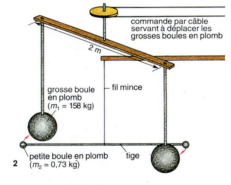

2

Newton admettait que ces forces d'attraction ne s'exercent pas seulement entre corps célestes, mais aussi entre deux corps quelconques, par exemple entre boules en acier. Les masses de ces boules étant infiniment petites comparées aux masses de la Terre et de la Lune, il faut toutefois s'attendre à des forces d'interaction très faibles.

Ces forces d'attraction, qui sont effectivement très petites, ont été mesurées pour la première fois il y a 200 ans par le chimiste anglais *Henry Cavendish* (1731-1810). La figure 2 montre son montage expérimental, connu aujourd'hui sous le nom de balance de Cavendish: il fixa deux petites boules en plomb aux extrémités d'une tige horizontale suspendue par son milieu à un fil vertical. Il approche deux grosses boules en plomb des deux petites boules, qui subissaient alors des forces d'attraction.

En mesurant le déplacement des petites boules, Cavendish put déduire la force d'attraction exercée par les deux grosses boules sur les petites.

Cette expérience démontre définitivement que *tous* les corps s'attirent réciproquement.

Lorsqu'une pomme se détache d'un arbre, elle tombe parce que la Terre l'attire.

Mais la pomme attire également la Terre avec une force de *même intensité*, qui n'a pourtant pas d'effet sur la Terre à cause de l'énorme inertie de celle-ci.

La cause de la chute d'une pomme est son *poids*. Nous savons maintenant que cette force est due à l'attraction réciproque entre deux corps, à savoir la Terre et la pomme. L'intensité du poids est déterminée entre autre par les *masses* des deux corps.

Le poids d'un corps est beaucoup plus grand sur Jupiter parce que la masse de Jupiter est bien plus importante que celle de la Terre.

L'intensité de la force d'interaction entre deux corps dépend aussi de leur *distance* (distance entre leurs centres). Plus la distance entre les corps augmente, plus la force d'at-

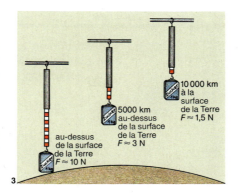

3

traction devient faible. La loi correspondante fut également trouvée par Newton.

Il en résulte donc une diminution du poids d'un corps si l'altitude à laquelle il se trouve devient plus grande, ce qui est illustré sur la figure 3.

Ainsi le poids d'un satellite géostationnaire en orbite ne vaut plus que 2,3 % de son poids à la surface de la Terre (ce satellite évolue à l'altitude de 36 000 km).

3 Comment mesure-t-on des masses?

Info: Balance – kilogramme-étalon – masses marquées

La masse d'un corps nous informe sur son inertie. On pourrait donc déterminer la masse d'un corps en mesurant comment une force modifie son état de mouvement. Une telle mesure est possible, mais elle est relativement compliquée; on l'appelle mesure dynamique de la masse.

Il est bien plus facile d'utiliser une *balance* à deux plateaux (fig. 4): chacun de ses plateaux subit le poids du corps qu'il contient.

Lorsque la balance est en équilibre, les corps contenus dans les deux plateaux ont *même* poids, donc aussi même masse, car poids et masse sont deux grandeurs proportionnelles en un lieu donné.

Ainsi:

Quand la balance est en équilibre, les corps qui se trouvent dans les deux plateaux ont même masse.

L'équilibre de la balance n'est pas détruit si on la transporte sur la Lune (fig. 5). Il est vrai que les poids des objets contenus dans les *deux* plateaux y sont plus petits, mais ils restent égaux.

La balance ne devient inutilisable qu'en un lieu où les corps n'ont plus de poids, c.-à-d. loin de toute planète et de toute étoile. En un tel lieu la masse ne peut être déterminée que par des méthodes dynamiques.

Une balance à deux plateaux permet donc de dire si une masse est plus grande, égale ou plus petite qu'une autre. Mais mesurer une grandeur, signifie la comparer à une autre grandeur de même nature choisie comme unité.

En 1791 l'Assemblée nationale française avait choisi comme unité de masse celle d'un dm^3 d'eau. Aujourd'hui

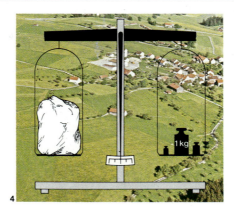

4

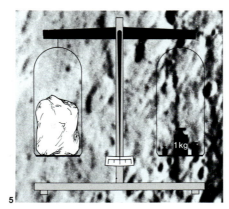

5

6

l'unité internationale de masse est la masse du cylindre de la photo 6; elle est approximativement égale à la masse d'un dm^3 d'eau pure à 4 °C.

Ce cylindre en platine iridié est appelé *kilogramme-étalon*; il est conservé au Bureau International des Poids et Mesures au Pavillon de Breteuil à Sèvres, près de Paris.

L'unité de masse est 1 kilogramme. C'est la masse du kilogramme-étalon.

Comme beaucoup d'autres pays, le Grand-Duché de Luxembourg possède une copie du kilogramme-étalon. Elle est conservée au Service de Métrologie à Steinsel.

Pour pouvoir mesurer des masses inconnues à l'aide d'une balance à deux plateaux, il faut disposer d'un certain nombre de *masses marquées* judicieusement choisies.

La photo 1 à la page suivante montre une telle série de masses marquées. Voici comment on les fabrique: pour obtenir une masse marquée de 2 kg p. ex., on coule une pièce qui a même masse que deux pièces de 1 kg ensemble. Pour obtenir une masse marquée de 500 g, on coule deux pièces identiques qui ont ensemble même masse qu'une pièce de 1 kg ... Le Service de Métrologie à Steinsel possède des masses marquées allant de 1 mg à 500 kg.

La convention suivante permet d'obtenir des multiples de l'unité de masse:

Les masses s'ajoutent. La masse de 2, 3, 4 ... corps identiques est double, triple, quadruple ... de la masse de chacun d'entre eux.

Exercices

1 La figure 1 montre une série de masses marquées. Cherche le nombre minimal de masses marquées que devrait contenir une série servant à mesurer des masses (valeurs entières) comprises entre 1 g et 2000 g. Précise leur valeur.

2 D'habitude on vend le sucre en paquets de 1 kg. Pourquoi ne fabrique-t-on pas des paquets un peu plus gros portant l'inscription «10 N»?

3 Il est possible de mesurer des *masses* en utilisant un ressort.

a) Comment le ressort permet-il de comparer deux masses?

b) Mesurer est plus que comparer. De quoi as-tu besoin en plus du ressort pour pouvoir *mesurer* des masses? Imagine un procédé de mesure.

4 Comment une balance permet-elle de comparer des *poids*?

Est-ce qu'une balance permet aussi de mesurer des forces? Justifie ta réponse.

5 Sur la Lune, un premier paquet de sucre a une masse de 5 kg, un deuxième paquet a un poids de 25 N. Quel paquet contient plus de sucre?

Est-ce que ta réponse serait la même si les mesures avaient été faites sur la Terre?

6 Un vaisseau spatial se déplace dans l'espace, moteurs coupés. Tous les objets à bord semblent sans poids, parmi eux deux cylindres en fer d'aspect identique, l'un massif, l'autre creux.

Un astronaute prend un cylindre dans chaque main, les secoue et sait dire immédiatement quel est le cylindre massif … Explique!

7 Tu as cinq boules d'aspect identique, dont l'une est plus légère. Trouve cette boule en utilisant une balance deux fois (ou moins).

Info: L'unité légale de force

Nous avons défini l'unité de force par l'intermédiaire du poids (→ *Forces et mesure de forces*). D'après cette définition, 1 N est le poids de la 9,81e partie d'un litre d'eau.

Entre-temps nous avons appris que le poids d'un corps dépend du lieu où il est déterminé. Notre définition n'est donc pas universellement valable et ne vaut même pas pour n'importe quel point de la terre. Pour qu'elle ait un sens, il faut préciser le lieu de la mesure.

Voici une définition améliorée: 1 N est le poids, *à Paris*, de la 9,81e partie d'un litre d'eau.

Le nombre 9,81 t'étonne? Voici l'explication:

Une définition de l'unité de force qui dépend du lieu étant gênante pour les physiciens, ils ont formulé une définition dans laquelle le poids n'intervient plus. Tu sais qu'une force peut modifier la *vitesse* d'un corps. Lorsqu'un corps est soumis à une force constante (et en l'absence de frottements), sa vitesse augmente à chaque seconde de la même valeur (figure 2 et tableau).

On peut mesurer une vitesse à l'aide d'un tachymètre. Une indication de 2 m/s signifie: si l'état actuel de mouvement se conserve, alors le mobile parcourt 2 m à chaque seconde.

Retiens la définition suivante de l'unité de force:
Si la vitesse d'un corps de masse 1 kg augmente de $1\frac{m}{s}$ à chaque seconde, alors ce corps est soumis à une force constante de 1 N.

Voici la définition officielle du newton d'après le règlement grand-ducal du 22 octobre 1991 (art. 6):

Le newton est la force qui communique à un corps ayant une masse de 1 kg une accélération de 1 mètre par seconde carrée.

En comparant le newton ainsi défini au poids du kilogramme-étalon (ou au poids d'un litre d'eau) on constate:

A Paris, le poids du kilogramme-étalon mesure 9,81 N.

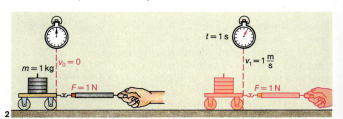

Modification de la vitesse d'un corps de masse 1 kg soumis à une force de 1 N

vitesse		accroissement de vitesse	
au départ	$0\frac{m}{s}$		
		pendant la 1ère seconde:	$1\frac{m}{s}$
après 1 s:	$1\frac{m}{s}$		
		pendant la 2e seconde:	$1\frac{m}{s}$
après 2 s:	$2\frac{m}{s}$		
		pendant la 3e seconde:	$1\frac{m}{s}$
après 3 s:	$3\frac{m}{s}$		

Masse inerte et masse pesante

As-tu compris?

1 Tente de décrire un monde sans gravitation.

2 Lorsque la hache reste coincée dans une bûche, on retourne la hache comme indiqué à la figure 3 et on frappe un coup sec.
Pourquoi est-il possible de fendre la bûche de cette façon?

3 Lors du trajet entre la Terre et la Lune, le poids de l'astronaute diminue d'abord, puis augmente à nouveau au voisinage de la Lune.
Explique!

4 Dans un film de science-fiction:
Sur la Lune, une ville habitée est abritée sous une immense cloche de verre remplie d'air.

 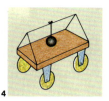

3   4

a) Les hommes peuvent sauter beaucoup plus haut que sur la Terre. Est-ce que ces sauts sont plus dangereux? Justifie ta réponse.

b) Dans cette ville lunaire une voiture heurte un mur. Les dégâts sont-ils moindres que lors d'un accident identique sur la Terre? Explique!

5 Une boule est suspendue à un support monté sur un chariot comme le montre la figure 4. Comment se comporte cette boule…

a)… lors du démarrage du chariot?

b)… lorsque le mouvement est uniforme?

c)… lorsque le chariot heurte un obstacle?

d)… dans un virage à gauche (à droite)?

6 «Une tablette de chocolat de 100 g a un poids de 1 N.» Que penses-tu de cette phrase?

7 Décris ce qui se passe lorsqu'une voiture en heurte une autre, en utilisant la notion d'*inertie*.

8 «Les ceintures sont superflues sur les sièges arrières, car on a le siège avant pour s'appuyer!» Discute cette phrase.

Résumé

Masse et inertie

▶ *Tous les corps sont inertes. Il faut une force pour modifier l'état de leur mouvement.* ◀

Si *aucune force* n'agit sur un corps alors,
s'il est au repos il reste au repos,
s'il est en mouvement il reste en mouvement et il se déplace en ligne droite à vitesse constante (fig. 5).

Tout corps a tendance à rester dans son état de mouvement.

5

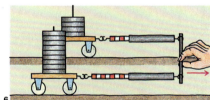

6

L'inertie dépend du corps, c.-à-d. la force nécessaire pour produire une certaine variation de vitesse sur des corps différents dépend de ces corps (fig. 6).

La masse d'un corps est une mesure pour son inertie. L'inertie d'un corps augmente avec sa masse.

L'inertie d'un corps – et donc sa masse – est invariable:

▶ *La masse ne dépend pas du lieu.* ◀

Le poids

▶ *Le poids est dû à l'attraction réciproque entre tous les corps (gravitation ou attraction universelle).* ◀

L'intensité de la force d'attraction entre deux corps dépend entre autre de leurs masses:
la force d'attraction entre les corps augmente avec leurs masses.

La force d'attraction que la Terre exerce sur un corps qui se trouve à sa surface est environ six fois plus grande que la force d'attraction exercée par la Lune sur le même corps se trouvant à la surface lunaire. Le poids d'un corps est donc environ six fois plus grand sur la Terre que sur la Lune.

▶ *Le poids dépend du lieu.* ◀

Masse et poids

Deux corps ont même masse s'ils ont même poids en un même lieu.

Ce fait est mis à profit lorsqu'on utilise une balance pour mesurer des masses:

En un même endroit, on compare le poids du corps à peser avec le poids des masses marquées. Quand la balance est en équilibre, les poids sont égaux, et donc aussi les masses.

L'unité internationale de masse est 1 kg (1 kilogramme).

1 kg est la masse du kilogramme-étalon.

1 kg = 1000 g.

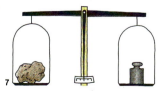

7

La masse volumique

La masse volumique – une propriété caractéristique des corps

Qu'est-ce qui te surprend sur les photos ci-contre?

Pourquoi différents corps en fer ont-ils des masses différentes?

Info: La masse volumique, c'est quoi?

Deux solides de même volume faits du même matériau ont même masse. Le volume total des deux corps est double du volume de chacun et leur masse totale est double de la masse de chacun.

En comparant des corps faits du *même matériau*, on constate que: *la masse d'un corps est proportionnelle à son volume.*

Quand tu représentes dans un diagramme les couples de valeurs (volume; masse) de différents corps faits dans le même matériau, les points s'alignent: la caractéristique volume-masse est une droite qui passe par l'origine (fig. 3).

Pour des corps faits dans un matériau différent, la courbe $m = f(V)$ est aussi une droite qui passe par l'origine, mais sa pente est différente.

Puisque masse et volume sont proportionnels, leur quotient est constant. **Le quotient de la masse par le volume est différent d'un corps à l'autre; c'est une *caractéristique* du corps. On l'appelle masse volumique.**

La masse volumique est représentée par la lettre grecque ρ (rhô).

$\rho = \dfrac{m}{V}$.

En conséquence, l'unité légale de masse volumique est $1\,\dfrac{kg}{m^3}$.

En utilisant cette unité, beaucoup de masses volumiques sont exprimées par de grandes valeurs numériques. Voilà pourquoi en pratique on mesure les masses volumiques souvent en $\dfrac{g}{cm^3}$.

$1\,\dfrac{g}{cm^3} = 1000\,\dfrac{kg}{m^3}$.

Exemple 1:
La masse de 10 cm³ de fer est 79 g, la masse de 40 cm³ de fer est 316 g, la masse de 100 cm³ de fer est 790 g. Dans chaque cas le quotient de la masse par le volume donne $7{,}9\,\dfrac{g}{cm^3}$.

Cette valeur caractérise le matériau fer, elle mesure sa masse volumique; elle signifie que chaque cm³ de fer a une masse de 7,9 g.

Exemple 2:
La masse de 10 cm³ d'or est 193 g, 60 cm³ d'or ont une masse de 1158 g. Dans chaque cas le quotient de la masse par le volume donne $19{,}3\,\dfrac{g}{cm^3}$.

C'est la masse volumique de l'or. Chaque cm³ d'or a donc une masse de 19,3 g.

Tu trouveras les masses volumiques de différents matériaux dans l'appendice.

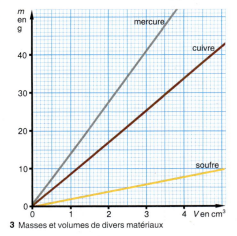

3 Masses et volumes de divers matériaux

1er exercice résolu:
Quel est le volume de 1 kg d'or?
Solution:

formule de départ: $\rho = \dfrac{m}{V}$

transforme la formule: $V = \dfrac{m}{\rho}$

remplace les valeurs: $V = \dfrac{1\,kg}{19{,}3\,\dfrac{g}{cm^3}}$

adapte les unités: $V = \dfrac{1000\,g \cdot cm^3}{19{,}3\,g}$

calcule: $V = 51{,}8\,cm^3$.

Résultat: le volume de 1 kg d'or est de 51,8 cm³.

2e exercice résolu:
Un corps massif homogène de volume 3,5 l a une masse de 9,45 kg. De quel matériau est-il constitué?
Solution:
Calculons la masse volumique:

formule de départ: $\rho = \dfrac{m}{V}$

remplace les valeurs: $\rho = \dfrac{9{,}45\,kg}{3{,}5\,l}$

calcule: $\rho = 2{,}7\,\dfrac{kg}{l}$

adapte les unités: $\rho = 2{,}7\,\dfrac{g}{cm^3}$

Résultat: le matériau cherché a une masse volumique de $2{,}7\,\dfrac{g}{cm^3}$. D'après le tableau dans l'appendice, il pourrait s'agir d'aluminium, car le résultat trouvé correspond à la valeur donnée pour la masse volumique de l'aluminium.

E1 Détermine la masse volumique d'un corps en forme de brique.

a) Utilise une balance pour mesurer la masse du corps.

b) Mesure ensuite longueur, largeur et hauteur de la brique (en utilisant par exemple un pied à coulisse), puis calcule son volume.

c) De quel matériau pourrait-elle être constituée?

E2 Tu vas déterminer le volume d'une vis en fer de deux façons différentes.

a) Mesure d'abord la masse de la vis. Recherche ensuite la masse volumique du fer dans le tableau de l'appendice, puis calcule le volume de la vis.

b) Détermine le volume de la vis par une mesure directe.

c) Compare les deux résultats. Quelle est la méthode la plus précise? Quelles sont les sources d'erreurs?

E3 On va déterminer la masse volumique d'un liquide.

a) Détermine la masse volumique d'une solution concentrée de sel de

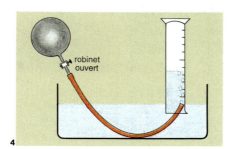
4

cuisine (ou de sucre). Explique la méthode.

b) Compare cette masse volumique à celle de l'eau.

E4 Il s'agit maintenant de déterminer la masse volumique de l'air.

a) Prends une sphère creuse et mesure sa masse. Remplis-la d'air comprimé, puis fais une nouvelle mesure.

Déduis-en la masse de l'air que tu as introduit dans la sphère.

b) La figure 4 montre la détermination du volume normal de l'air. L'air occupe son volume normal quand l'eau dans le bac est au même niveau que dans le cylindre renversé.

c) Calcule la masse volumique de l'air.

Exercices

1 Le bloc que le garçon porte sur la photo 1 a 1 m de longueur, 50 cm de largeur et 50 cm de hauteur. Il est en styropor ($\rho = 2{,}7 \frac{g}{cm^3}$).
Calcule la masse du bloc et la force nécessaire pour le porter.

2 La masse volumique d'une pierre est d'environ $2{,}5 \frac{g}{cm^3}$. Le volume de la pierre de la photo 2 est approximativement 7 l.

a) Montre par un calcul qu'un étudiant devrait être capable de soulever cette pierre. Calcule la masse et le poids de la pierre.

b) Pourrais-tu porter un lingot d'or qui a le même volume?

3 Dans le tableau de l'appendice on n'indique qu'une valeur approximative pour la masse volumique du bois. Pourquoi?

4 Une salle de classe a les dimensions 9,50 m, 7 m et 3,50 m.
Calcule la masse de l'air contenu dans cette salle de classe.

5 Les banques vendent des lingots d'or d'un kg.

a) Quel est le volume d'un lingot?

b) Calcule le volume occupé par 1 kg de fer, par 1 kg de cuivre et 1 kg d'aluminium.

6 Le réservoir d'essence d'une voiture peut contenir 47 l. De combien augmente la masse de la voiture lorsqu'on fait le plein (le réservoir étant vide au départ)?

7 Sur les plateaux d'une balance se trouvent deux verres identiques. L'un contient 100 cm³ d'eau, dans l'autre on verse de l'alcool.

Quel sera le volume de l'alcool lorsque la balance est à l'équilibre?

8 Compare les masses, les volumes et les masses volumiques des cubes posés sur les plateaux de la balance de la figure 5.

9 Un des deux cubes de la figure 5 est en

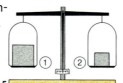
5

aluminium, l'autre est en argent. Quel cube est en argent?

10 Il est stupide de calculer la masse volumique de certaines sortes de fromage. Pourquoi?

11 Lequel des deux verres cylindriques de la figure 6 contient la plus grande masse de liquide?

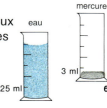
6

12 «Pierre est plus lourd que Nadine.» «Le fer est plus lourd que le verre.»

A quelle grandeur physique pense-t-on dans chacune de ces deux phrases?

13 Deux boules en pâte à modeler ont même masse, mais l'une d'elles contient une petite boule en bois.

Comment peut-on trouver la boule avec le bois sans la détruire?

14 Le bracelet de Christiane brille comme de l'argent. Comment peut-elle savoir si c'est de l'argent pur?

Propriétés et structure des corps

1 Un corps peut changer d'état physique

Il existe de l'eau solide, du fer en fusion, de l'air liquide, du propane gazeux. Ces exemples montrent que la matière se présente sous différents aspects qu'on appelle les *états physiques*.

On distingue l'état *solide*, l'état *liquide* et l'état *gazeux*.

E1 Pose un verre rempli d'eau dans le congélateur. Observe l'eau à des intervalles d'une demi-heure. Que constates-tu?

E2 Fais bouillir l'eau contenue dans un bécher. Suspends une petite bougie à l'aide d'un fil de fer au-dessus de l'eau. Que se passe-t-il?
Suspends une plaque en verre obliquement au-dessus du récipient. Qu'observes-tu?

E3 Remplis trois verres respectivement de glace concassée, de paraffine et de sel fixateur.
Réchauffe chaque matériau au bain-marie; observe et décris leur comportement.

E4 Remplis un verre de montre d'isobutanol et réchauffe-le au bain-marie.
Laisse refroidir l'isobutanol à la température ambiante. Qu'observes-tu?

Info: Changements d'état physique

En physique, on appelle **corps** des objets tels qu'une table, une maison, une trombone, une planète, une étoile, la limonade contenue dans un verre ou l'air contenu dans un ballon.

Les corps sont formés de matériaux tels que le fer, le bois, l'eau, l'air: l'ensemble des matériaux est appelé **matière**.

La matière peut se présenter sous 3 états différents: l'état *solide*, l'état *liquide* ou l'état *gazeux*.

On peut changer l'état physique de la matière: ainsi le fer solide peut devenir liquide et le fer liquide peut repasser à l'état solide. L'état sous lequel se présente le fer dépend de sa température.

L'eau peut être transformée en vapeur d'eau (donc passer de l'état liquide à l'état gazeux) et la vapeur d'eau peut redevenir eau liquide.

La température à laquelle se produit le changement d'état d'un corps dépend du matériau qui le constitue.

Les passages entre l'état solide et l'état liquide sont appelés **fusion** et **solidification**. Le passage de l'état liquide à l'état gazeux est appelé **vaporisation**; on appelle **condensation** le passage de l'état gazeux à l'état liquide.

Certains corps passent, lors de l'échauffement, directement de l'état solide à l'état gazeux et vice versa, sans passer par l'état liquide. Ainsi l'iode solide se transforme immédiatement en iode gazeux et l'iode gazeux redevient immédiatement de l'iode solide.

Lors des changements d'état physique les corps perdent quelques-unes de leurs propriétés physiques et en acquièrent d'autres.

Petites questions

1 Recherche les températures de fusion du fer, de l'aluminium et de l'étain. Quelles sont les températures d'ébullition de l'air liquide, du propane et de l'eau?

2 Recherche le principe de production de la grenaille de plomb et explique le phénomène.

2 Le modèle corpusculaire

Beaucoup de solides apparaissent dans la nature sous des formes régulières: ces solides sont des *cristaux*.

E5 On peut cultiver des cristaux.

Il te faut du sel de seignette (ou de l'alun de potassium), du sel de cuisine et du sulfate de cuivre.

Dissous séparément chacune des 3 substances dans de l'eau distillée chaude, sans cesser de remuer. Ajoute dans chaque récipient du sel jusqu'à saturation. (La saturation est atteinte si une partie du sel n'est plus dissoute.)

Verse chacune des solutions, encore chaude et sans son dépôt, dans un second verre. Introduis dans chaque solution un fil de laine fixé à un crayon. Après le refroidissement tu pourras voir de petits cristaux accrochés aux fils de laine.

Pour obtenir des cristaux plus grands il faut enlever des fils la plupart des cristaux, à l'exception de deux ou trois. Transvase alors les solutions dans de nouveaux verres, suspends-y les petits cristaux. Il ne te faut plus que quelques jours de patience…

E6 Décris la forme des cristaux cultivés.

a) Essaye de briser des cristaux avec précaution. Observe la forme des débris.

b) Casse quelques-uns de tes cristaux au moyen d'un marteau et observe les débris à la loupe (ou au microscope). Qu'observes-tu?

E7 Casse au marteau quelques-uns des cristaux cultivés dans la seconde solution et observe les débris à la loupe ou au microscope. Compare le résultat avec celui de l'expérience précédente

Info: Essayons de comprendre la croissance des cristaux

Certains solides peuvent être réduits en petits fragments par concassage ou broyage. Un morceau de craie peut même être réduit en fine poussière.

Mais lorsqu'on observe une substance dissoute dans l'eau, on n'aperçoit plus de fragments, même pas au microscope. Il est étonnant de voir que cette solution peut donner naissance à de nouveaux cristaux et que les cristaux nés d'une même substance ont toujours même forme.

La croissance des cristaux ressemble à l'assemblage de pièces de Lego: à partir de pierres identiques, on peut construire en particulier des corps de formes régulières.

En se dissolvant dans l'eau, un cristal se désintègre en fragments élémentaires ou corpuscules. Ces corpuscules peuvent s'assembler à nouveau pour former un cristal. Ils sont minuscules à tel point que même le microscope le plus puissant ne peut les mettre en évidence.

Les corpuscules ne s'unissent pas toujours pour constituer un corps de forme régulière. Il en est de même des morceaux de Lego: à partir de pierres identiques, tu peux aussi composer des corps de formes irrégulières.

Une théorie, comme celle que nous venons de faire sur la constitution de la matière, s'appelle un modèle.

Un modèle est une représentation simplifiée, qui sert à expliquer une série d'observations. Nous aurons souvent recours au modèle corpusculaire dans la suite. Il suffira souvent d'imaginer les corpuscules comme un amas de billes.

Petites questions

1 Verse des billes en acier dans un verre (utilise les billes provenant du roulement à billes d'une bicyclette, par exemple). Décris leur arrangement.

Secoue le verre et observe la nouvelle disposition des billes. De quel état physique ce modèle est-il l'image?

2 Le sucre en morceaux contenu dans un paquet non entamé peut être considéré comme modèle d'un cristal. Explique!

3 Propriétés des solides, des liquides et des gaz

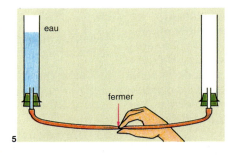

Quelles sont les propriétés mises à profit dans ces exemples?

E8 Verse de l'eau dans des récipients de formes différentes. Incline ensuite les récipients. Qu'observes-tu?

Décris les différences entre le comportement des solides et des liquides.

E9 Le comportement de l'eau lors de l'expérience précédente peut être illustré encore d'une autre façon.

Deux vases sont reliés par un tuyau. Nous remplissons d'eau l'un des vases tout en maintenant le tuyau comprimé comme indiqué sur la figure 5.

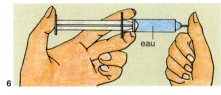

Que se passe-t-il lorsqu'on relâche la pression du tuyau?

Comment le niveau de l'eau change-t-il dans le vase de gauche lorsqu'on élève le vase de droite ou lorsqu'on l'incline?

E10 Prends deux seringues en plastique (sans aiguille); l'une est remplie d'air, l'autre d'eau (fig. 6).

a) Essaie d'enfoncer les pistons dans les cylindres. Qu'observes-tu?

b) Déduis de tes observations une propriété relative au *volume* des liquides et des gaz.

Info: Les solides, les liquides, les gaz et le modèle corpusculaire

Les solides ne peuvent pas être comprimés. On peut à peine modifier leur forme ou leur volume.

Tu peux te représenter un **solide** de la façon suivante: les corpuscules qui le composent, sont liés rigidement. Les physiciens disent: de grandes forces s'exercent entre les corpuscules. Ces corpuscules occupent des places fixes, sont disposés régulièrement et sont serrés les uns contre les autres.

Les liquides n'ont pas de forme propre, ils adoptent la forme du récipient qui les contient. Leur surface libre est horizontale. Ils sont pratiquement incompressibles; leur volume est presque constant.

Dans un **liquide**, les corpuscules peuvent facilement être déplacés les uns par rapport aux autres. Ils n'ont pas de places fixes, mais ils sont très rapprochés les uns des autres.

Les gaz aussi adoptent la forme du récipient qui les contient. Ils sont compressibles; leur volume peut donc être changé.

Dans un **gaz**, les corpuscules se déplacent librement dans tout l'espace qui leur est offert. Il n'existe pratiquement pas de forces d'attraction entre eux. Les corpuscules sont séparés par des vides énormes.

Lors de la fusion d'un solide, les corpuscules quittent leur place fixe et peuvent alors être déplacés. Lors de la vaporisation, les corpuscules s'écartent davantage et se déplacent ensuite librement dans l'espace. Ainsi, lors de la fusion et de la vaporisation, les corpuscules eux-mêmes ne sont pas modifiés; seul leur *arrangement* change. La glace, l'eau liquide et la vapeur d'eau sont composées des mêmes corpuscules d'eau.

Exercices

1 Qu'est-ce qui rend possible le transvasement du café (fig. 7)?

2 Explique à l'aide du modèle corpusculaire:

a) Un morceau de sucre adoucit toute une tasse de café.

b) Un peu d'aquarelle ajoutée dans un verre d'eau colore toute l'eau contenue dans le verre.

c) Un peu de parfum ou de laque vaporisés dans la salle de bain peuvent être sentis dans le corridor.

d) L'ouverture d'une seringue étant fermée, on peut enfoncer le piston dans la seringue lorsqu'elle est remplie d'air.

Ceci est impossible lorsqu'elle est remplie d'eau.

e) L'eau contenue dans un verre peut être répartie dans deux autres verres. L'eau peut donc facilement être «divisée», contrairement à un glaçon.

3 La figure 8 représente une expérience réservée au professeur. Décris et explique les observations.

brome (gaz suffocant)   air

Un peu d'histoire: Le modèle corpusculaire – hier et aujourd'hui

Dès l'Antiquité certains philosophes ont émis l'hypothèse que la matière est composée de corpuscules. Ils leur donnèrent le nom d'*atomes* (du grec *atomon*: l'indivisible)

L'un des fondateurs de cette théorie atomique est *Démocrite* (460–371 av. J.-C.). Nous ne sommes en possession d'aucune de ses écritures, mais sa doctrine nous a été transmise par d'autres auteurs. Ainsi l'historien grec *Plutarque* (46–120 ap. J.-C.) et le philosophe *Simplicius* (ca. 530 ap. J.-C.) nous rapportent sa théorie.

Au sujet de la doctrine de Démocrite

Que prétend Démocrite? Que d'innombrables et immuables substances, sans propriétés particulières, seraient dispersées dans l'espace. Lorsqu'elles se rapprochent, se rencontrent ou se réunissent, il en résulterait de l'eau, du feu, une plante ou un homme. Tout serait quand-même formé d'atomes ou d'«idées», comme il les appelle, et de rien d'autre …

Extrait de Plutarque: Contre Colotès.

Nous remarquons que le même corps est continuellement tantôt liquide, tantôt solide, et que ce changement ne se produit pas par séparation et réunion ou bien par changement de place ou de configuration des atomes comme Démocrite prétend.

Extrait d'Aristote: De la Génération et de la Disparition.

Démocrite explique les associations passagères entre atomes par l'appui qu'ils trouvent l'un sur l'autre à cause de leurs formes innombrables. Car certains seraient droits, d'autres obliques, certains présenteraient des creux, d'autres des bosses, d'autres des crochets …

Extrait de Simplicius: Commentaires sur «Du Ciel» d'Aristote.

A partir du 17e siècle, le modèle corpusculaire fut repris et développé afin d'interpréter certains phénomènes physiques et chimiques. Le chimiste anglais *John Dalton* (1766 – 1844) a contribué considérablement à ce développement.

Dalton et les corpuscules

On distingue trois états des corps; ce sont ceux qu'on distingue par les expressions de fluide-élastique, fluide et solide. Un exemple très connu nous est offert par l'eau qui est une substance qui peut prendre chacun de ces trois états sous certaines conditions. Dans la vapeur d'eau, on reconnaît une substance fluide-élastique parfaite, dans l'eau une substance fluide parfaite, et dans la glace une substance solide parfaite. Ces observations ont implicitement conduit à la conclusion générale … que tous les corps sont constitués d'une infinité de corpuscules extrêmement petits, appelés atomes, qui sont maintenus ensemble par la force d'attraction. Cette dernière est plus ou moins intense selon les conditions …

Si une substance se trouve dans l'état fluide-élastique, les corpuscules sont incomparablement plus espacés que dans n'importe quel autre état … Vouloir imaginer le nombre des corpuscules contenus dans l'atmosphère, c'est comme vouloir essayer de compter les étoiles dans l'Univers … Mais en prenant un volume quelconque déterminé d'une certaine sorte de gaz, on peut être convaincu que le nombre de corpuscules doit sûrement être fini; ainsi que le nombre d'étoiles et de planètes contenus dans une certaine portion de l'espace ne peut pas être infini.

Extrait de John Dalton: A New System of Chemical Philisophy, 1808.

4 La grandeur des corpuscules

Lors d'un accident de pétrolier, une énorme surface d'eau est polluée. Le pétrole se répand en tapis.

Il arrive qu'une mince couche d'huile, répandue sur une flaque d'eau, la fasse miroiter dans toutes les couleurs. Quelle est l'épaisseur minimale que peut avoir une telle couche d'huile?

E11 Dissous du sucre dans de l'eau. Compare les volumes du sucre et de l'eau avant dissolution au volume de la solution.

E12 Dissous un grain de permanganate de potassium dans l'eau contenue dans une éprouvette. Verse ensuite la moitié de la solution, puis remplis l'éprouvette d'eau fraîche.
Répète cette opération jusqu'à ce que la coloration rouge ait presque complètement disparu. Après combien de répétitions cela s'est-il produit?
Calcule le volume dans lequel le grain s'est dispersé.

Info: Quelle est la taille du plus petit corpuscule?

Quel est le diamètre d'un corpuscule? La réponse à cette question semble assez difficile, mais une expérience relativement facile à réaliser nous permet de calculer les dimensions approximatives des corpuscules. Il s'agit de l'**expérience de la tache d'huile**.

L'huile se répand à la surface de l'eau jusqu'à former un film très mince. Lorsque ce film est formé d'une seule couche de corpuscules, alors son épaisseur est égale au diamètre du corpuscule d'huile.

L'épaisseur du film peut être calculée si on laisse tomber une goutte d'huile de volume connu sur l'eau et si on détermine la surface de la tache formée à l'aide de la méthode illustrée par la figure 2.

1. Dissolvons de l'huile dans de l'essence dans la proportion de 1:1000. 1 cm³ d'essence contient alors 1 mm³ d'huile.
Laissons tomber une goutte de cette solution sur une surface d'eau recouverte de poudre de liège. Une grande tache circulaire se forme (fig. 3) et se rétrécit après quelques secondes, car l'essence se volatilise et il reste une tache d'huile.

2. En dessinant la tache d'huile sur du papier millimétré et en comptant les unités de surface, on obtient une valeur approchée pour la surface de la tache $S = 190\ cm^2 = 19\,000\ mm^2$.

3. Une mesure montre que 40 gouttes de cette solution ont un volume de 1 cm³. Le volume d'une goutte est donc
$$V = \frac{1}{40}\ cm^3 = 25\ mm^3.$$

Comme l'huile ne constitue que la millième partie de la goutte (le reste est de l'essence), le volume de l'huile contenue dans une goutte vaut donc
$$V = \frac{25}{1000}\ mm^3 = 0{,}025\ mm^3.$$

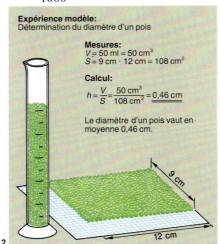

Expérience modèle:
Détermination du diamètre d'un pois

Mesures:
$V = 50\ ml = 50\ cm^3$
$S = 9\ cm \cdot 12\ cm = 108\ cm^2$

Calcul:
$h = \frac{V}{S} = \frac{50\ cm^3}{108\ cm^2} = 0{,}46\ cm$

Le diamètre d'un pois vaut en moyenne 0,46 cm.

Ce volume est aussi celui de la couche d'huile.

4. Si nous admettons que la couche d'huile a partout même épaisseur h, le volume de la couche d'huile est le produit de sa surface S par sa hauteur:
$$V = S \cdot h.$$
L'épaisseur de la couche d'huile est donc donnée par:
$$h = \frac{V}{S},$$
$$h = \frac{0{,}025\ mm^3}{19\,000\ mm^2},$$
$$h = \frac{25}{19} \cdot \frac{1}{1\,000\,000}\ mm,$$
$$h = 1{,}3 \cdot \frac{1}{1\,000\,000}\ mm.$$

L'épaisseur de la couche d'huile est ainsi d'environ 1 millionième de mm. De cette façon nous venons de déterminer le diamètre d'un corpuscule, en admettant évidemment que les corpuscules sont tous disposés l'un à côté de l'autre dans la couche d'huile.

Il se pourrait que les corpuscules d'huile se trouvent dans plusieurs couches superposées. Dans ce cas, le diamètre d'un corpuscule est encore inférieur à la valeur calculée h.

Il existe d'autres expériences permettant de déterminer le diamètre des corpuscules. Elles donnent toutes des résultats analogues pour le diamètre d'un corpuscule, qui vaut environ un millionième de millimètre.

Propriétés et structure des corps

As-tu compris?

1 Il existe des entonnoirs qui ont sur le côté une sorte de renforcement; à quoi servent-ils (fig. 4)?

2 Une porte de voiture se laisse fermer facilement lorsqu'une fenêtre est ouverte. Il est plus difficile de fermer la porte lorsque toutes les fenêtres de la voiture sont fermées. Explique!

3 Un verre «vide» contient de l'air. Comment peux-tu faire sortir l'air du verre?

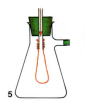

4 En traversant la poudre de café qui est retenue par le filtre, l'eau se transforme en liquide de couleur brune. Utilise le modèle corpusculaire pour expliquer.

5 Peut-on gonfler le ballon de la fig. 5 jusqu'à ce qu'il remplisse complètement le verre? Essaye et explique.

6 Un grand verre gradué est rempli de balles de ping-pong jusqu'à la marque 2 *l*. On verse les balles sur une tôle à pâtisserie, de façon à ce qu'elles soient réparties sur une couche. Elles forment un rectangle de dimensions 34 cm et 16,5 cm.

Détermine le diamètre approximatif d'une balle de ping-pong.

Résumé

Etat solide – état liquide – état gazeux

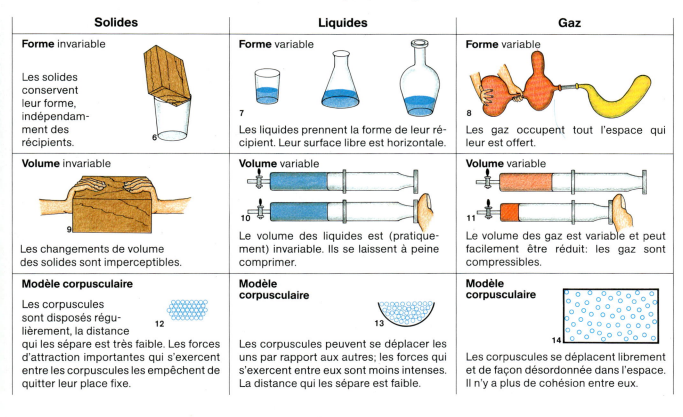

Changements d'état

Beaucoup de matériaux peuvent se présenter sous chacun des **trois états physiques**: **solide, liquide** et **gazeux**.

▶ *A des températures bien déterminées (température de fusion et d'ébullition) qui sont caractéristiques pour chaque matériau, se produit le passage d'un état physique à l'autre.* ◀

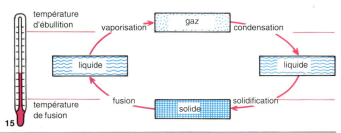

Mécanique des liquides

1 Pression exercée par un piston

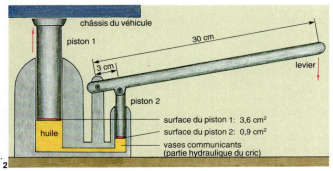

Quel jeu d'enfant
que de soulever une voiture à l'aide d'un cric hydraulique!
Est-ce que tout le mérite en revient au levier?

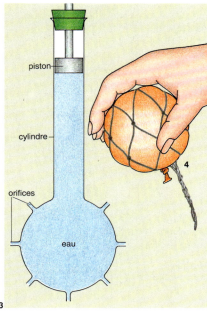

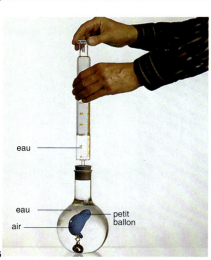

E1 Réalisons l'expérience illustrée par la figure 3. Qu'est-ce qui se passe lorsqu'on enfonce le piston?

E2 Place un ballon dans un filet, puis remplis-le d'eau (fig. 4). Resserre le filet autour du ballon, puis essaie d'enfoncer le caoutchouc au moyen du pouce.
Répète l'expérience après avoir resserré le filet davantage.

E3 Qu'observeras-tu en faisant l'expérience de la figure 5?
Décris tes observations et essaie d'expliquer.

E4 Deux cylindres à piston de diamètres différents communiquent entre eux (fig. 6).
Ils serviront à étudier la partie hydraulique du cric hydraulique.

a) Que se passe-t-il lorsque tu poses une masse marquée sur l'un des deux pistons?

b) Pose sur chacun des deux pistons une masse marquée de 1 kg. Qu'observes-tu? Qu'en déduis-tu?

c) Place sur le piston 1 une surcharge de 1 kg. Quelle masse marquée faut-il placer sur le piston 2 pour que chacun des deux pistons soit en équilibre?

d) Pose maintenant la masse marquée de 1 kg sur le piston 2. Quelle surcharge faut-il mettre alors sur le piston 1 pour que l'ensemble reste au repos?

e) Remplace la masse de 1 kg par une autre masse marquée. Pose-la d'abord sur le piston 1, puis sur le piston 2.
Devine quelle masse marquée est nécessaire pour rétablir l'équilibre dans chaque cas.

f) Compare les surfaces des deux pistons utilisés.
Essaie de trouver une relation entre les surfaces des pistons et les forces appliquées pour obtenir l'équilibre.

g) Vérifie ta supposition.
Remplace l'un des deux cylindres par un autre de diamètre différent, puis réalise de nouveau l'équilibre au moyen de masses marquées appropriées.

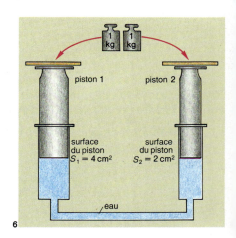

Info: Liquides enfermés sous pression

Lorsqu'un tube de colle n'a pas été utilisé depuis longtemps, il arrive souvent que l'ouverture soit bouchée. Dans ce cas on enroule l'extrémité inférieure du tube pour en faire sortir ainsi la colle restante.

Par cette opération, la partie supérieure du tube semble se gonfler, sa paroi se tend et la colle contenue dans le tube se trouve sous pression. L'«état de tension» dans lequel se trouve le liquide se manifeste par une force pressante qu'il exerce sur chaque portion de surface en contact avec lui. Si le tube présente un point faible, la paroi éclate à cet endroit et la colle sort.

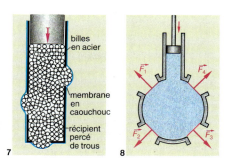

La colle se comporte comme l'eau de la figure 3. Lorsqu'on exerce une force sur le piston, l'eau jaillit par chacune des ouvertures.

Dans chaque liquide, les corpuscules peuvent facilement se déplacer les uns par rapport aux autres. Voilà pourquoi tu ressens à peine une résistance lorsque tu enfonces un doigt dans l'eau. Lorsqu'on exerce une force sur un liquide, les corpuscules fuient tout simplement dans toutes les directions.

Lorsqu'ils rencontrent une surface, ils exercent sur elle des forces pressantes. Le modèle corpusculaire illustre ce comportement des liquides (fig. 4).

La force exercée par un liquide sur une portion de surface qui le délimite est toujours perpendiculaire (on dit aussi normale) à cette surface (fig. 8).

Info: Pression dans un liquide enfermé

L'eau contenue dans les trois cylindres de la figure 9 est mise dans un «état de tension» par les surcharges placées sur les pistons. Par suite l'eau exerce des forces pressantes sur toute portion de surface du récipient qui la délimite, en particulier sur les pistons eux-mêmes.

En comparant les forces qui s'exercent sur les différents pistons on trouve ceci: plus la surface du piston est grande, plus la force qui s'exerce sur lui est grande. **La force F exercée par un liquide sur une surface S est proportionnelle à cette surface.**

$F \sim S$.

Il s'en suit que le quotient de la force pressante par la surface pressée est constant:

$\frac{F}{S}$ = constante.

Plus l'eau est «sous tension», plus la valeur de cette constante est grande. Ce quotient est appelé **pression**; il est désigné par la lettre *p*:

$p = \frac{F}{S}$.

Un liquide est délimité non seulement par les parois du récipient qui le contient mais aussi par la surface d'un corps *plongé dans* ce liquide (fig. 10). Pour toute portion de surface d'un tel corps immergé le rapport F/S est également constant. Ainsi le rapport F/S décrit aussi la pression *à l'intérieur* du liquide.

Dans tout ce qui précède, la pression p est produite par le piston qui exerce une force pressante sur le liquide enfermé. **Cette pression exercée par le piston se transmet intégralement en tous sens et en tous points du liquide.**

L'intensité de la force qui s'exerce sur une surface dépend à la fois de la pression à l'intérieur du liquide et de la grandeur de la surface pressée. Comme toutes les forces, la force pressante est représentée par un vecteur; ce vecteur est perpendiculaire à la surface pressée (fig. 8 et 10).

L'unité de pression est **1 pascal** (1 Pa), en l'honneur du mathématicien et physicien français *Blaise Pascal* (1623-1662). D'après la définition de la pression:

$1 \text{ Pa} = 1 \frac{\text{N}}{\text{m}^2}$.

La pression de 1 Pa résulte donc de l'action d'une force de 1 N, qui s'exerce perpendiculairement sur une surface de 1 m².

1 Pa est une pression très petite. Souvent on exprime la pression en hectopascal (hPa):

1 hPa = 100 Pa.

Lorsqu'une force de 10 N s'exerce sur une surface de 1 cm² (fig. 11), il en résulte une pression:

$p = 10 \frac{\text{N}}{\text{cm}^2} = 100\,000 \frac{\text{N}}{\text{m}^2} = 100\,000 \text{ Pa}$
$= 1000 \text{ hPa} = 1 \text{ bar}$.

Ancienne unité:

1 bar = 1000 hPa = 100 000 Pa.
1 mbar (millibar) = 1 hPa.

Les instruments de mesure pour les pressions sont appelés **manomètres**. La figure 12 en montre un exemple: le liquide exerce une force sur la membrane; l'aiguille en indique la déformation.

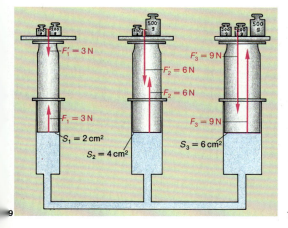
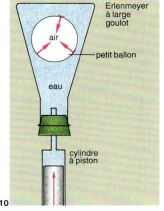
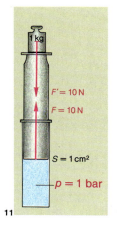
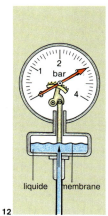

Exercices

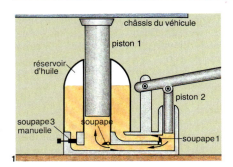
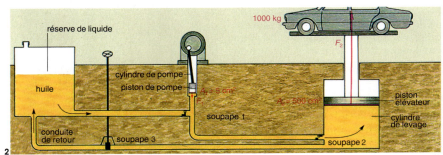

1 Cet exercice se rapporte au cric hydraulique (figure 2 de l'avant-dernière page):

a) Quelle doit être l'intensité de la force agissant sur le piston 2 pour soulever une charge de 500 kg?
Quelle est la pression dans le liquide?

b) En admettant que les pistons ont les dimensions indiquées sur la figure, calcule la pression du liquide nécessaire pour que le piston 1 subisse une force pressante de 600 N.
Quelle force doit-on exercer sur le piston 2 pour réaliser cette pression?

2 Le cric de l'exercice précédent pourrait soulever une voiture tout au plus de quelques millimètres.
Explique pourquoi!
La figure 1 montre comment on peut remédier à cet inconvénient. Explique.

3 Beaucoup de ponts élévateurs (fig. 2) fonctionnent selon le même principe que le cric hydraulique.

a) Décris le fonctionnement d'un tel pont élévateur.

b) Quelle est la pression du liquide? Quelle force faut-il exercer sur le piston de la pompe pour obtenir cette pression?
De combien soulève-t-on la voiture lorsqu'on enfonce le piston de la pompe de 10 cm?

c) Des forces différentes s'exercent sur les deux pistons. Leurs déplacements sont différents eux aussi. Essaie de trouver une relation entre les forces appliquées aux pistons et les déplacements des pistons.

4 La pression qui règne dans une conduite d'eau est de 6 bar.

a) Pourrait-on boucher dans ce tuyau un trou de surface 10 cm^2 par la main? Quelle serait la force nécessaire?

b) Admettons qu'on relie cette conduite à un cylindre muni d'un piston. Quelle devrait être la surface du piston pour qu'il puisse soulever une voiture de masse 1000 kg?

Technique: Multiplication des forces par des systèmes hydrauliques

Des dispositifs qui utilisent les liquides pour transmettre et pour amplifier des forces sont des *systèmes hydrauliques*.

Le terme hydraulique provient d'une combinaison du grec *hudôr*: eau et du latin *aulos*: tuyau.

Le pont élévateur que nous venons d'étudier et le système de freinage des voitures sont des systèmes hydrauliques. D'autres applications se trouvent sur les bulldozers, les camions à benne basculante, beaucoup de tracteurs modernes, etc. (fig. 3 et 4).

La figure 5 donne le schéma de fonctionnement simplifié d'un système hydraulique: une force $F_1 = 1000$ N s'exerce sur le piston 1. Il en résulte une pression du liquide:

$$p = \frac{F_1}{S_1} = \frac{1000 \text{ N}}{2 \text{ cm}^2} = 500 \frac{\text{N}}{\text{cm}^2}.$$

Comme le liquide transmet cette pression intégralement en tous les points, il en résulte une force pressante de 500 N sur chaque cm² de surface en contact, ainsi la force qui s'exerce sur le piston 2 vaut:

$F_2 = p \cdot S_2 = 500 \frac{\text{N}}{\text{cm}^2} \cdot 4 \text{ cm}^2$

$F_2 = 2000$ N.

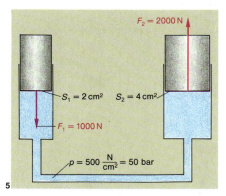

5

La force disponible au niveau du piston 2 est ainsi double de la force exercée sur le piston 1.

La force que le liquide exerce sur le piston 2 peut facilement être augmentée. Il suffit, en effet, d'utiliser un piston dont la surface est plus grande.

Les systèmes hydrauliques modifient direction et intensité des forces, ce sont des *machines simples* comme les leviers. Tandis que ces derniers sont souvent longs et difformes, les systèmes hydrauliques peuvent être installés dans un espace réduit.

Dans des systèmes modernes, la pression peut atteindre 200 bar. Le liquide utilisé est de l'huile.

2 La pression hydrostatique

Un peu d'histoire: **11 000 m sous la mer**

23 janvier 1960. La fosse des Mariannes, située dans l'Océan pacifique, est la scène d'une entreprise audacieuse. Dans leur bathyscaphe «Trieste» (fig. 6) le suisse *Jacques Piccard* et l'américain *Don Walsh* essaient d'atteindre le fond de la mer, situé à 11 000 m de profondeur.

Le «Trieste» se compose d'un flotteur en forme de cigare et d'une nacelle de plongée sphérique, dans laquelle s'installent les explorateurs.

Le flotteur est rempli en partie d'essence (plus légère que l'eau) et en partie d'eau de mer. Cette eau communique avec l'eau de mer extérieure par des tuyaux.

Don Walsh raconte: *«La descente s'amorça lentement. Une forte houle nous secoua jusqu'à une profondeur de 30 m, ensuite l'agitation de la mer n'était plus perceptible. Notre vitesse de descente était alors de 1,3 m/s.*

Très vite nous fûmes plongés dans la plus profonde obscurité. Nous gardions les projecteurs éteints, afin de pouvoir observer les organismes luminescents des abysses.

Après 4 heures environ nous étions arrivés à 9000 m de profondeur. Pour préparer un atterrissage en douceur nous lâchions du lest en fer.

A 10 907 m de profondeur, après une descente de 4 heures 48 minutes, nous atteignîmes le fond de la mer. Dans la lumière du projecteur nous aperçûmes un poisson plat, long d'une trentaine de centimètres, puis un crabe rouge foncé. Ainsi des animaux survivent dans ces profondeurs abyssales!

Après un séjour de 20 minutes, nous amorçâmes la remontée et nous émergeâmes en bonne santé après 3 heures 27 minutes.»

Petites questions

1 Pourquoi les parois de la nacelle de plongée sont-elles si épaisses?

Pourquoi l'épaisseur de la paroi est-elle si grande tout autour, et non seulement dans l'hémisphère supérieur?

2 Les parois du flotteur sont moins épaisses. Explique!

Données techniques du «Trieste»		
flotteur:		
longueur		20 m
épaisseur de la paroi (tôle)		**0,5 cm**
nacelle de plongée:		
diamètre extérieur		2,18 m
épaisseur de la paroi (inox)		**12 cm**
diamètre des fenêtres en plexiglass intérieur/extérieur		6 cm/40 cm
épaisseur des vitres		15 cm

6

Mécanique des liquides

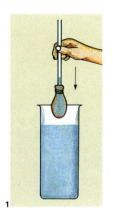
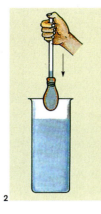
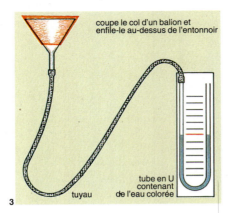
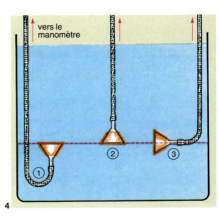

E5 Il te faut une bouteille vide avec capuchon vissé. Perce un trou dans le capuchon, fais-y passer une paille transparente, puis colle le joint afin de la rendre imperméable à l'air.

Renverse la bouteille, puis enfonce la paille lentement dans un récipient assez haut rempli d'eau. Observe à quelle hauteur l'eau pénètre dans la paille.

Explique ce que tu viens d'observer.

E6 Fixe un ballon à un tube en verre et remplis-le d'eau (fig. 1 et 2).

a) Enfonce le ballon dans l'eau, puis ressors-le.

Répète l'expérience, cette fois en bouchant le tube avant de l'enfoncer et en le débouchant lorsque le ballon se trouve au fond.

b) Explique tes observations.

E7 Un entonnoir, fermé par une membrane en caoutchouc souple (fig. 3), est relié à un tube en U contenant de l'eau colorée.

a) Lorsque tu introduis l'entonnoir dans l'eau, l'eau colorée se met à des niveaux différents dans les deux branches du tube en U. Explique.

b) De quoi dépend la dénivellation du liquide coloré?

c) Est-ce que l'orientation de l'entonnoir a une influence sur la différence de niveau du liquide coloré (fig. 4)?

E8 Relie l'entonnoir à un manomètre et étudie l'influence de la profondeur d'immersion sur la pression. Représente graphiquement la pression en fonction de la profondeur. De quelle sorte de fonction s'agit-il?

Info: La pression hydrostatique dans les liquides

La pression dans l'eau augmente avec la profondeur. Tu t'en es déjà rendu compte en plongeant: le tympan ressemble à une membrane élastique et se trouve enfoncé de plus en plus vers l'intérieur.

Pour comprendre cette augmentation de pression, imaginons un récipient très haut, en forme de parallélépipède rectangle, de base 1 m² environ. Dans ce récipient rempli d'eau observons, comme indiqué sur la figure 5, une couche de liquide qui se trouve à la profondeur de 30 m par exemple.

Sur cette couche repose une colonne de liquide de 30 m de hauteur. Cette colonne agit comme un piston et provoque ainsi dans la couche observée une pression; cette pression est appelée **pression hydrostatique**.

L'intensité de la pression hydrostatique dépend à la fois du poids P de la colonne de liquide et de sa base S:

$$p = \frac{P}{S}.$$

Le poids de 30 m³ d'eau est d'environ 300 000 N. La pression provoquée dans

la couche observée par la colonne d'eau qui repose sur elle est ainsi:

$$p = \frac{300\,000\,\text{N}}{1\,\text{m}^2} = 300\,000\,\text{Pa} = 3\,\text{bar}.$$

Plus la profondeur à laquelle se trouve la couche observée est grande, plus la colonne de liquide qui repose sur la couche est haute, et plus la pression y est grande: la pression augmente avec la profondeur.

Il est facile d'établir la relation mathématique entre pression et profondeur. A cet effet, imaginons un parallélépipède rectangle rempli d'un liquide de masse volumique ρ_l. Sur une couche se trouvant à la profondeur h repose une colonne de liquide de volume $V = S \cdot h$ et de masse $m = \rho_l \cdot V = \rho_l \cdot S \cdot h$.

Le poids de cette colonne est:
$P = m \cdot g = \rho_l \cdot S \cdot h \cdot g.$

La pression hydrostatique à la profondeur h est ainsi:

$$p = \frac{P}{S} = \rho_l \cdot g \cdot h.$$

La pression hydrostatique p dans un liquide est proportionnelle à la profondeur h. En effet, l'intensité de la pesanteur est une constante indépendante de la profondeur; de même la masse volumique du liquide est constante, car les liquides sont incompressibles.

Comme la surface S n'intervient pas dans la formule, la pression *ne dépend pas* de cette surface. L'explication en est la suivante: à hauteur égale, le poids d'une colonne épaisse est supérieur à celui d'une colonne mince, mais le poids de la colonne épaisse est réparti sur une surface plus grande que le poids de la colonne mince; ainsi le quotient de la force pressante par la surface pressée est indépendant de cette surface.

La formule $V = S \cdot h$ utilisée pour le parallélépipède est valable aussi pour les cylindres. Ainsi la pression dans un verre cylindrique peut être calculée de la même façon que dans un verre à base rectangulaire.

Exemple: Quelle est la pression hydrostatique au fond d'une bouteille remplie d'alcool jusqu'à une hauteur de 22 cm?

Solution:

$$p = \rho_1 \cdot g \cdot h,$$
$$p = 0{,}79 \, \frac{\text{g}}{\text{cm}^3} \cdot 9{,}81 \, \frac{\text{N}}{\text{kg}} \cdot 22 \, \text{cm} = 790 \, \frac{\text{kg}}{\text{m}^3} \cdot 9{,}81 \, \frac{\text{N}}{\text{kg}} \cdot 0{,}22 \, \text{m},$$
$$p = 1705 \, \frac{\text{N}}{\text{m}^2} = 1705 \, \text{Pa} = 17{,}05 \, \text{hPa} = 17{,}05 \, \text{mbar}.$$

La pression hydrostatique vaut donc environ 17 mbar.

Vie quotidienne: **Les dangers de la plongée**

En plongeant, le corps humain est exposé à des conditions inhabituelles. La plongée à de grandes profondeurs n'est possible que dans une nacelle de plongée; la cause en est la pression hydrostatique qui croît de 1 bar chaque fois que la profondeur d'immersion augmente de 10 mètres.

Il est surprenant de rencontrer des êtres vivants à la profondeur de 10 km. Comment un organisme marin peut-il supporter l'énorme pression de 1000 bar qui y règne?

Un exemple fournit l'explication: une bouteille fermée, remplie d'air, lestée de fer, jetée à la mer ne résistera pas à l'énorme pression à grande profondeur. Cependant une bouteille ouverte, remplie d'eau, restera intacte. A l'intérieur de la bouteille *ouverte* règne la même pression qu'à l'extérieur; ainsi les forces pressantes agissant sur la paroi de l'intérieur et de l'extérieur ont même intensité. Si la bouteille est *fermée*, ces forces n'agissent que de l'extérieur.

Les animaux marins peuvent être comparés à la bouteille ouverte: la pression dans leur corps est la même qu'à l'extérieur, et leur corps est adapté à ces conditions. L'homme par contre, ressemble à la bouteille fermée, le «vide» étant constitué par ses poumons.

Sans équipement spécial, l'homme ne peut plonger que pendant environ 40 s. Des pêcheurs de perles et d'éponges entraînés peuvent rester sous l'eau jusqu'à 4 min. Ils descendent jusqu'à 30 m de profondeur.

Muni d'un casque dans lequel arrive constamment de l'air comprimé,

on peut descendre jusqu'à 90 m. La pression de l'air inspiré est à tout moment égale à la pression de l'eau extérieure, ceci pour éviter que les poumons ne soient écrasés.

Pourtant la plongée au-delà de 50 m de profondeur devient très dangereuse. A partir de 15 m, des plongeurs inexpérimentés peuvent ressentir une sorte de vertige qui se manifeste par une perte du jugement, un comportement irréfléchi, une certaine somnolence. Ce *vertige des profondeurs* résulte du pourcentage d'azote contenu dans l'air respiré.

Pour comprendre cette redoutable *maladie des plongeurs*, pense à une bouteille d'eau gazeuse: lorsque tu l'ouvres, des bulles de gaz apparaissent, montent, puis s'échappent. En effet, dans la bouteille fermée la pression est plus grande et le gaz est dissout dans l'eau; quand la pression baisse, l'eau ne peut plus contenir la même quantité de gaz dissout.

Le sang humain se comporte de façon semblable: à forte pression, il dissout une grande quantité d'azote.

Si la pression baisse brusquement, il se forme des bulles d'azote pouvant boucher les artères. Il en résulte de la douleur et des paralysies qui peuvent même causer la mort. Les plongeurs qui ont séjourné longtemps à de grandes profondeurs, doivent s'habituer peu à peu à des pressions plus faibles dans des *chambres de décompression* (fig. 6) ou bien en remontant à la surface par étapes. Afin d'éviter le vertige des profondeurs, on remplace l'azote contenu dans l'air respiré par un autre gaz (p. ex. par l'hélium). Muni de ce mélange gazeux et d'un équipement très spécialisé, on peut atteindre des profondeurs de quelques centaines de mètres. Mais le danger de la maladie des plongeurs subsiste, car l'hélium lui aussi est soluble dans le sang.

> **Règles pour plonger sans bouteilles**
>
> **1** Avant de plonger, ne respirer à fond qu'une ou deux fois! Une respiration rapide et profonde avant de plonger peut entraîner un évanouissement sous l'eau, sans avoir réussi à augmenter la teneur en oxygène du sang.
>
> **2** Ne rallonge pas ton tuba; 35 cm sont suffisants! Un tuba plus long risque d'endommager tes poumons. La pression hydrostatique de l'eau peut faire éclater des vaisseaux sanguins dans les poumons, de sorte que du sang passe dans la cage thoracique. La circulation sanguine aussi peut être touchée, avec un évanouissement possible.
>
> **3** Pense à compenser la pression! (Bouche ton nez, puis pousse de l'air du poumon dans la cavité nasale.) La pression hydrostatique de l'eau déforme le tympan vers l'intérieur. Des lésions peuvent en résulter dès 5 m de profondeur.

Mécanique des liquides

Exercices

1 L'expérience 6 permet d'expliquer la sensation de pression qu'on ressent au niveau des oreilles en plongeant. Décris ce qui se passe.

Calcule la pression à 4 m de profondeur. Quelle est l'intensité de la force qui en résulte sur le tympan de surface 0,5 cm^2?

2 Nous avons admis jusqu'à présent que dans un liquide enfermé, mis sous pression par un piston, la pression est la même en tous les points. Qu'a-t-on négligé dans cette hypothèse? Comment faudrait-il énoncer la loi en toute rigueur?

3 Un long récipient contient une colonne de mercure de hauteur 76 cm.

Calcule la pression au fond du récipient. Quelle devrait être la hauteur d'une colonne d'eau pour que la pression au fond soit la même?

4 La masse volumique de l'eau de mer est 1,03 g/cm^3.

a) Calcule la pression hydrostatique à 10 m, puis à 1000 m et à 10 000 m de profondeur.

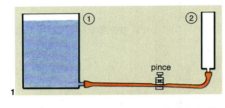

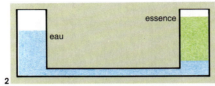

b) La surface extérieure d'un hublot du «Trieste» mesure 1260 cm^2. Détermine la force exercée par l'eau sur ce hublot aux différentes profondeurs.

5 Calcule l'intensité de la force exercée par l'eau de mer sur chaque cm^2 de la peau d'un poisson à la profondeur de 5000 m.

Pourquoi n'est-il pas écrasé?

6 Deux récipients sont reliés par un tuyau (fig. 1).

A quelle hauteur l'eau monte-t-elle dans le récipient 2 lorsqu'on ouvre le robinet? Justifie ta réponse.

Que se passe-t-il quand tu soulèves le récipient 2?

7 Pourquoi l'eau et l'essence (fig. 2) ne sont-elles pas au même niveau dans les deux branches du récipient?

3 La pression hydrostatique et la forme du récipient

On raconte l'histoire suivante sur le célèbre philosophe et savant français *Blaise Pascal* (1623-1662):

Pascal se vanta qu'il était capable de détruire un tonneau rempli de vin au moyen de quelques verres de vin seulement. Personne ne le croyait.

Pascal perça un trou dans un tonneau à sa face supérieure et il y enfonça un tube mince, long de quelques mètres (fig. 3). Après avoir rendu le joint étanche, il commença à remplir le tube de vin, et bientôt le tonneau éclata avec fracas!

Comment était-ce possible?

E9 Une bouillotte en caoutchouc remplie d'eau est fermée par un bouchon percé, à travers lequel on a fait passer un tuyau transparent comme indiqué sur la figure 4.

On pose une planchette sur la bouillotte, puis une masse marquée de 5 kg sur la planchette. Essaye de prédire à quelle hauteur l'eau montera dans le tuyau.

E10 Mesurons la pression hydrostatique au fond de récipients de formes diverses (fig. 5). La pression provoque la déformation d'une membrane élastique qui ferme le récipient à sa base. Cette déformation est indiquée par l'intermédiaire d'un levier; on peut l'annuler en y suspendant des masses marquées.

a) Fais des hypothèses sur la pression au fond des différents récipients.

b) Vérifie tes hypothèses par des mesures.

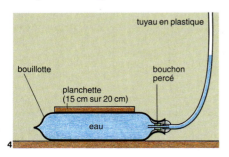

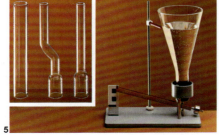

Info: Incroyable, mais vrai – le paradoxe hydrostatique

Nous savons que la pression hydrostatique dans un parallélépipède ou dans un cylindre ne dépend pas de la surface de la base. Mais quelle est la pression au fond d'un vase qui s'élargit ou qui se rétrécit dans sa partie supérieure?

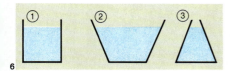

6

La figure 6 représente de tels récipients; ils sont remplis de liquide à la même hauteur. Le résultat des mesures est étonnant: bien que le récipient 1 contienne plus de liquide que les deux autres, la pression est la même au fond des trois récipients.

Ainsi *la pression hydrostatique est indépendante de la forme du récipient;* elle ne dépend que de la profondeur à laquelle on mesure, de la masse volumique du liquide (ainsi que de l'intensité de la pesanteur au lieu considéré).

Comme ce résultat semble étrange à première vue, on parle d'un **paradoxe**.

Essayons de comprendre:

A l'intérieur du liquide, chaque corpuscule est soumis à des forces qui se compensent, sinon il ne resterait pas au repos; rappelle-toi que, dans un liquide, les corpuscules peuvent facilement se déplacer les uns par rapport aux autres.

Considérons maintenant une couche déterminée du liquide (fig. 7). Cette couche aussi est en équilibre, puisque les corpuscules qui la composent le sont. Imagine maintenant une paroi solide à la place de la couche de liquide; cela ne change évidemment en rien la pression hydrostatique, mais le liquide s'en trouve divisé en deux parties bien séparées.

Si cette paroi de séparation est reliée rigidement aux parois du récipient, nous pouvons même extraire le liquide de la partie 1 sans changer la pression dans la partie 2. La paroi de séparation, qui alors subit des forces pressantes de la part du liquide d'un côté seulement, doit évidemment être maintenue en place par des forces exercées par les parois du récipient auxquelles elle est fixée.

Nous pouvons répéter ce raisonnement en imaginant une paroi de forme différente. Ainsi la forme du récipient n'a pas d'influence sur la pression hydrostatique.

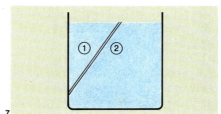

7

Exemples: La pression qui règne dans le tonneau de Pascal (fig. 3) est la même que la pression dans un grand récipient cylindrique, à la même profondeur.

Dans une grotte sous-marine, le plongeur subit la même pression, qu'il se trouve sous un rocher surplombant, ou qu'il n'y ait au-dessus de lui que de l'eau (fig. 8).

On appelle **vases communicants** des vases de formes quelconques, ouverts à l'air libre et reliés entre eux.

Imaginons que les récipients contiennent le même liquide (fig. 9).

Le liquide dans le tube de liaison ne restera au repos que si la pression à ses deux extrémités est la même, c'est-à-dire, si ses deux extrémités se trouvent à la même profondeur: le liquide s'arrêtera donc de couler lorsque *les surfaces libres* de tous les vases communicants *se trouvent dans le même plan horizontal.*

Ce résultat est indépendant de la forme des vases.

8

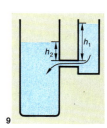

9

Exercices

1 Au pied d'un barrage se trouve la *vanne de fond*, qui sert à vidanger le réservoir. L'ouverture, située 200 m sous la surface libre du lac, peut être fermée par un robinet-vanne de surface 2 m².

Calcule la force pressante qui s'exerce sur ce robinet.

Pourquoi la force qui s'exerce sur le robinet est-elle indépendante des dimensions du réservoir et de l'orientation du robinet?

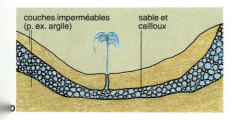

2 La figure 10 représente un puits artésien; il tient son nom de l'Artois, qui est une région du nord de la France. Explique pourquoi l'eau jaillit de façon naturelle.

3 Le niveau du mazout (fig. 11) est plus haut dans le tube de remplissage que dans le réservoir. Pourquoi? Comment peut-on remplir le réservoir complètement?

4 Les figures 12 et 13 illustrent différentes applications du principe des vases communicants. Décris chaque fois le fonctionnement.

12

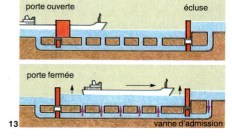

13

4 La poussée d'Archimède

Quelle malchance pour Picsou!

Bien sûr que le dessinateur a exagéré: il n'existe aucun aimant en U capable de porter un fardeau aussi lourd.

Mais le fait que le bahut ait craqué seulement au moment où il est hissé hors de l'eau, a bien une justification physique...

E11 Suspends un pavé métallique à un dynamomètre et lis son poids.

Plonge le bloc dans l'eau. Quelle est maintenant la force indiquée par le dynamomètre?

E12 Est-ce que la Terre attire le corps avec une force différente lorsqu'il se trouve dans l'eau, c.-à-d. est-ce que le poids du corps a changé?

Pose sur un plateau d'une balance un petit bloc en métal et un verre rempli d'eau. Réalise l'équilibre de la balance à l'aide de masses marquées.

Plonge maintenant le bloc en métal dans le verre rempli d'eau. Qu'observes-tu?

E13 Remplis un ballon d'eau et noue son extrémité. Le ballon ne doit plus contenir d'air.

Suspends le ballon à un élastique et plonge-le doucement dans un seau rempli d'eau. Observe l'élastique et la forme du ballon.

E14 Etudions la perte apparente de poids des corps plongés dans un liquide. Il te faut le ballon rempli d'eau de l'expérience précédente, différents blocs métalliques, un vase à déversement, un dynamomètre et un cylindre gradué.

a) Détermine les grandeurs suivantes pour chacun des corps:

○ le poids P (dans l'air);
○ le poids apparent P' indiqué par le dynamomètre lorsque le corps est complètement immergé;
○ le volume V de l'eau déplacée par le corps.

Inscris les résultats de tes mesures dans un tableau ressemblant à celui ci-dessous.

Vois-tu une relation entre certaines des grandeurs mesurées?

b) Répète les mesures en remplaçant l'eau par de l'alcool.

E15 Fabrique une boule en pâte à modeler qui a le même poids qu'une vis en métal.

Plonge les deux corps successivement dans l'eau et détermine leur poids apparent. Que peux-tu en conclure?

E16 Lorsque tu abandonnes une balle en caoutchouc sous l'eau, la balle subit une force orientée vers le haut. Une méthode pour mesurer cette force verticale est indiquée sur la figure 2.

Détermine le volume de l'eau déplacée, ainsi que son poids. Compare-le à la force mesurée.

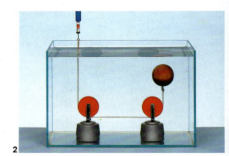

Poids du corps P en N	Poids du corps dans l'eau Poids apparent P' en N	Perte apparente de poids $P - P'$ en N	Volume de l'eau déplacée V en cm³	Poids de l'eau déplacée F_A en N
?	?	?	?	?

Info: La poussée d'Archimède

Tu es capable de porter des fardeaux plus lourds dans l'eau que dehors. Le poids d'un corps immergé paraît diminué.

En réalité, la force d'attraction de la Terre sur le corps n'a pas changé; le corps a le même poids dans l'eau que hors de l'eau.

Un corps plongé dans l'eau paraît plus léger parce que l'eau exerce sur lui une force verticale orientée vers le haut. Cette force est appelée **poussée d'Archimède**.

Quand un corps est immergé dans l'eau, le dynamomètre auquel il est suspendu indique son «poids apparent», qui est la résultante du poids orienté vers le bas et de la poussée orientée vers le haut (fig. 3 et 4).

Comment peut-on expliquer cette poussée?

Un corps immergé subit de la part du liquide qui l'entoure des forces pressantes, perpendiculaires à ses parois. Comme la pression hydrostatique augmente avec la profondeur, la face inférieure du corps subit une force pressante plus grande que la face supérieure. La résultante de ces forces est la poussée, orientée vers le haut.

Il est facile d'établir l'expression mathématique de la poussée dans le cas d'un parallélépipède (fig. 5):

Soient S la base du parallélépipède, h sa hauteur, h_1 la profondeur d'immersion de la face supérieure et h_2 la profondeur d'immersion de la face inférieure.

Alors: $h = h_2 - h_1$.

Soit ρ_l la masse volumique du liquide.

La pression hydrostatique au niveau de la face supérieure est

$p_1 = \rho_l \cdot g \cdot h_1$.

Au niveau de la face inférieure elle vaut

$p_2 = \rho_l \cdot g \cdot h_2$.

La force pressante qui en résulte sur la face supérieure a pour expression

$F_1 = p_1 \cdot S = \rho_l \cdot g \cdot h_1 \cdot S$,

sur la face inférieure, elle vaut

$F_2 = p_2 \cdot S = \rho_l \cdot g \cdot h_2 \cdot S$.

La poussée est la résultante de ces deux forces:

$F_A = F_2 - F_1$,
$F_A = \rho_l \cdot g \cdot h_2 \cdot S - \rho_l \cdot g \cdot h_1 \cdot S$,
$F_A = \rho_l \cdot g \cdot S (h_2 - h_1)$,
$F_A = \rho_l \cdot g \cdot S \cdot h$.

Or $S \cdot h$ représente le volume V du parallélépipède, ainsi

$F_A = \rho_l \cdot g \cdot V$.

Les forces exercées sur les faces latérales du parallélépipède ont même intensité et se compensent.

Des mesures confirment que la formule établie pour un parallélépipède est applicable à tout corps immergé, quelle que soit sa forme.

Conclusion: *Lorsqu'un corps de volume V est complètement immergé dans un liquide de masse volumique ρ_l, il subit de la part de ce liquide une poussée d'intensité*

$F_A = \rho_l \cdot g \cdot V$.

Le produit $\rho_l \cdot V$ représente la masse du liquide déplacé par le corps immergé; $\rho_l \cdot g \cdot V$ représente donc son poids et nous pouvons énoncer:

La poussée subie par un corps immergé dans un liquide a même intensité que le poids du liquide déplacé *(principe d'Archimède)*.

Exemple: Le poids d'un cube en fer de côté 10 cm est de 78 N. Ce cube déplace 1 l d'eau.

Le poids d'un litre d'eau est de 10 N; la poussée vaut donc 10 N. Le dynamomètre auquel le cube plongé dans l'eau est suspendu, n'indique que 68 N.

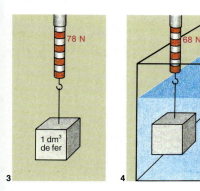

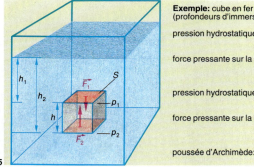

Exemple: cube en fer de 10 cm de côté plongé dans l'eau (profondeurs d'immersion: $h_1 = 15$ cm, $h_2 = 25$ cm)

pression hydrostatique à 15 cm de profondeur: $p_1 = 0{,}15 \frac{N}{cm^2}$

force pressante sur la surface supérieure: $F_1 = p_1 \cdot S$

$F_1 = 0{,}15 \cdot 100 = 15$ N

pression hydrostatique à 25 cm de profondeur: $p_2 = 0{,}25 \frac{N}{cm^2}$

force pressante sur la base inférieure: $F_2 = p_2 \cdot S$

$F_2 = 0{,}25 \cdot 100 = 25$ N

poussée d'Archimède: $F_A = F_2 - F_1 = 25 - 15 = 10$ N

Exercices

1 Pourquoi un plongeur n'est-il pas poussé vers le fond par l'eau qui se trouve au-dessus de lui?

2 Tu peux facilement porter une personne partiellement immergée dans l'eau d'une piscine. Explique pourquoi!

3 Imagine que le cube en fer de la figure 5 se trouve plongé à une profondeur de 5 m au lieu de 15 cm. Quelle force faudrait-il exercer alors pour le porter?

4 On plonge un cube en fer de volume $V = 75$ cm³ dans l'eau douce ($\rho = 1{,}00$ g/cm³), ensuite dans l'eau salée ($\rho = 1{,}03$ g/cm³).

Calcule l'intensité de la poussée dans les deux cas.

Calcule aussi la poussée subie par un cube en aluminium de mêmes dimensions.

5 Pour maintenir une boule en bois de volume 400 cm³ sous l'eau, il faut lui appliquer une force de 1 N.

Calcule le poids de la boule.

6 Le poids d'un corps vaut 135 N. Ce corps est plongé dans l'eau et on constate que son poids apparent est de 85 N.

Quel est le volume du corps?

De quel matériau ce corps pourrait-il être constitué?

Un peu d'histoire: **Archimède comme détective**

Voici comment *Archimède*, célèbre mathématicien et physicien grec (285 - 212 av. J.-C.), démasqua un escroc:

Hiéron, roi de Syracuse, avait confié un lingot d'or à un orfèvre afin qu'il lui fabrique une couronne en or pur. Pour ne pas être trompé par l'orfèvre il avait fait peser le lingot au préalable.

Bien que la couronne fabriquée par l'orfèvre eût exactement la même masse que le lingot d'or qu'il avait reçu, le roi n'en demeura pas moins méfiant. Est-ce que l'artisan était honnête? N'avait-il pas remplacé une partie de l'or par de l'argent, caché à l'intérieur de la couronne? Pour s'en convaincre, on aurait du détruire la couronne.

C'est ainsi que le roi Hiéron chargea Archimède de vérifier la composition de la couronne, tout en la laissant intacte. Le grand savant réfléchissait longtemps à ce problème difficile.

Un jour, en prenant un bain, il entrevit la solution du problème. Enthousiasmé par sa découverte, il oublia qu'il était nu et il s'élança dans la rue en criant: «Eurêka!» (J'ai trouvé).

Il plaça la couronne du roi sur un plateau d'une balance, qu'il équilibra par un morceau d'or pur de même masse. Ensuite il plongea la balance avec son contenu dans de l'eau.

Dès que les deux plateaux étaient immergés complètement, quelque chose de surprenant se produisit: l'équilibre de la balance était rompu, le plateau contenant le morceau d'or descendit (fig. 1).

Ce phénomène incompréhensible pour tous fût pour Archimède la preuve évidente que l'orfèvre était un escroc.

1

Petites questions

1 Pourquoi la balance n'était-elle plus en équilibre sous l'eau?

2 L'or et la couronne se distinguent par une caractéristique; cette différence fut fatale pour l'orfèvre. Quelle est la caractéristique en question?

5 Flotte ou coule?

Le fer flotte, le bois coule …

E17 Etudie si des corps massifs constitués des matériaux suivants flottent sur l'eau: fer, cuivre, bougie, bois, charbon, glace, verre, caoutchouc, plastique…

E18 Vérifie l'hypothèse suivante: «les corps flottent plus facilement dans un récipient profond que dans un récipient peu profond».

Utilise un flotteur qui coule très lentement dans un récipient peu profond (ou qui reste entre deux eaux), tel un tube de comprimés partiellement rempli de sable, ou un bouchon hérissé de clous à sa face inférieure. Place ce flotteur ensuite dans un récipient plus haut rempli d'eau.

E19 Etudie maintenant si l'eau salée «porte mieux» que l'eau douce.

a) Remplis un verre à mi-hauteur d'eau, puis mets-y un oeuf cru. Ajoute ensuite plusieurs cuillerées de sel de cuisine et remue…

b) Reprends le flotteur de l'expérience 18, lesté de façon à ce qu'il flotte dans l'eau douce. Fixe une échelle graduée sur le corps afin de repérer la profondeur d'immersion.

Compare les profondeurs d'immersion dans l'eau douce et dans l'eau salée.

E20 Réunis le matériel de la figure 4.

a) La balance étant en équilibre, pose le bloc de bois sur l'eau. Combien d'eau déplace-t-il? Compare son poids au poids de l'eau déplacée.

b) Répète l'expérience plusieurs fois en utilisant le flotteur de l'expérience 18, que tu lesteras de façon à modifier la profondeur d'immersion.

c) Remplace ensuite l'eau douce par de l'eau salée.

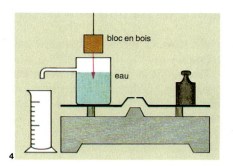

d) Quelle est la quantité de liquide déplacée par un corps flottant (qui est donc partiellement immergé)? Formule une loi.

E21 Tu as besoin d'eau, d'huile et d'alcool.

a) Fais couler une cuillerée à café d'huile dans un verre d'eau d'une hauteur de 10 cm au-dessus du verre.

b) Verse une cuillerée à café d'huile dans un verre vide, puis remplis le verre doucement d'eau. Compare et explique!

Exercices

1 Imagine un corps immergé. Il subit son poids P et la poussée d'Archimède F_A. Quelle est la relation entre P et F_A quand le corps *monte*, quand il *coule*, quand il *reste entre deux eaux*? Explique!

2 On appelle masse volumique moyenne ρ_m d'un corps (p. ex. d'une bouteille fermée) le quotient de sa masse totale par son volume:

$$\rho_m = \frac{m}{V}.$$

Cette masse volumique moyenne peut être déterminée donc aussi pour des corps non-homogènes.

Quelle condition doit remplir cette grandeur pour que le corps, immergé dans un liquide de masse volumique ρ_l, monte, coule, reste entre deux eaux?

4 Pourquoi un bateau flotte-t-il?

Compare son poids à la poussée qu'il subit.

Compare son poids au poids du liquide déplacé.

5 Reproduis le tableau ci-joint dans ton cahier et remplis-le.

6 Les icebergs se trouvent partiellement sous l'eau et partiellement hors de l'eau.

Détermine le rapport du volume immergé au volume total d'un iceberg ($\rho_{glace} = 0{,}92$ g/cm^3).

7 Dans un livre de *Karl May*, un escroc veut vendre un gisement de pétrole à un marchand. Il prétend qu'au fond d'un lac gisent de grandes quantités de pétrole; le marchand méfiant se laisse convaincre par l'argument suivant: le pétrole est maintenu au fond par le poids de l'eau. Qu'en penses-tu?

8 Le bassin ainsi que les ballons représentés sur la figure 9 sont remplis d'eau.

Comment est-ce possible que certains ballons flottent tandis que d'autres reposent sur le fond?

9 Une bouteille vide, bouchée et immergée, déplace 0,95 l d'eau. Son poids est de 6 N.

a) Quelle force faut-il exercer sur la bouteille pour la maintenir sous l'eau?

b) Quelle quantité d'eau faut-il introduire dans la bouteille pour qu'elle reste entre deux eaux?

10 Pour mesurer la masse volumique d'un liquide, on utilise un *aréomètre*.

Décris le fonctionnement des aréomètres illustrés par la figure 6.

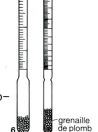
grenaille de plomb

11 Une éprouvette dont la section est de 3 cm^2 est lestée de clous, de façon à ce qu'elle flotte à la surface de l'eau. Le poids de cet ensemble est de 0,3 N.

a) Quel est le poids du liquide déplacé? Quelle est sa masse?

b) On plonge l'éprouvette successivement dans de l'eau douce, puis dans de l'eau salée ($\rho = 1{,}03$ g/cm^3).

Quel est le volume de liquide déplacé dans les deux cas?

Détermine les profondeurs d'immersion de l'éprouvette.

De combien de mm l'éprouvette s'enfonce-t-elle davantage dans l'eau douce que dans l'eau salée?

corps	masse volumique moyenne ρ_m en g/cm^3	liquide	masse volumique ρ_l en g/cm^3	flotte	entre 2 eaux	coule
cube en fer	?	?	?	x	–	–
boîte métallique	0,4	?	?	x	–	–
fil en aluminium	?	eau salée	1,03	?	?	?
bouchons et clous	1,0	eau, 100 °C	0,96	?	?	?
bouchons et clous	1,0	eau, 4 °C	1,0	?	?	?

Mécanique des liquides

Technique: **Renflouement d'un bateau à l'aide de polystyrène expansé**

En novembre 1965, le cargo «Al Koweït» coula dans le port de Koweït, avec 5000 moutons à bord. Plusieurs firmes offrirent leurs services pour récupérer le bateau. Le plan de sauvetage du danois *Karl Krøyer* semblait extravagant:

Il proposait de faire lever le bateau en le remplissant de polystyrène expansé. Peut-être qu'il avait eu l'idée d'utiliser les petites boules de styropor en lisant la bande dessinée ci-dessous (fig. 1).

On lui confia la mission et l'opération insolite put commencer.

Krøyer fit amener par avion des pompes, de gros tuyaux et une première cargaison de boules de styropor à Koweït; le reste fut amené par bateau.

On rendit la coque étanche, puis les boules, mélangées à de l'eau, furent pompées dans la coque du bateau coulé (fig. 2).

Après six semaines de travail, le «Al Koweït» apparut à la surface de l'eau (fig. 3).

Après la réussite totale de sa mission, Krøyer demanda un brevet d'invention pour sa méthode de renflouage.

L'office des brevets refusa sa demande avec le motif suivant: l'inventeur de la méthode n'était pas lui, Krøyer, mais l'auteur de cette histoire de Donald …

Technique: **Les sous-marins et les poissons**

Les sous-marins et les poissons ont quelque chose en commun: ils peuvent flotter, monter et descendre dans l'eau.

Pour qu'un corps flotte, il faut que son poids soit égal à la poussée qu'il subit. Cette condition de flottaison est réalisée de façons différentes dans la nature et en technique:

Un **sous-marin** est rigide, son volume est donc constant et la poussée subie est invariable. Mais on peut modifier son *poids*: le sous-marin possède des réservoirs latéraux, appelés water-ballasts. Pour plonger, on remplit ces réservoirs d'eau, le navire s'alourdit et s'enfonce. Pour remonter, on chasse l'eau par de l'air comprimé (fig. 4).

Les **poissons** par contre conservent toujours le même poids, mais la plupart d'entre eux sont capables de modifier leur volume, et par conséquent la *poussée* subie. Ils possèdent à cet effet une *vessie natatoire* (fig. 5) remplie de dioxyde de carbone et d'oxygène. Par l'intermédiaire de la circulation sanguine, la quantité de gaz contenue dans la vessie natatoire peut être réglée et son volume peut par conséquent être adapté.

Un poisson qui nage à grande profondeur subit une énorme pression hydrostatique. Pour que sa vessie natatoire ne soit pas écrasée, il faut que la pression à l'intérieur soit la même qu'à l'extérieur.

En remontant, le poisson fait passer progressivement du gaz de la vessie natatoire dans le sang pour adapter la pression à la pression extérieure. Quand on amène brusquement un poisson d'une grande profondeur à la surface, la pression dans la vessie natatoire n'a pas le temps de s'adapter: la vessie augmente rapidement de volume et le poisson est gonflé à l'extrême comme un ballon.

Certains poissons, tel le requin, ne possèdent pas de vessie natatoire. Ils sont incapables de se tenir immobiles dans l'eau, mais ils doivent constamment remuer leurs nageoires pour ne pas descendre.

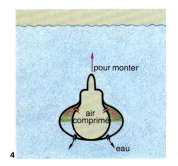 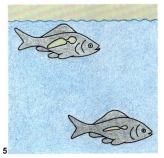

Mécanique des liquides

As-tu compris?

1 La pression hydrostatique et la pression exercée par un piston n'ont pas même origine. Explique.

2 La figure 6 montre un pèse-personne original. Sur un coussin en caoutchouc rempli d'eau, repose une planche carrée en bois, de 25 cm de côté.

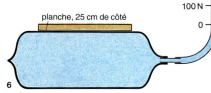

a) Comment fonctionne ce pèse-personne?

b) Marc (50-60 kg) se tient debout sur la planche. Quelle est la pression qui en résulte dans l'eau?
A quelle hauteur monte l'eau dans le tuyau?

c) Nadine fait monter l'eau dans le tuyau à 75 cm. Quel est son poids?

3 Décris une expérience simple qui montre que le poids d'un corps immergé ne diminue qu'en apparence.

4 La baleine est le plus grand être vivant sur la Terre. Son poids est égal au poids de 30 éléphants, il dépasse même le poids des dinosaures.
Pourquoi un animal si lourd ne peut-il survivre que dans l'eau?

5 Pour construire un barrage, on a utilisé des blocs de béton ($L = 1$ m, $l = 50$ cm, $h = 40$ cm, $\rho = 2{,}1$ g/cm^3).
Quelle force un tel bloc exerce-t-il sur la corde de la grue avant et après immersion?

6 La profondeur à laquelle un bateau s'enfonce dépend des caractéristiques de l'eau. Or, ces caractéristiques varient fortement avec la région et la saison. Voilà pourquoi on a appliqué sur les cargos des «lignes de charge» (fig. 7), qui indiquent la profondeur maximale d'immersion dans différentes conditions.
Des cartes marines spéciales indiquent quand et où les différents marquages sont à observer.
Les marques TD et D sont à respecter quand un bateau est chargé dans un port fluvial.

Explique pourquoi ces marques sont situées au-dessus des marques correspondantes T et E pour eau de mer.

7 Est-ce qu'un bateau s'enfonce davantage (dans l'eau de mer) en été ou en hiver? Justifie ta réponse.

8 Imagine un cargo chargé à Zeebrugge (Manche), qui met le cap sur l'Afrique, puis s'engage dans l'embouchure du Congo (eau douce).
Comment le niveau d'immersion change-t-il entre le départ et l'arrivée (néglige la diminution de carburant).

9 La figure 8 illustre un réseau de distribution de l'eau avec son château d'eau. Décris et explique.

10 Ce n'est qu'allongé et après avoir respiré à fond que tu arrives à flotter à la surface de l'eau.

a) Explique.

b) Qu'en déduis-tu sur la densité moyenne du corps humain?

c) On ne s'enfonce pas dans la mer Morte, même après avoir expiré à fond (fig. 9). Pourquoi?

11 Deux vases à déversement de mêmes dimensions sont pleins d'eau à ras bord.

a) On pose avec précaution un bloc en bois dans l'un des deux vases. Après que l'eau s'est écoulée, on place les deux récipients sur une balance.
Est-ce que la balance est en équilibre? Justifie ta réponse.

b) On remplace le bloc en bois par un cube en fer. Qu'est-ce qui se passe?

12 L'œuf de la figure 10 flotte à la surface de séparation entre de l'eau douce et de l'eau fortement salée. Explique.

13 Lorsqu'une voiture est tombée dans une rivière ou un canal au cours d'un accident, les occupants n'arrivent pas tout de suite à ouvrir les portes. Pourquoi?
Que faut-il faire dans ce cas pour sortir de la voiture?

14 La figure 11 illustre la construction d'un «ludion».
Perce un trou dans le couvercle d'un tube de comprimés. Remplis le tube partiellement d'eau et leste-le de clous, de façon à ce qu'il arrive tout juste à flotter à la sur-

marque de franc-bord (lignes de charge) sur la coque d'un navire
TD – eau douce tropicale, D – eau douce en été, T – eau tropicale, E – été, H – hiver, HAN – hiver Atlantique nord.

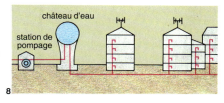

face de l'eau. Place-le dans une bouteille contenant de l'eau, le couvercle vers le bas.
Lorsque tu comprimes la bouteille légèrement, le tube descend; lorsque tu cesses de comprimer, il remonte.
Essaye d'expliquer ce comportement étrange du «ludion».

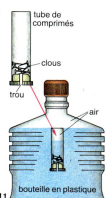

Mécanique des liquides

Résumé

Pression exercée par un piston

Lorsqu'on exerce une force sur un liquide enfermé par l'intermédiaire d'un piston, il en résulte une **pression** dans le liquide.

Cette pression se manifeste par des forces pressantes, que le liquide exerce sur toute surface en contact avec lui (parois du récipient et surface des corps immergés). *Des surfaces de grandeur égale subissent des forces égales.*

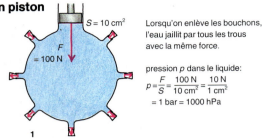

▶ *La pression est définie par le quotient de la force pressante par la surface pressée:*

$$p = \frac{F}{S}.$$ ◀

Les **systèmes hydrauliques** sont des machines simples. Leur fonctionnement est illustré par la figure 2:

Une force est exercée sur le petit piston. La pression qui en résulte se transmet intégralement dans tout le liquide.

Comme le grand piston a une surface environ trois fois plus grande que le petit piston, il subit aussi une force trois fois plus grande.

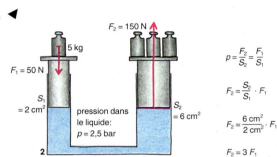

La pression hydrostatique

Sur chaque couche horizontale de liquide repose tout le liquide situé plus haut. Il en résulte dans cette couche une pression d'autant plus grande que la couche est profonde.

▶ *La pression dans un liquide due au liquide situé plus haut est appelée **pression hydrostatique**. Elle vaut:*

$$p = \rho_l \cdot g \cdot h.$$ ◀

avec g = intensité de la pesanteur, ρ_l = masse volumique du liquide et h = hauteur de la colonne de liquide qui repose sur la couche considérée.

▶ *La pression hydrostatique est indépendante de la forme du récipient.* ◀

Si la heuteur h du liquide est la même dans tous les 4 vases, alors la pression au fond est partout la même.

Vases communicants

▶ *Dans des vases communicants, les surfaces libres se situent dans le même plan horizontal.* ◀

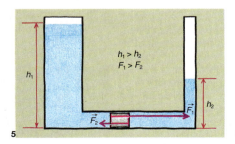
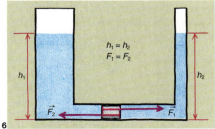

Le piston mobile de la figure 5 subit deux forces inégales: $F_1 > F_2$ car la pression hydrostatique est plus grande au fond du vase gauche.

Le piston se déplace alors vers la droite jusqu'à ce que le niveau du liquide soit le même dans les deux vases, et donc la pression hydrostatique aussi.

Mécanique des liquides

La poussée dans les liquides

Un corps immergé subit une **poussée**.

L'explication en est la suivante: la pression hydrostatique augmente avec la profondeur. La face inférieure du corps subit ainsi une force pressante plus grande que la face supérieure.

La poussée est toujours de sens contraire au poids. Voilà pourquoi le corps immergé paraît plus léger.

▶ La poussée subie par un corps immergé a même intensité que le poids du liquide déplacé par le corps (principe d'Archimède).

La poussée a pour intensité: $F_A = \rho_l \cdot g \cdot V$ ◀

avec g = intensité de la pesanteur, ρ_l = masse volumique du liquide, V = volume du liquide déplacé.

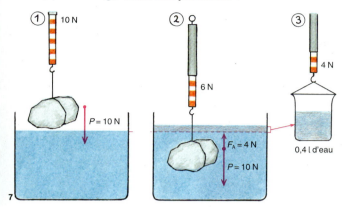

Couler, rester entre deux eaux, monter

Un corps complètement immergé…

… *coule* si la poussée qu'il subit est plus petite que son poids,

… *reste entre deux eaux* si la poussée qu'il subit est égale à son poids,

… *monte* si la poussée qu'il subit est plus grande que son poids.

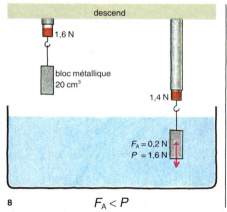

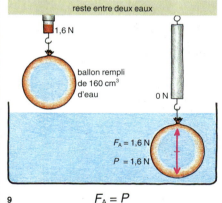

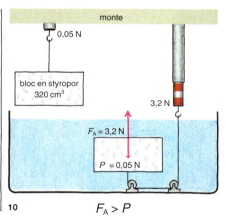

▶ Le comportement du corps dépend de la masse volumique ρ_l du liquide et de la masse volumique moyenne ρ_m du corps.

il coule si $\rho_m > \rho_l$ il reste entre deux eaux si $\rho_m = \rho_l$ il monte si $\rho_m < \rho_l$ ◀

Les corps flottants

La poussée subie par un corps flottant a toujours même intensité que le poids du corps.

Le corps qu'on plonge dans un liquide s'y enfonce jusqu'à ce que le poids du liquide déplacé ait même valeur que le poids du corps.

Un corps flotte à la surface d'un liquide, si sa masse volumique (moyenne) est inférieure à la masse volumique du liquide.

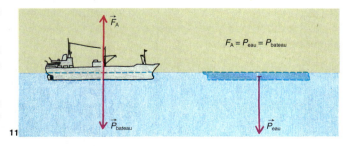

Mécanique des gaz

1 Gaz enfermés

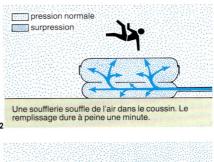

Une soufflerie souffle de l'air dans le coussin. Le remplissage dure à peine une minute.

Lorsqu'une personne tombe sur le coussin, l'air y est comprimé. Une partie de l'air s'échappe par des fentes latérales.

Après 10 secondes le coussin est à nouveau rempli et c'est le tour du suivant.

Un incendie s'est déclaré au 7e étage d'un immeuble! Il n'existe pas d'escalier de secours, et la grande échelle des pompiers est trop courte: pour les habitants des étages supérieurs, il n'y a aucun chemin de fuite. Seul un coussin d'air géant peut les sauver des flammes (fig. 1- 4).

○ De quelle façon une personne qui tombe est-elle freinée par le coussin d'air?
○ Les fentes latérales du coussin ne constituent-elles pas un désavantage puisqu'il faut ajouter de l'air en permanence?

E1 Pour l'expérience suivante, tu as besoin d'une pompe à bicyclette ou d'une seringue en plastique (sans aiguille).

a) Remonte le piston, puis bouche l'ouverture du doigt. Enfonce le piston, puis relâche-le immédiatement. Décris ce que tu observes.

b) Remplis la seringue d'eau et répète l'expérience.
Quelle différence y a-t-il avec l'expérience précédente?

E2 Souffle avec force dans le tube (fig. 5). Que se passe-t-il lorsque tu retires le tube de la bouche?

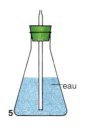

E3 Introduis un ballon gonflé dans un filet; serre le filet de façon à ce qu'il moule le ballon.
Que se passe-t-il lorsque tu serres le filet davantage? Essaye d'expliquer tes observations.

E4 Etudions la relation qui existe entre pression et volume d'un gaz enfermé.
A cet effet, remplissons un cylindre à piston à moitié d'air, puis relions-le à un manomètre comme indiqué sur la figure 6.

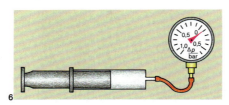

a) Modifions le volume de l'air enfermé tout en observant l'indication du manomètre.

b) Modifions la pression p et mesurons le volume V. La température de l'air doit rester constante lors des mesures.
Inscris les résultats de tes mesures dans un tableau, puis représente-les sur un graphique (la pression p est portée en abscisses, le volume V est porté en ordonnées).
Que suggère ce graphique? Comment peux-tu vérifier ton hypothèse?

E5 La relation entre pression et volume d'un gaz peut aussi être étudiée au moyen du dispositif expérimental représenté sur la figure 7: la boule est adaptée parfaitement au diamètre du tube, de façon à isoler hermétiquement sa partie droite tout en restant mobile dans le tube.

Essaie de prédire le comportement de la boule lorsqu'on évacue de l'air de la partie gauche du tube ou lorsqu'on en ajoute.

Le manomètre mesure la pression de l'air à gauche de la boule. Que peux-tu dire de la pression à droite

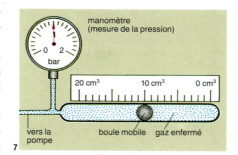

7

de la boule? (*Suggestion:* Quelles sont les forces subies par la boule? Quelle condition remplissent-elles lorsque la boule est au repos?)

Les mesures se font de la même façon que dans l'expérience 4 de la page précédente.

Ajoute dans ton tableau des mesures une colonne où tu calcules le produit $p \cdot V$.

Info: Pour expliquer le comportement des gaz

Peu de temps après avoir ouvert un flacon de parfum, on peut sentir son odeur dans toute la pièce, même en l'absence de courants d'air.

Le parfum s'évapore, il se transforme en gaz. Comment ce gaz peut-il atteindre tous les coins de la pièce?

Nous admettons que toute matière est formée de corpuscules. Dans un gaz, les corpuscules ne sont pas liés entre eux; c'est ce qui distingue les gaz des solides et des liquides. Les corpuscules qui peuvent ainsi se déplacer presque librement sont en agitation permanente et subissent de multiples collisions: voilà pourquoi ils se déplacent continuellement en zigzag dans tout l'espace qui leur est offert.

Les corpuscules de l'air dans une pièce ont une vitesse étonnante. S'il pouvait se déplacer librement en ligne

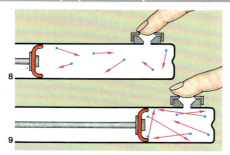

8

9

droite, un corpuscule d'air franchirait la distance Luxembourg–Paris en 10 minutes; sa vitesse est en effet de l'ordre de 500 m/s.

Tu te demandes maintenant pourquoi les corpuscules de parfum, malgré leur grande vitesse, mettent plusieurs minutes pour atteindre tous les coins de la pièce? La raison en est qu'ils ne se dé-

placent pas en ligne droite à cause des multiples collisions.

Imaginons maintenant un gaz enfermé dans un récipient, par exemple, l'air dans une pompe. Les parois subissent d'innombrables chocs de la part des corpuscules du gaz en mouvement (fig. 8). Il en résulte des forces pressantes du gaz sur les parois; le gaz est «sous pression».

Lorsqu'on bouche l'ouverture de la pompe, tout en enfonçant le piston, la pression augmente: les corpuscules, ayant à leur disposition un volume plus petit, subissent des chocs plus nombreux avec les parois. Il en résulte des forces plus grandes (fig. 9).

La pression dans un gaz enfermé résulte de l'agitation permanente des corpuscules.

Info: La pression d'un gaz enfermé

Un gaz enfermé exerce des forces pressantes sur toute surface en contact avec lui (figures 10 et 11). Imaginons les forces subies par des portions de surfaces approximativement planes. Dans le cas des gaz comme dans celui des liquides, on peut dire:

○ la force pressante est perpendiculaire à la surface pressée;
○ la force pressante est proportionnelle à la surface pressée.

Une surface double subit de la part du gaz une force pressante double. Le quotient de la force pressante par la surface pressée est une constante:

$$\frac{F}{S} = \text{const.}$$

Plus nous mettons le gaz «sous pression», plus ce quotient devient grand. Comme dans le cas des liquides, ce quo-

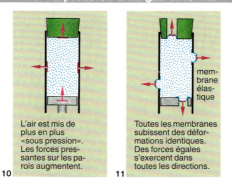

10 L'air est mis de plus en plus «sous pression». Les forces pressantes sur les parois augmentent.

11 Toutes les membranes subissent des déformations identiques. Des forces égales s'exercent dans toutes les directions.

tient mesure la pression:

$$p = \frac{F}{S}.$$

La pression dans un gaz enfermé est partout la même.

Une propriété importante distingue pourtant les gaz des liquides: les gaz sont *compressibles*, les liquides sont (pratiquement) *incompressibles*.

Lorsqu'on augmente la pression d'un *liquide* enfermé, son volume ne varie pratiquement pas.

Par contre le volume d'un *gaz* enfermé, par exemple, dans un cylindre à piston, peut être diminué ou augmenté à volonté. Il suffit, en effet, de déplacer le piston.

Si on enfonce le piston, le volume du gaz diminue. *Plus le volume occupé par le gaz enfermé devient petit, plus la pression du gaz devient grande.*

L'expérience 5 suggère:

Dans un gaz enfermé le produit de la pression p par le volume V est constant: $p \cdot V = \text{const.}$

Cette loi est connue sous le nom de **loi de Boyle-Mariotte**.

La loi de Boyle-Mariotte n'est valable qu'à *température constante*. En effet, la pression d'un gaz enfermé augmente aussi avec la température du gaz.

Info: Rappel de mathématiques – la proportionnalité inverse

Dans le cours de mathématiques, tu as rencontré la notion de proportionnalité inverse.

Deux grandeurs sont inversement proportionnelles si leur produit est constant.

Exemple: Imagine que tu dois construire un parallélépipède de volume 2 l. Il existe évidemment une multitude de possibilités, comme l'indique la figure 1.

En effet, la hauteur du parallélépipède dépend du choix que tu fais pour la surface de sa base. Si tu prends une base 2 (ou 3) fois plus grande, tu dois choisir une hauteur 2 (ou 3) fois plus petite. Dans tous les cas le produit de la base par la hauteur aura même valeur, 2 l en l'occurrence. Base et hauteur sont des grandeurs inversement proportionnelles.

Pour un gaz enfermé, le produit de la pression par le volume est constant. Pression et volume sont donc inversement proportionnels. A un volume double (ou triple) correspond une pression 2 (ou 3) fois plus petite.

Le tableau illustre la relation entre pression et volume. La figure 2 en donne la représentation graphique. La courbe obtenue est une *hyperbole*.

En observant la représentation graphique, on ne peut toutefois pas dire avec certitude si la courbe est une hyperbole ou non. La représentation graphique ne permet donc pas d'affirmer s'il existe une proportionnalité inverse ou non.

Il faut donc vérifier si le produit des 2 grandeurs est constant.

Comme toutes les mesures sont accompagnées d'une certaine incertitude, il ne faut pas s'attendre à obtenir exactement le même produit à chaque fois.

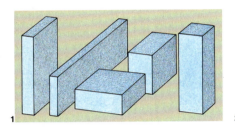
1

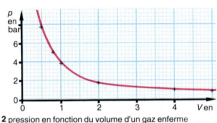
2 pression en fonction du volume d'un gaz enfermé

p en bar	V en l	$p \cdot V$ en bar · l
7,90	0,5	3,95
5,05	0,8	4,04
3,90	1,0	3,90
1,95	2,0	3,90
1,00	4,0	4,00
0,85	5,0	4,25

Exercices

1 Par l'intermédiaire d'un piston, on exerce des forces pressantes de même norme sur un liquide et sur un gaz enfermés.

Décris le comportement différent observé pour les liquides et les gaz.

2 En frappant sur un sac en papier gonflé, on le fait éclater. Pourquoi?

3 La plupart de véhicules sont munis de pneus gonflés d'air. Quelle propriété des gaz y met-on à profit?

Cite des avantages sur les procédés d'antan, utilisés pour amortir les chocs (fig. 3 et 4).

4 Les bus sont souvent «amortis par coussins d'air» (fig. 5). Pourquoi ne peut-on pas remplacer le gaz par un liquide?

5 On a étudié la pression p d'un gaz en fonction de son volume V à température constante.

p en bar	0,6	0,8	1,0	1,2	1,4	1,6
V en cm^3	19,0	14,6	11,9	9,5	8,3	7,2

a) Fais la représentation graphique des mesures en portant le volume en abscisse.

b) Quelle loi la forme de la courbe te suggère-t-elle? Vérifie ton hypothèse.

6 Lorsqu'on chauffe un récipient en verre fermé par un bouchon, la pression augmente. Explique.

Pourquoi ne faut-il pas trop enfoncer le bouchon?

7 La bouteille à air comprimé d'un plongeur contient 10 l d'air à la pression de 200 bar. Le plongeur respire 25 l d'air par minute.

a) Le plongeur évolue à proximité de la surface, où la pression vaut 1 bar. En combien de temps aura-t-il vidé la bouteille?

b) Même question, s'il plonge à 30 m de profondeur. (On rappelle que la pression hydrostatique de l'eau augmente d'un bar tous les 10 m.) Conclusion?

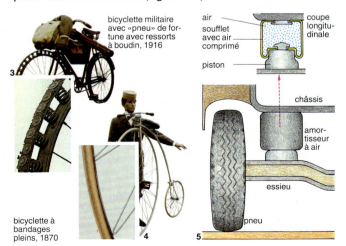

3 bicyclette militaire avec «pneu» de fortune avec ressorts à boudin, 1916

4 bicyclette à bandages pleins, 1870

5 coupe longitudinale: air, soufflet avec air comprimé, piston, châssis, amortisseur à air, essieu, pneu

Technique: **Stockage du gaz sur terre … et sous terre**

De nombreuses chaudières et cuisinières fonctionnent au gaz naturel. Le gaz est amené, par exemple, depuis les gisements de la mer du Nord à travers de longs pipe-lines.

Mais le besoin en gaz dépend de la saison et de l'heure du jour. Pour pouvoir satisfaire à la demande variable, on installe de grands réservoirs.

Le réservoir sphérique (fig. 6) qui a une capacité de 5000 m^3 supporte une pression maximale de 6 bar. Il peut donc contenir la quantité de gaz qui occuperait 30 000 m^3 à la pression de 1 bar.

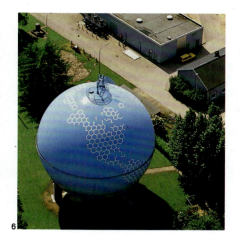

On peut aussi stocker le gaz dans des cavernes. Pour les besoins de la ville de Kiel, par exemple, on a extrait par lavage le sel d'un gisement se trouvant à 1300 m de profondeur. On a ainsi créé un réservoir d'une capacité de 30 000 m^3.

On pompe le gaz naturel dans cette caverne sous haute pression (jusqu'à 180 bar). Sous pression atmosphérique ce gaz occuperait 4 800 000 m^3!

Le gaz ainsi stocké est utilisé pour satisfaire à la demande accrue en hiver; le réservoir est rempli en été.

Technique: **Pression à l'intérieur des solides?**

Il y a aussi des similitudes dans le comportement des gaz et des liquides: lorsqu'on les enferme dans un réservoir et qu'on essaie de réduire leur volume en enfonçant un piston, ils se trouvent sous pression. A l'intérieur du gaz ou du liquide, la pression est la même en tout point. Elle est mesurée par le quotient F/S.

Le comportement des *solides* est totalement différent.

Il existe dans les solides des états de contrainte, appelés tensions. Lorsque tu essaies de déformer une barre en fer, elle se trouve dans un état de contrainte.

L'état de contrainte d'un crochet en résine synthétique est rendu visible sur la figure 7. Des contraintes différentes apparaissent en des couleurs différentes. Plus les lignes colorées sont serrées, plus le matériau est «sous tension». Cette photo montre donc l'endroit où le crochet subit le plus grand effort, et donc l'endroit où il doit être particulièrement robuste.

Tu t'aperçois que, *dans un solide, l'état de tension dépend de l'endroit considéré*, contrairement aux liquides et aux gaz où la pression est partout la même. Voilà pourquoi on ne peut pas parler d'une pression dans un solide.

Pourtant le quotient F/S n'est pas sans signification dans un solide. La brique de la figure 8 s'enfonce d'autant plus dans la mousse que la surface d'appui est petite. La déformation dépend du quotient du poids de la brique par l'aire de la surface d'appui. Ce quotient représente la charge par unité de surface.

Les figures 9 et 10 illustrent la différence entre pression et charge par unité de surface.

Le modèle corpusculaire permet d'expliquer la différence entre le comportement des solides d'une part, des liquides et des gaz d'autre part:

Les corpuscules d'un solide sont arrangés dans l'espace d'une façon bien déterminée; ils occupent des places fixes. Or, c'est la mobilité des corpuscules d'un liquide qui explique que la pression a même valeur en tout point.

Parfois, il est difficile de dire si un corps est solide ou liquide. Ainsi le goudron froid est rigide et dur; il ressemble à un solide. Réchauffé de quelques degrés, il devient malléable; il ressemble à un liquide visqueux.

Le même problème existe pour les roches: l'écorce terrestre, dont l'épaisseur atteint 60 km, exerce sur le manteau sous-jacent des forces énormes. Dans ces conditions, les roches du manteau terrestre deviennent déformables et se comportent comme un liquide. L'écorce «nage» sur le manteau terrestre. A l'intérieur du manteau «liquide», la pression augmente avec la profondeur. Dans le noyau terrestre, elle vaut probablement quelques millions de bars.

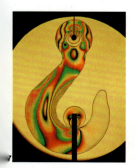

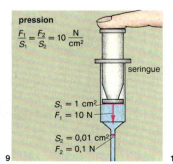
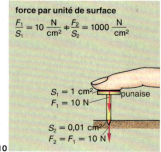

2 La pression atmosphérique et ses effets

Une tête de nègre géante … et ce qu'il en reste.

E6 Faisons l'expérience illustrée par la figure 3. Le robinet est d'abord fermé.

a) Aspirons l'air par le deuxième tube. Qu'observe-t-on pendant l'aspiration?

b) Que se passe-t-il lorsqu'on ouvre le robinet? Explique ce que tu viens d'observer.

E7 Le ballon de la figure 4 a été vidé d'air. Plongeons l'extrémité du tube dans l'eau, puis ouvrons le robinet.
Cherche une explication à tes observations.

E8 Tendons une feuille de cellophane sur un anneau en verre, puis posons l'anneau sur le plateau d'une pompe à vide que nous mettons en marche…
Jadis, on utilisait des vessies de porc à la place de la cellophane. Ainsi cette expérience porte encore aujourd'hui le nom d'«expérience du crève-vessie».

E9 Réalisons les expériences illustrées par les figures 5-7.

Que va-t-il se passer quand nous aspirons l'air de l'erlenmeyer?
Justifie tes hypothèses.

E10 Remplis un verre d'eau à ras bord. Couvre-le d'une carte postale, puis retourne le tout avec précaution. Lâche la carte postale.
Refais l'expérience en remplaçant le carton par une bande de gaz…

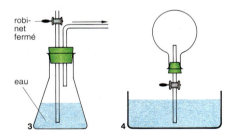 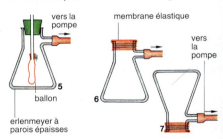

Un peu d'histoire: Le «horror vacui» et la pression atmosphérique

Tiens un tuyau rempli d'eau comme le montre la figure 8, puis débouche l'extrémité inférieure. L'eau ne s'écoule pas, à condition que tu gardes l'extrémité supérieure bouchée.

De nombreuses expériences analogues ont déjà été faites depuis l'Antiquité. On les a toutes expliquées par le «horror vacui» (lat. la peur du vide):

Si l'eau s'écoulait de la partie inférieure du tuyau, un *vide* apparaîtrait dans la partie supérieure. En effet, tant que l'extrémité supérieure reste fermée, l'air ne peut pas y pénétrer. Or on était d'avis que la nature n'aime pas le vide et que c'est pour cette raison que l'eau ne s'écoule pas du tuyau.

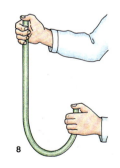

Au 17e siècle, on réalisait des expériences plus systématiques à ce sujet. *Otto von Guericke* (1602-1686), maire de Magdebourg et amateur d'expériences spectaculaires, était le plus illustre des chercheurs à s'occuper de ce problème. Parmi ses nombreuses expériences sur la pression, c'est celle indiquée sur la figure 9 qui le rend célèbre.

Pour la plus fameuse de ses expériences, il fit fabriquer deux hémisphères creux en cuivre, de même rayon, l'un d'eux muni d'un robinet. Un anneau en cuir imprégné de cire et d'huile servait de joint. Voici ce que Guericke raconte:

«Après avoir intercalé l'anneau entre les deux demi-sphères, j'aspirais l'air rapidement. Je pouvais voir alors avec quelle force les hémisphères se pressaient contre l'anneau! Sous l'action de la pression atmosphérique, ils collaient l'un contre l'autre avec une telle véhémence que

16 chevaux parvenaient à peine à les séparer. La séparation produit une détonation pareille à celle qui accompagne un coup de fusil. Mais si on laisse l'air rentrer en ouvrant le robinet, les demi-sphères peuvent être séparées sans peine».

Cette expérience de von Guericke a fait grande sensation à travers tout le pays.

Le récit montre que Otto von Guericke n'avait plus recours au «horror vacui» pour expliquer son expérience, mais qu'il était convaincu que c'était l'air extérieur qui pressait les hémisphères l'un contre l'autre.

9

Info: L'origine de la pression atmosphérique

La Terre est entourée d'une épaisse couche d'air appelée atmosphère. Nous vivons pour ainsi dire au fond d'un énorme océan d'air (fig. 10).

La pression atmosphérique est comparable à la pression hydrostatique. Imagine une couche d'air, parallèle à la surface terrestre. Sur cette couche repose une énorme colonne d'air, dont le poids met l'air de la couche sous pression.

L'air est beaucoup plus léger que l'eau (poids d'un m³ d'air: 1,27 N). Mais «l'océan d'air» est très profond; voilà pourquoi nous pouvons observer des effets impressionnants et surprenants de la pression atmosphérique.

Plus nous montons dans cet «océan», plus la pression atmosphérique diminue.

A cause de la pression atmosphérique l'air exerce des forces pressantes sur toute surface en contact avec lui.

Exemples: C'est la pression atmosphérique qui presse les hémisphères de Magdebourg de la figure 9 l'un contre l'autre, ce n'est pas le vide qui les aspire.

Lorsqu'on débouche l'extrémité inférieure du tuyau rempli d'eau (fig. 8), en maintenant fermée l'extrémité supérieure, l'eau ne s'écoule pas. En effet, l'air exerce une force pressante sur la surface libre de l'eau ce qui empêche l'eau de s'écouler. A l'extrémité bouchée, l'air ne peut pas exercer de force.

En buvant ton Coca au moyen d'une paille, tu mets à profit la pression atmosphérique: lorsque la pression dans ta bouche est inférieure à la pression atmosphérique, l'air extérieur pousse la limonade dans ta bouche.

10

Exercices

1 Explique pourquoi deux crochets-ventouses, pressés l'un contre l'autre (fig. 5), sont presque inséparables.

Pourquoi les crochets-ventouses ne sont-ils utilisables que sur des murs lisses?

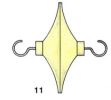
11

2 Le couvercle d'un verre à confiture non entamé est souvent difficile à ouvrir. Quelle est la force qui presse le couvercle contre le verre?

3 Explique le fonctionnement de la pipette (fig. 12).

4 Qu'est-ce qui se passe lorsqu'on fait le vide sous la cloche en verre de la figure 13?

Qu'observe-t-on si un ballon faiblement gonflé se trouve sous la cloche?

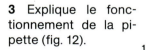
12

5 Pour une excursion lunaire, les astronautes ont besoin d'une combinaison spatiale imperméable à l'air.

Pourquoi un casque et une bouteille d'oxygène ne suffisent-ils pas?

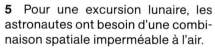

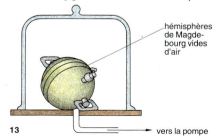
13 — vers la pompe

hémisphères de Magdebourg vides d'air

3 Mesure de la pression atmosphérique

Un peu d'histoire: **Le baromètre de Guericke**

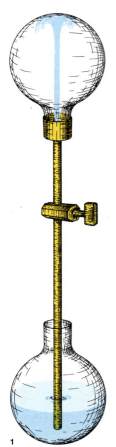

Pour mesurer la pression atmosphérique, Guericke installe un appareil intéressant dans son cabinet de travail (fig. 1). Après avoir fait le vide dans le ballon supérieur, il plonge le tube dans l'eau et ouvre le robinet: l'eau est projetée avec force dans le ballon supérieur.

A chaque fois ses visiteurs sont épatés. La plupart d'entre eux n'ont aucune idée de l'existence de la pression atmosphérique, et ne savent donc pas que l'eau dans le ballon inférieur est mise «sous pression» par l'air extérieur.

Lorsqu'un visiteur lui demande à quelle hauteur il peut faire monter l'eau de cette façon, Guericke ne sait quoi lui répondre. Cependant il ne peut s'imaginer que l'eau monte à n'importe quelle hauteur. Afin d'y voir plus clair, il réalise l'expérience suivante:

Il monte l'appareil devant sa maison et allonge le tube progressivement. Chaque fois, il remet en marche la pompe pour évacuer l'air du ballon. Mais chaque fois, lorsqu'il ouvre le robinet, l'eau jaillit dans le ballon.

Finalement le tube est prolongé jusqu'au quatrième étage (fig. 2), et l'eau monte toujours. Mais cette fois-ci, l'eau ne parvient plus dans le ballon supérieur, son niveau se stabilise à la hauteur de 19 aunes de Magdebourg (environ 10 m).

Cette expérience permet à Otto von Guericke de calculer la pression atmosphérique: la pression atmosphérique est telle que l'air peut «porter» une colonne d'eau d'environ 10 m de hauteur.

Au cours des jours suivants, Guericke est frappé par de légères variations de hauteur de la colonne d'eau. La hauteur de la colonne dépend du temps qu'il fait. Par mauvais temps, le niveau de l'eau baisse dans le tube, par beau temps, il monte. Lorsqu'un jour le niveau tombe particulièrement bas, Otto von Guericke ose prédire un orage. Moins de deux heures plus tard, une violente tempête éclate.

E11 Tu peux répéter l'expérience de Guericke en utilisant un tuyau transparent de 10 m de long, un bouchon adéquat et un seau rempli d'eau bouillie. Tu n'as même pas besoin de pompe…

E12 Observe le dispositif de la figure 3. Au début, la pression a même valeur à l'intérieur et à l'extérieur de la cloche.

a) Pourquoi l'eau ne s'écoule-t-elle pas du cylindre?

b) Que se passera-t-il lorsqu'on diminue la pression de l'air sous la cloche, puis lorsqu'on l'augmente à nouveau?

Justifie tes réponses!

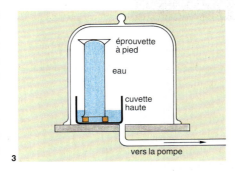

E13 Bouche l'ouverture d'une seringue (sans aiguille) après avoir enfoncé le piston complètement.

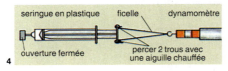

a) Mesure la force nécessaire pour retirer le piston (fig. 4).

b) Répète l'expérience avec d'autres seringues; compare les résultats.

c) Quelle relation y a-t-il entre ces forces et la pression atmosphérique?

Utilise ces résultats pour calculer la valeur de la pression atmosphérique

E14 Une manière de déterminer avec précision la pression atmosphérique est illustrée par la figure 5. Décris le déroulement de l'expérience. Représente les forces subies par le piston.

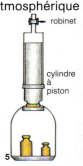

Info: Mesure de la pression atmosphérique

Guericke mesurait la pression atmosphérique en utilisant un tube rempli d'eau. Ce tube, d'une longueur de plus de 10 m, était très encombrant (fig. 6) et ne se prêtait pas à des mesures très précises.

Quelques années avant Guericke, le scientifique italien *Evangelista Torricelli* (1608-1647) a mesuré la pression atmosphérique en utilisant le mercure, plus lourd que l'eau (masse volumique à 0 °C: $\rho_{Hg} = 13{,}6$ g/cm^3). Son tube est bien plus court: la colonne de mercure ne mesure qu'environ 76 cm.

Tout comme Guericke, Torricelli s'étonne que la hauteur de la colonne de liquide varie sensiblement au cours des jours. Soupçonnant d'abord des erreurs de mesure, il répète les observations avec plus de soin: les variations réapparaissent. Torricelli tire la même conclusion que Guericke: les variations de hauteur de la colonne de liquide sont certainement dues à des variations de la pression atmosphérique.

Les instruments qui mesurent la pression atmosphérique sont appelés **baromètres**. Les baromètres à mercure sont encore utilisés de nos jours (fig. 7).

La hauteur de la colonne de mercure mesure en moyenne 760 mm au niveau de la mer. Comme la colonne de mercure est maintenue en équilibre par la pression atmosphérique, on en déduit: la pression atmosphérique a même valeur que la pression hydrostatique p_{Hg} qui existe à la base de la colonne de mercure.

$p = p_{Hg}$,

$p = \rho_{Hg} \cdot g \cdot h$,

$p = 13\,600 \, \dfrac{\text{kg}}{\text{m}^3} \cdot 9{,}8 \, \dfrac{\text{N}}{\text{kg}} \cdot 0{,}76 \text{ m} = 101\,300 \text{ Pa}$,

$p = 1013$ hPa $= 1{,}013$ bar.

Cette pression est appelée *pression atmosphérique normale* ou une atmosphère; elle représente la pression moyenne au niveau de la mer.

On utilise souvent le *baromètre métallique*, moins encombrant que le baromètre à mercure (fig. 8).

La pression d'un gaz enfermé (p. ex. la pression d'un pneu) est mesurée à l'aide d'un **manomètre** (fig. 9). Le gaz sous pression déforme un ressort, par exemple, par l'intermédiaire d'une membrane élastique.

Souvent on n'indique pas la pression absolue du gaz enfermé, mais la pression relative, c.-à-d. la *différence* entre cette pression et la pression atmosphérique (fig. 10). Pour obtenir la pression absolue il faut donc ajouter ou retrancher la valeur de la pression atmosphérique à la valeur indiquée.

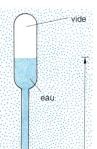
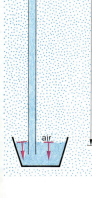

colonne d'eau d'environ 10 m (10 000 mm) de hauteur

6

L'élément essentiel du baromètre métallique est une boîte métallique vide d'air. Plus l'air extérieur presse sur le couvercle ondulé, plus celui-ci s'affaisse. Un ressort lui fait reprendre sa forme initiale quand la pression atmosphérique revient à sa valeur initiale. Le déplacement du couvercle provoque la rotation d'une aiguille devant un cadran.

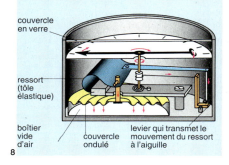

8

9

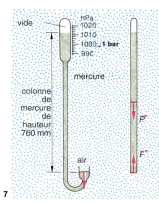

7

Valeur de quelques (sur)pressions

tente gonflable	0,003 bar
pneu de	
motocyclette	1,5–2,0 bar
bicyclette	ca. 2 bar
voiture	1,6–2,2 bar
camion	3,5–5,0 bar
boîte aérosol	max. 10 bar
bouteille	
d'oxygène	150 bar
d'air comprimé	200 bar

le manomètre indique une surpression de 1,7 bar

pression à l'intérieur (1,7 bar + 1 bar) = 2,7 bar

pression extérieure environ 1 bar

Initialement la pression a même valeur à l'intérieur et à l'extérieur du pneu. Lorsqu'on pompe de l'air supplémentaire dans le pneu, la pression y augmente. La pression à l'intérieur du pneu devient 2,7 bar: 1 bar de pression atmosphérique plus 1,7 bar de surpression.

10

Exercices

1 Un carton carré de côté 10 cm est placé sous un journal déplié. Un fil, attaché au milieu du carton traverse le journal par un petit orifice.

a) Essaie de soulever le carton en tirant un coup sec sur la ficelle. Répète en tirant doucement, cette fois.

b) Calcule la force que l'air exerce sur un journal de dimensions 40 sur 80 cm.

2 Les résultats suivants se rapportent à l'expérience 13, S étant la surface du piston et F la force nécessaire pour tirer le piston.
$S_1 = 3,8$ cm², $F_1 = 40$ N;
$S_2 = 1,13$ cm², $F_2 = 15$ N.

a) Calcule la pression atmosphérique correspondante.

b) Un baromètre indiquait 1013 hPa au moment de l'expérience. Pourquoi la valeur résultant des mesures est-elle différente?

3 La figure 1 donne le plan de construction d'un baromètre métallique que tu pourras construire à domicile. Cet instrument permet de détecter des variations de la pression atmosphérique.

Place-le sous la cloche d'une pompe à vide. Qu'observes-tu en évacuant l'air? Explique!

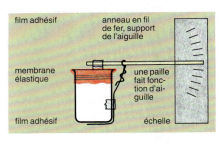

4 Calcule la hauteur de la colonne d'eau qui équilibre une pression atmosphérique de 1013 hPa.

5 La veille d'un orage, la pression atmosphérique tombe de 1030 à 990 hPa. De combien le niveau de la colonne de mercure du baromètre de Torricelli descend-il alors?

6 Un tube en verre, ouvert d'un côté, contient une certaine quantité d'air, emprisonné par une colonne de mercure (fig. 2). Lorsque le tube repose à plat sur la table, la longueur de la colonne d'air mesure 20 cm.

a) On dresse le tube verticalement, l'ouverture étant en haut. Calcule la pression de l'air emprisonné, la pression atmosphérique étant de 1000 hPa. Quelle est maintenant la hauteur de la colonne d'air?

b) Que se passe-t-il lorsqu'on dresse le tube, l'ouverture étant en bas? Quelle est la longueur de la colonne d'air dans ces conditions?

7 Un tube de Torricelli, renversé dans une cuvette de mercure, contient une colonne de mercure de 76 cm de hauteur. Au-dessus de la colonne, il y a le vide.

Le tube, de longueur 1 m, est placé verticalement. Est-ce que le niveau du mercure dans le tube change si l'on incline le tube? Représente l'expérience sur une figure et justifie le résultat.

Vie quotidienne: L'ascension de l'Everest sans bouteille d'oxygène

Un plongeur subit une pression qui augmente avec la profondeur, car la hauteur de la colonne d'eau qui repose sur lui devient de plus en plus grande.

Nous ressemblons à des plongeurs dans l'immense atmosphère qui entoure la Terre. La couche inférieure y supporte le poids de toutes les couches supérieures; voilà pourquoi la pression atmosphérique diminue avec l'altitude:

Au niveau de la mer, la pression atmosphérique moyenne est de 1013 hPa. A 5500 m d'altitude elle ne vaut plus que la moitié, et au sommet du mont Everest, qui est le point culminant du globe terrestre (8848 m), elle ne mesure plus que 314 hPa.

La pression atmosphérique diminue de moitié chaque fois qu'on s'élève de 5,5 km, ainsi à 55 km d'altitude, elle se trouve réduite à 1/1024 de sa valeur au niveau de la mer, c.-à-d. à environ 1 hPa. On passe donc progressivement de l'atmosphère à l'espace interplanétaire.

Contrairement à l'eau, l'air est *compressible*. Ainsi le volume occupé par une certaine quantité d'air dépend de sa pression: plus la pression est faible, plus le volume occupé est grand. Par conséquent, *la masse volumique de l'air diminue avec la pression (atmosphérique)*.

Au sommet de l'Everest, la masse volumique de l'air est trois fois plus faible qu'au niveau de la mer. L'air si raréfié suffit à peine pour respirer, surtout lors d'un effort, et l'alpinisme demande un très grand effort.

La première ascension du mont Everest fut réalisée par l'explorateur anglais *E. Hillary* en 1953; il utilisait un appareil de respiration. Cet exploit a été répété par beaucoup d'autres explorateurs.

En 1978 *Reinhold Messner*, originaire du Haut-Adige (Italie), se propose de vaincre le mont Everest sans appareil de respiration. Accompagné de l'Autrichien *Peter Habeler* et d'un petit groupe d'alpinistes, il monte dans l'Himalaya central pour y dresser son camp. Messner raconte:

«Les premiers de nos camarades étaient arrivés au sommet, munis de bouteilles d'oxygène; pourtant Peter Habeler et moi-même, nous doutions toujours de nos chances de réussite. Nous savions qu'en 1924, déjà l'Anglais Norton avait atteint 8600 m sans bouteille d'oxygène, mais nous ignorions si l'homme est capable de survivre à

une altitude supérieure. De toute façon, nous devions faire vite pour nous en sortir sans lésion cérébrale. Nous avions confiance en notre équipement ultraléger, en notre condition physique, résultat d'un entraînement de longue durée, et en notre intuition.»

Après de pénibles efforts et bien des dangers encourus, nos deux alpinistes s'approchent du sommet.

«Il est midi passé, nous avons atteint 8800 m, nous ne tenons plus debout, même pendant nos instants de répit. Nous nous accroupissons, nous nous mettons à genoux, nous nous accrochons au manche de notre piolet, que nous avons enfoncé dans la neige durcie ... Nous respirons très péniblement, il devient presque impossible d'avancer. Après dix à quinze pas, nous nous affaissons dans la neige, nous nous traînons à genoux ...

Le 8 mai, entre une et deux heures de l'après-midi, Peter Habeler et moi-même atteignîmes le sommet du mont Everest ... Peter Habeler et moi-même, nous étions les premiers à avoir vaincu ce sommet sans respirer une seule bouffée d'oxygène en bouteille.»

Phénomène naturel: **Les variations de la pression atmosphérique**

L'instrument de la figure 3 permet de démontrer que la pression atmosphérique varie avec le lieu et avec le temps: lorsque la pression extérieure diminue, l'air enfermé pousse la goutte de pétrole vers l'extérieur.

Avec cet instrument très sensible, on peut montrer que la pression atmosphérique diminue dans un immeuble au fur et à mesure qu'on gravit les étages.

Il est même possible de détecter des variations de pression lorsqu'on pousse brusquement une porte. L'air qui se trouve devant la porte n'a pas le temps de s'évacuer; il s'ensuit une surpression momentanée. Derrière la porte, l'air qui ne peut pas suivre le mouvement rapide de la porte se trouve raréfié; il en résulte une souspression temporaire.

On observe de telles variations de pression chaque fois qu'un corps se déplace rapidement.

Lorsqu'un train entre à grande vitesse dans un tunnel, la surpression est particulièrement sensible, puisque l'air ne peut pas s'échapper latéralement. Lorsque deux trains se croisent dans un tunnel, l'augmentation de pression est encore plus violente, et les passagers peuvent s'en sentir incommodés. Voilà pourquoi sur des trajets comprenant beaucoup de longs tunnels, on a mis en circulation des wagons résistant aux variations de pression: les portes et les fenêtres sont étanches à tel point que la pression reste quasiment constante à l'intérieur du wagon.

Il existe des variations naturelles de la pression atmosphérique: tu sais

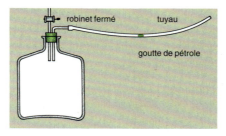

que l'air se dilate avec la température et qu'ainsi sa masse volumique diminue. Voilà pourquoi le poids de 1 m³ d'air froid est supérieur au poids de 1 m³ d'air chaud. Or, la pression atmosphérique en un point est due au poids de la colonne d'air qui y repose.

L'air qui entoure le globe terrestre est échauffé par le Soleil de façon inégale. Il en résulte des régions de haute pression (*anticyclones*) et des régions de faible pression (*dépressions*). La circulation de l'air des anticyclones vers les dépressions constitue le vent. Le temps qu'il fait

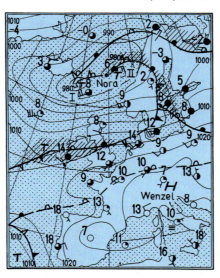

en un certain lieu dépend du passage des anticyclones et des dépressions en ce lieu: un anticyclone apporte généralement le beau temps, la dépression apporte nuages et pluie. La pression atmosphérique peut varier entre 880 et 1080 hPa dans des situations extrêmes.

Les valeurs relevées au même moment en de très nombreuses stations sont portées sur des cartes météorologiques. Les points de même pression sont reliés par des courbes appelées *isobares* (fig. 4); les pressions y sont indiquées en millibars ou hPa.

La valeur de la pression atmosphérique en un point dépend aussi de l'altitude de ce point. Les valeurs indiquées sur les cartes sont celles qui existeraient au lieu considéré si ce lieu se trouvait au niveau de la mer: cela permet en effet de comparer vraiment les pressions en des lieux différents.

Un *baromètre métallique* est étalonné de façon à indiquer la pression réduite au niveau de la mer.

Un *baromètre à mercure* indique la valeur réelle de la pression atmosphérique. Si l'altitude du lieu est connue, la réduction au niveau de la mer est facile, car la pression atmosphérique diminue d'environ 13 hPa chaque fois que l'altitude augmente de 100 m, et ceci jusqu'à 600 m d'altitude.

Exemple: à Luxembourg (300 m au-dessus du niveau de la mer) un baromètre à mercure indique une pression de 940 hPa. La pression réduite au niveau de la mer vaut alors $940 + 3 \cdot 13 = 979$ hPa.

Un peu d'histoire: La première opération à thorax ouvert

Il y a 80 ans, une lésion de la cage thoracique était fatale, car les organes contenus dans la cage thoracique ne pouvaient pas être opérés. Pour arriver à en comprendre la raison, il faut étudier la **respiration** de plus près.

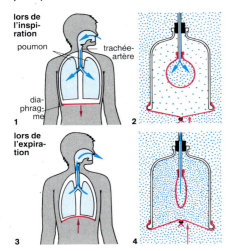

Les figures 1 et 3 représentent les poumons lors de l'inspiration et lors de l'expiration. L'expérience illustrée par les figures 2 et 4 explique comment les poumons arrivent à se remplir d'air: la cloche représente la cage thoracique, le ballon représente les poumons. Le sachet en plastique, qui ferme la cloche de façon étanche, correspond au diaphragme.

Lorsqu'on tire le sachet en plastique vers le bas, le volume sous la cloche augmente. Il en résulte une **sous-pression** dans la cloche qui attire l'air extérieur dans la cloche.

Lors de l'**inspiration**, les poumons se remplissent de façon analogue (fig. 1). Les côtes se soulèvent, le diaphragme se déplace vers le bas. Le volume de la cage thoracique s'en trouve augmenté. Il en résulte une sous-pression et l'air extérieur pénètre dans les poumons à travers la trachée-artère, jusqu'à ce que les pressions intérieure et extérieure soient égales.

Lors de l'expiration, les côtes s'abaissent et le diaphragme se relève (fig. 3). Le volume de la cage thoracique s'en trouve diminué et l'air est expulsé hors des poumons.

La respiration n'est donc possible que si une sous-pression peut être produite dans la cage thoracique, c.-à-d. si celle-ci est séparée *hermétiquement* de l'extérieur. Si la cage thoracique n'est plus étanche par suite d'une lésion, les poumons n'arrivent plus à se gonfler d'air, ce qui entraîne la mort à brève échéance.

Au début du 20e siècle, plusieurs méthodes ont été élaborées pour ouvrir la cage thoracique afin de pouvoir y pratiquer des opérations chirurgicales. Le problème fut résolu par le chirurgien allemand *Ferdinand Sauerbruch*.

C'est lui qui a construit la première *chambre à sous-pression* pour maintenir la faible pression nécessaire à la respiration. La méthode a d'abord été testée avec succès sur de nombreux animaux (fig. 5).

La première opération à thorax ouvert (ou **thoracotomie**) sur l'homme est tentée en juin 1904. Pour l'occasion on a construit une chambre à sous-pression en verre, de dimensions suffisantes pour pouvoir contenir trois médecins et le malade, dont la tête se trouve hors de la chambre. Une pompe à moteur maintient la pression dans la chambre de 13 hPa inférieure à la pression extérieure.

Sauerbruch surveille lui-même la pression au cours de la première opération. Il raconte: «... *Alors on amena la malade et mon assistant von Miculicz entra. Lentement les curieux s'approchaient de tous les côtés. Je voyais partout des visages dont les yeux investigateurs étaient tournés vers la chambre en verre. L'assistant fit l'incision de la peau. C'était mon tour, je devais réaliser et maintenir la sous-pression. Je me mis au travail en observant attentivement mes instruments: la pression dans la chambre diminuait, j'étais content, tout semblait aller à merveille…*

Soudain une frayeur glaciale me paralysa. Pendant une fraction de seconde, j'avais tourné le regard vers les spectateurs, j'avais aperçu leurs yeux qui se dilataient, puis impuissant, j'observais le manomètre qui montrait que la sous-pression s'échappait; je réalisais que l'air atmosphérique était en train de pénétrer dans la chambre où la malade gisait, le thorax ouvert, je pressentais le pire …

La malade était morte. La machine n'avait pas fonctionné.»

Un mois plus tard l'opération est répétée dans la même chambre avec succès. De nouveaux horizons s'ouvrent à la chirurgie …

De nos jours, on pratique la respiration artificielle sur les malades pendant une opération à thorax ouvert. A cet effet, de l'oxygène est insufflé rythmiquement dans les poumons où la pression est légèrement supérieure à la pression atmosphérique.

Petites questions

1 Dans l'expérience illustrée par la figure 2, le ballon ne se gonfle pas si le sachet en plastique est troué. Pourquoi?

2 Pourquoi une lésion de la cage thoracique peut-elle être mortelle, même si aucun organe important n'est atteint? Imagine des gestes de premier secours.

3 Pourquoi faut-il placer la tête du malade hors de la chambre à sous-pression?

4 Sauerbruch raconte qu'il observait, impuissant, la sous-pression qui *s'échappait*.
a) Est-ce que cette façon de s'exprimer est physiquement exacte? Justifie ta réponse.
b) Quelles pouvaient être les causes de l'augmentation de pression?

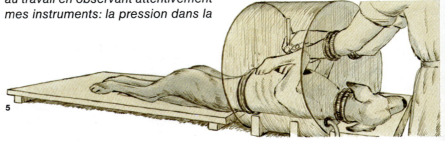

5

Phénomène naturel: La sensation de pression dans l'oreille

Tu connais certainement cette sensation désagréable de pression dans les oreilles qu'on a lors du décollage ou de l'atterrissage d'un avion, ou lors d'un déplacement en montagne.

La figure 6 représente une coupe à travers l'oreille: l'*oreille externe* est séparée de l'*oreille moyenne* par le *tympan*, membrane circulaire d'à peine 1 cm de diamètre.

L'oreille moyenne est reliée à la cavité buccale par un conduit de 4 cm de longueur et de 2 mm de diamètre, la *trompe d'Eustache*. Son rôle est d'adapter la pression dans l'oreille moyenne à la pression extérieure, de façon à ce que la pression soit la même des deux côtés du tympan.

Mais cette compensation de pression ne se fait pas instantanément. Aussi, lors d'une variation brusque de la pression extérieure, le tympan peut rester bombé vers l'intérieur ou vers l'extérieur pendant un certain temps; c'est ce que nous ressentons désagréablement. Pour y remédier, il suffit de bâiller, de se moucher ou d'avaler la salive, car l'orifice de la trompe d'Eustache s'ouvre à chaque mouvement de déglutition.

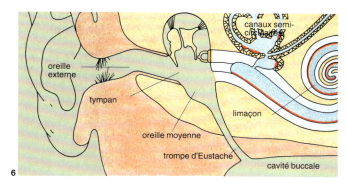

Il ne faut pas s'étonner de cette sensibilité de l'oreille, car son rôle est justement la détection des variations de pression. Chaque source sonore crée dans l'air ambiant une succession rapide de compressions et de détentes. Ces variations de pression se propagent et, si elles sont captées par l'oreille, nous avons la sensation d'un bruit ou d'un son. Le son audible le plus grave produit 20 surpressions et 20 sous-pressions par seconde dans l'oreille; le son audible le plus aigu en produit 20 000 par seconde.

4 La poussée d'Archimède dans les gaz

Plus léger que l'air?

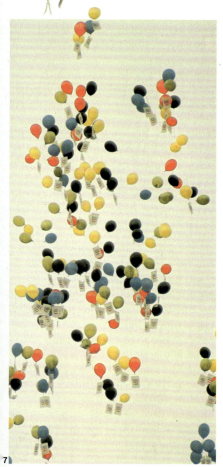

E15 Pèse un ballon vide à l'aide d'une balance sensible, puis gonfle le ballon.

a) Evalue le volume du ballon et calcule ensuite la masse de l'air qu'il contient (ρ_{air} = 1,29 g/l).

b) Est-ce que l'indication de la balance est conforme à ce calcul?

E16 Enferme une bombe aérosol sous vide dans un sac en plastique que tu fermes hermétiquement. Pèse l'ensemble.

Pousse sur la valve afin de remplir le sachet de gaz.

Est-ce possible que la masse de l'ensemble ait varié pendant l'opération? Fais une nouvelle pesée.

E17 La figure 8 montre un dispositif qui permet de gonfler des bulles de savon de différents gaz.

Remplis un bac d'un gaz lourd, par exemple, de propane. Fais tomber des bulles de savon dans le bac. Explique tes observations.

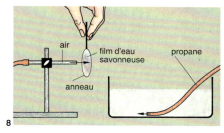

Remplis maintenant les bulles de savon d'hydrogène. Décris leur comportement.

E18 On a suspendu aux extrémités du fléau d'une balance une boule en verre et une masse métallique de façon a réaliser l'équilibre. Ce dispositif, indiqué à la figure 9, est appelé baroscope.

On place la balance sous une cloche à vide et on évacue l'air. Qu'est-ce qui se passe?

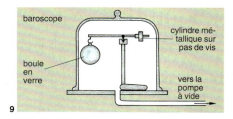

Exercices

1 Pourquoi les corps immergés dans un *liquide* subissent-ils une poussée?

Transfère cette explication à l'air qui entoure la Terre, donc aux gaz.

Est-ce que le raisonnement pour le calcul de la poussée dans les liquides reste valable pour les gaz.

2 Trouve une explication pour les observations des expériences 15-18.

Utilise à cet effet le terme «poussée d'Archimède».

3 Formule l'énoncé du principe d'Archimède pour les gaz.

4 Quand un ballon monte-t-il, quand descend-il, quand reste-t-il entre deux airs?

Utilise le principe d'Archimède pour trouver une règle.

5 La poussée dans un liquide ne dépend pas de la profondeur d'immersion. Est-ce que ce résultat reste valable pour l'air? Justifie ta réponse.

6 Un ballon de volume invariable est en train de monter. Est-ce que son ascension continue indéfiniment?

Compare le comportement du ballon à celui d'un morceau de bois lâché par un plongeur au fond de l'eau.

Un peu d'histoire: **Plus légers que l'air – ballons et aérostats**

En juin 1783, les expériences des frères *Joseph et Jacques Montgolfier* font sensation: ils remplissent un ballon de «fumée puante», obtenue par la combustion de paille mouillée et de laine de mouton. A la surprise des spectateurs, le ballon s'élève dans les airs, sans que personne ne puisse expliquer le phénomène.

Les deux frères n'ont jamais bien compris ce qui faisait monter leur ballon. Ils pensent avoir fabriqué un mystérieux gaz, qu'ils appellent «air inflammable», qui remplirait aussi les nuages. Une commission d'experts charge le physicien parisien *Jacques Charles* d'analyser de plus près l'ascension des ballons.

Charles non plus ne comprend pas que l'ascension des *montgolfières* est due uniquement à l'air chaud qui les remplit, mais il attribue leur comportement à l'hydrogène, gaz qu'on vient de découvrir. Voilà pourquoi il construit le premier **ballon à hydrogène** (fig. 1) qu'il lâche près de Paris le 27 août 1783.

Ce ballon a connu un triste sort: après s'être élevé à une hauteur de 5 km, il explose; l'enveloppe retombe à proximité d'un village, à 15 km du point de décollage. La suite des événements est racontée dans ce récit d'époque (fig. 2):

«*Les villageois accoururent en foule, munis de pierres, de fourches à fumier et de fléaux, car deux moines avaient affirmé que l'enveloppe du ballon était la peau d'un monstre.*

Le curé du village dut se rendre sur les lieux pour rassurer ses paroissiens effrayés.»

Le 15 novembre 1783, *Pilâtre de Rozier*, un jeune physicien né à Metz, est le premier homme à s'élever en montgolfière, donc en **ballon à air chaud**; mais bientôt les ballons à hydrogène s'imposent.

En 1862, l'exploit des Anglais *Henry Coxwell* et *James Glaisher* frôle la catastrophe:

Sans emporter d'oxygène, ils montent au-delà de 10 000 m dans un ballon gonflé au gaz d'éclairage. Ils ont failli payer cette audace de leur vie. Tandis que l'un des deux s'est déjà évanoui dans l'air raréfié, l'autre réussit en dernière minute à actionner la commande d'une soupape, de façon à évacuer une partie du gaz. Le ballon se met à descendre, ce qui leur sauve la vie.

Une autre ascension spectaculaire a lieu en 1960:

Un capitaine de la force aérienne américaine atteint en ballon l'altitude de 31 360 m. Il descend en parachute, protégé par un vêtement anti-accélération. 14 minutes plus tard, il atterrit sain et sauf.

De nos jours les ballons à air chaud ont repris de l'importance, surtout dans le domaine publicitaire et sportif; des compétitions sportives réunissant des dizaines de montgolfières de formes très variées ne sont pas rares.

24 mars 1900. On attend avec impatience l'ascension du dirigeable géant construit par le comte Zeppelin. Pour l'instant, il reste enfermé dans un hangar bien gardé au beau milieu du lac de Constance.

Ce grand hangar en bois, qui repose sur 95 pontons, fait fonction de hall de montage pour l'énorme ballon cylindrique, dont la longueur atteindra 125 m.

La charpente de ce ballon géant est constituée de barres en aluminium, reliées entre elles par du fil en aluminium. Cette charpente présente plusieurs compartiments, dont chacun contiendra un ballon rempli d'hydrogène. Le dirigeable sera porté par pas moins de 17 ballons de volume total 10 000 m³, tandis que son mouvement sera assuré par quatre grandes hélices en aluminium. Chacune des deux nacelles en aluminium portera un moteur à essence qui assure la rotation des hélices.

Friedrichshafen, le 2 juillet 1900. La première grande sortie du dirigeable a eu lieu aujourd'hui sans problèmes. Le ballon a quitté le sol à 8 heures 3 minutes et a atterri en douceur 17 minutes plus tard. Des manoeuvres ont été effectuées à la hauteur de 200 mètres. Le ballon a d'abord fait un peu route contre le vent qui était faible, puis il a fait demi-tour et est revenu sur ses pas à la vitesse de 13 mètres par seconde. La rupture d'un câble de commande du gouvernail était la cause de la descente prématurée. La stabilité du véhicule était excellente. L'expérience sera répétée le plus tôt possible. Les experts présents étaient satisfaits. La démonstration est faite qu'un dirigeable a une stabilité suffisante. Le ballon s'est posé sur l'eau; il a flotté comme un canard sur ses deux nacelles latérales.

3

Les ballons ont un grand désavantage: c'est le vent qui décide dans quelle direction ils vont. On a tenté souvent de rendre les ballons dirigeables à l'aide d'un moteur.

Ces essais ont abouti à la construction des **dirigeables**.

Les premiers grands dirigeables ont été construits par le comte Zeppelin (1838-1917) (→ Extrait de journal et fig. 3).

On utilisait commercialement les dirigeables pour effectuer des vols transatlantiques avec passagers (fig. 4).

4

En mai 1926, le dirigeable militaire norvégien «Norge» est le premier à effectuer une expédition polaire. A son bord, le Norvégien *Roald Amundsen*, l'Italien *Umberto Nobile* et l'Américain *Lincoln Ellsworth* ont réussi à atterrir en Alaska après avoir survolé le pôle Nord en partant de Spitzbergen.

En 1929, le dirigeable «Graf Zeppelin» (LZ 127) a même effectué un tour du monde (→ caractéristiques techniques).

Le trajet, long de 34 000 km, a été franchi en moins de 300 heures de vol. Le LZ 127 a fait quand même quelques escales techniques de plusieurs jours à Tokio, Los Angeles et New Yor .

Une effroyable catastrophe a mis fin à l'ère des dirigeables (fig. 5):

Le 6 mai 1937, le dirigeable à hydrogène «Hindenburg» (LZ 129) brûle complètement au bout de quelques secondes lors de son atterrissage à Lakehurst près de New York; 35 personnes trouvent la mort.

Suite à ce tragique événement, la plupart des dirigeables ont été mis hors service. Les dirigeables construits ultérieurement n'étaient plus remplis d'hydrogène, mais d'hélium, gaz ininflammable.

5

Caractéristiques techniques du LZ 127

longueur	237 m
puissance des 5 moteurs	1949 kW
volume de gaz (17 réservoirs)	105 000 m³
vitesse de croisière	110 km/h
autonomie de vol	10 000 km
masse (sans combustible et gaz)	62 000 kg
hommes d'équipage	38
passagers	20

Petites questions

1 Qu'est-ce qui fait monter les ballons remplis d'air chaud?

2 Comment peut-on augmenter ou diminuer l'altitude de vol d'un ballon rempli de gaz?

3 Le ballon du professeur Charles avait été bien rempli de gaz avant son décollage. Pourquoi le ballon a-t-il éclaté à grande altitude?

4 Les moteurs du dirigeable «Zeppelin» pouvaient consommer de l'essence ou du carburant gazeux. Les réservoirs de carburant gazeux réduisaient le volume disponible pour le gaz de remplissage.
a) Le gaz de remplissage était un mélange constitué principalement d'hydrogène ($\rho = 0{,}16$ kg/m³). Calcule la charge utile d'un dirigeable contenant 75 000 m³ de gaz de remplissage.
b) Suppose maintenant que le ballon est rempli de 75 000 m³ d'hélium. Que deviennent la poussée et la charge utile?

5 Les pompes

Différentes pompes pour différents usages.

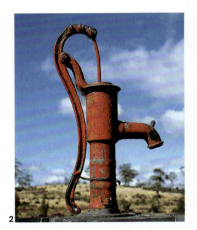

E19 Perce un trou dans le couvercle d'un verre à confiture, fais-y passer une paille, puis rends le trou étanche à l'air. Remplis le verre d'eau, puis visse le couvercle.

Essaie d'aspirer de l'eau par la paille.

Perce un deuxième trou dans le couvercle…

E20 Reprends le verre à confiture de l'expérience précédente. Fixe une autre paille dans le deuxième trou (fig. 4). Souffle dans la deuxième paille. Essaie de trouver une explication pour le phénomène que tu observes.

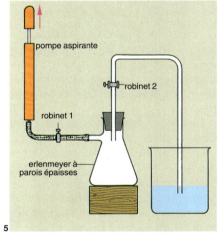

E21 La figure 5 illustre le principe de fonctionnement d'une citerne routière à pompe aspirante.

Le robinet 2 étant fermé et le robinet 1 étant ouvert, que se passe-t-il lorsqu'on actionne la pompe?

On ferme le robinet 1 et on ouvre le robinet 2.

Explique le phénomène d'aspiration: quel est le rôle de la pompe? Qui fait arriver l'eau dans le ballon?

Info: Ainsi fonctionne une pompe

Une pompe utilisée pour faire monter un liquide fonctionne selon l'une des deux façons suivantes:

Imagine un tube en U rempli d'eau et fermé des deux côtés par des pistons (fig. 6). L'air atmosphérique exerce une force pressante sur les deux pistons. Les pistons transmettent cette force au liquide.

Si on soulève le piston 1, il n'y a plus que le piston 2 qui exerce une force sur l'eau. Cette force due à la pression atmosphérique fait monter l'eau dans la partie gauche du tube.

On pourrait aussi augmenter la force qui s'exerce sur le piston 2 et qui est dirigée vers le bas pour faire monter l'eau dans la partie gauche du tube.

Ainsi pour pomper, il faut donc réaliser ou bien une sous-pression d'un côté (en soulevant le piston) ou bien une surpression de l'autre côté (en abaissant le piston). Les pompes qui réalisent une

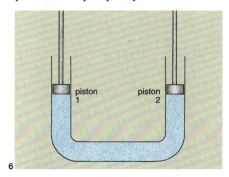

sous-pression sont appelées *pompes aspirantes*, les autres sont appelées *pompes foulantes*.

On pourrait penser que les deux sortes de pompes ont le même rendement. Tel n'est pas le cas. En effet, dans une pompe aspirante, c'est l'*air* qui exerce la force qui fait monter l'eau. Or, quand la pression atmosphérique est de 1 bar, l'air ne peut faire monter l'eau plus haut que 10 m. (En pratique, le plafond atteint est même inférieur à 9 m.)

Dans le cas d'une pompe foulante, la hauteur à laquelle on peut pomper l'eau augmente avec la surpression réalisée par le piston. Cette surpression n'est limitée que par la résistance des parois du récipient.

Exercices

1 La figure 7 montre le schéma d'une pompe utilisée fréquemment dans les jardins.

Explique son fonctionnement.

Cette pompe ne peut faire monter l'eau qu'à 9,50 m environ. Pourquoi?

2 La figure 8 représente une pompe aspirante-foulante. Comment fonctionne-t-elle?

Elle ressemble à la pompe de jardin. Qu'est-ce qui l'en distingue?

3 Le piston d'une pompe de bicyclette est constitué par une membrane déformable en cuir ou en matière plastique (fig. 9). Quel est son rôle?

Quelle peut être la cause d'un mauvais fonctionnement de cette pompe?

4 La pompe rotative à palettes (fig. 10) est utilisée pour la production du vide. Elle permet d'évacuer l'air d'un récipient à tel point que la pression résiduelle n'est plus que de 0,001 bar. Un cylindre tourne à l'intérieur d'un tambour en s'appuyant sur sa paroi interne. Deux palettes logées dans le cylindre sont poussées contre la paroi du tambour par un ressort et produisent ainsi trois compartiments.

a) Si le cylindre (fig. 10) continue à tourner, la pression dans le ballon diminue. Explique pourquoi.

b) Décris ce qui se passera ultérieurement avec l'air enfermé dans le compartiment 1.

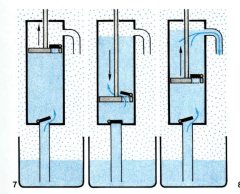
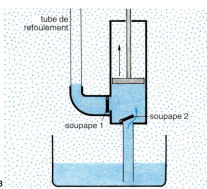
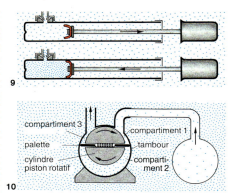

Mécanique des gaz

As-tu compris?

1 Lorsque tu perces un seul trou dans le couvercle d'une boîte de lait concentré, le lait ne s'écoule presque pas. Que faut-il faire? Trouve deux solutions.

2 Beaucoup d'aliments sont emballés «sous vide».

La pression atmosphérique joue un rôle important lors de l'emballage. Imagine et décris l'opération.

3 Certaines maisons, situées hors des agglomérations, disposent de leur propre puits et de leur propre alimentation en eau.

Une pompe amène l'eau du puits dans un réservoir sous pression, d'où partent les conduites d'eau. Ce réservoir contient en permanence une certaine quantité d'air, mais il est étanche à l'air extérieur. L'eau peut couler des robinets même lorsque la pompe ne travaille pas. Explique!

4 La paume de la main a une surface d'environ 150 cm^2. Calcule la force exercée par l'air sur la face intérieure de la main. Pourquoi ne la ressens-tu pas ?

5 Les pompes à piston sont toujours munies de soupapes. Explique leur rôle.

6 Pourquoi le boîtier extérieur d'un baromètre métallique doit-il être ouvert à l'air?

7 Au sommet du mont Cervin (4478 m d'altitude), la colonne de mercure d'un baromètre de Torricelli ne mesure plus que 433 mm. Calcule la pression en hPa.

8 Pourquoi un baromètre peut-il servir d'altimètre?

9 L'atmosphère est assimilable à un océan d'air. Pourquoi ne peut-on pas calculer la pression atmosphérique par la même formule que la pression hydrostatique?

Suggestion: Pense à la compressibilité des gaz et à l'incompressibilité des liquides.

10 Lors d'une lésion de la cage thoracique, on pose un masque étanche sur le visage du blessé, puis on l'alimente en oxygène sous une pression légèrement supérieure à la pression atmosphérique.

Comment ce procédé permet-il d'entretenir la respiration?

11 Le poids d'un sachet en plastique plié est de 0,10 N. On gonfle le sachet d'air, on le ferme, puis on le pèse. A quelle indication t'attends-tu? Justifie ta réponse.

12 La masse volumique du corps humain est voisine de celle de l'eau. Ainsi le volume d'un homme de 70 kg est environ 70 l.

Calcule la poussée d'Archimède subie par cet homme dans l'air. A-t-elle une influence sur la pesée?

Mécanique des gaz

Résumé

La pression dans un gaz enfermé

Les gaz enfermés dans un récipient se trouvent sous **pression**.

La raison en est le mouvement désordonné et perpétuel des corpuscules à travers tout l'espace qui leur est offert. Les parois du récipient subissent ainsi d'innombrables chocs à chaque seconde. Il en résulte des forces pressantes sur les parois.

Lorsqu'on comprime le gaz, sa pression augmente, car les corpuscules qui disposent d'un espace réduit, entrent plus souvent en collision avec les parois. Il en résulte des forces plus grandes sur les parois.

On arrive à réduire le volume occupé par un gaz: un gaz est *compressible*.

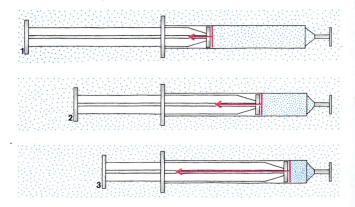

La loi de Boyle-Mariotte

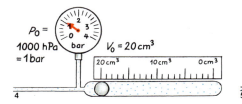 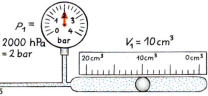 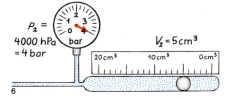

Lorsqu'on comprime un gaz à température constante, sa pression augmente: lorsque le volume du gaz n'est plus que la moitié (un quart) du volume initial, alors la pression est devenue double (quadruple) de la pression initiale.

▶ A température constante, le produit de la pression d'un gaz enfermé par son volume est constant:
$$p_0 \cdot V_0 = p_1 \cdot V_1 = p_2 \cdot V_2 = \text{const.}$$
La pression est inversement proportionnelle au volume. ◀

La pression atmosphérique

La Terre est entourée d'une couche d'air, appelée atmosphère. La masse volumique de l'air diminue avec l'altitude.

▶ L'air des couches inférieures se trouve comprimé par l'air qui repose dessus. Telle est l'origine de la **pression atmosphérique**. ◀

On observe des effets de la pression atmosphérique chaque fois que la pression à l'intérieur d'un corps est différente de la pression atmosphérique extérieure.

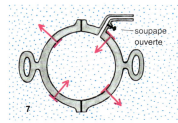 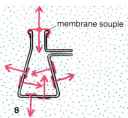  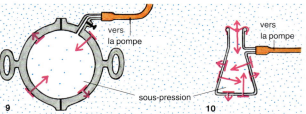

On peut facilement séparer les hémisphères, et la membrane est bien tendue, car la pression de l'air est la même à l'intérieur et à l'extérieur. L'air exerce donc des forces égales de l'intérieur et de l'extérieur.

On n'arrive presque plus à séparer les hémisphères, et la membrane est bombée, car la pression à l'intérieur est plus faible qu'à l'extérieur. Les forces sur la surface extérieure sont plus grandes que sur la surface intérieure.

Mécanique des gaz

Mesure de la pression atmosphérique

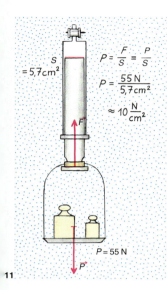

Le piston de la figure 11 subit de la part de l'air une force pressante orientée vers le haut qui tend à l'enfoncer dans le cylindre.

Lorsqu'on ajoute de plus en plus de masses marquées sur le plateau, le piston finit par se déplacer vers le bas. Juste avant, la force exercée par l'air sur le piston est exactement égale au poids de l'ensemble piston-plateau-masses marquées.

La pression de l'air est ainsi égale au quotient du poids P de l'ensemble par la surface S du piston.

On trouve approximativement

$$p = 10 \ \frac{N}{cm^2} = 10^5 \ \frac{N}{m^2} = 10^5 \ Pa = 1000 \ hPa = 1 \ bar.$$

▶ *La pression atmosphérique moyenne au niveau de la mer vaut 1013 hPa = 1013 mbar.* ◀

Cette pression est quasiment égale à la pression hydrostatique au fond d'une colonne d'eau de 10 m de hauteur.

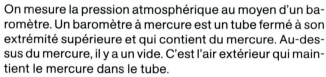

l'air exerce une force pressante sur le mercure

On mesure la pression atmosphérique au moyen d'un baromètre. Un baromètre à mercure est un tube fermé à son extrémité supérieure et qui contient du mercure. Au-dessus du mercure, il y a un vide. C'est l'air extérieur qui maintient le mercure dans le tube.

La pression hydrostatique à la base du tube de mercure est égale à la pression atmosphérique.

La hauteur de la colonne de mercure qui correspond à une pression atmosphérique de 1013 hPa est de 760 mm.

Les pompes

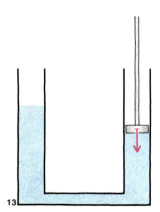 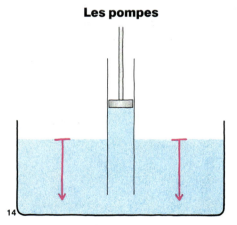 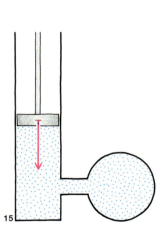

Principe de fonctionnement d'une pompe foulante pour liquides:

Le liquide monte dans le tube gauche parce qu'on enfonce le piston dans le tube droit.

Principe de fonctionnement d'une pompe aspirante pour liquides:

Le liquide monte dans le tube lorsqu'on soulève le piston. La force qui fait monter le liquide est exercée par l'air qui repose sur sa surface libre.

Les pompes aspirantes peuvent faire monter l'eau jusqu'à 10 m de hauteur.

Principe de fonctionnement d'une pompe à gaz:

Lorsqu'on diminue le volume d'un gaz enfermé, sa pression augmente (→ loi de Boyle-Mariotte).

La pompe à bicyclette en est un exemple.

La lumière et la vision

1 Importance des sources lumineuses

La nature peut paraître injuste: ainsi elle a rendu aveugle le protée, alors qu'elle a doté le hibou d'une vue exceptionnelle.

Mais peut-on vraiment parler d'injustice?

Le **protée** est un cavernicole qui peuple diverses eau de la région baltique. Ce poisson qui vit au fond de grottes sous-marines naît avec des yeux qui disparaissent au cours de sa vie.

1

Le **hibou**, comme tous les rapaces nocturnes, voit très bien pendant la nuit. En effet, ses grands yeux ont des pupilles qui peuvent se dilater considérablement dans l'obscurité.

2

Exercices

1 Pourquoi ne peux-tu rien voir lorsque tu entres dans une chambre assombrie?

Au bout de quelques minutes, tes yeux se sont «habitués» à l'obscurité. Explique!

2 Certaines sources lumineuses sont très chaudes et émettent de la lumière par incandescence. D'autres produisent de la lumière à basse température par luminescence.

Parmi les sources lumineuses représentées sur les figures 3-14, lesquelles émettent par incandescence, lesquelles par luminescence?

3 Pourquoi les animaux qui chassent pendant la nuit ont-ils de grands yeux et de larges pupilles?

4 Les yeux d'une taupe en revanche ne sont pas plus grands qu'une tête d'épingle. La taupe a-t-elle été défavorisée par la nature?

5 «Au clair de la Lune, mon ami Pierrot ...» Tu connais certainement cette chanson enfantine. Mais la Lune constitue-t-elle une source lumineuse? Explique!

3

4

5

6

7

8

9

10

11

12

13

14

Phénomènes naturels : **Des animaux et des plantes comme sources de lumière**

Dans nos régions, nous n'observons que rarement des animaux possédant des organes lumineux. Dans les profondeurs océaniques toutefois, on en rencontre plus souvent …

Les photos 15-20 montrent des animaux et des plantes du monde entier capables d'émettre de la lumière.

Le **lampyre** ou **ver luisant femelle** (photo 15) vit dans nos régions. Il dispose de cellules capables de produire une substance qu'il peut rendre lumineuse. Cette lumière permet au lampyre d'attirer le ver luisant mâle.

La **seiche** (photo 16) possède d'innombrables organes luminescents qui émettent de la lumière de différentes couleurs.

Les **champignons** qu'on voit sur la photo 17 poussent dans les forêts tropicales. Leur luminescence est produite par des bactéries vivant à leur surface. La raison pour laquelle ces champignons luisent n'est pas encore connue à ce jour.

Les **nénuphars** de la photo 18 sont des animaux qui s'accrochent à des rochers sous-marins. Lorsqu'ils sont frôlés par des poissons, ils émettent de la lumière. Leur luminescence est également produite par des bactéries.

Le plafond de la caverne de Waitomo en Nouvelle-Zélande est complètement recouvert par un nombre impressionnant de **larves luminescentes** (photo 19). Des petits insectes, qui sont attirés par la lumière, sont capturés dans une espèce de toile d'araignée que les larves ont tissée autour d'elles.

Le **poisson pêcheur** de la photo 20 qui ne peut pas voir sa proie dans les profondeurs océaniques se manifeste par un organe lumineux. La «lanterne» qu'il porte sur sa tête attire jusqu'à proximité de sa bouche des petits poissons à la recherche de nourriture. Il ne lui reste plus qu'à les avaler.

Un peu d'histoire: **Les lampes d'hier et d'aujourd'hui**

Il y a des dizaines de milliers d'années, l'homme a appris à maîtriser le feu. A côté du Soleil, il disposait ainsi d'autres sources lumineuses comme le feu de camp et des bâtons de bois enflammés.

Le diagramme 1 illustre le développement des sources lumineuses au cours des siècles.

D'abord on produisait de la lumière par des flammes à découvert: le *copeau résineux*, un petit bout de bois riche en résine, brûlait avec une flamme claire. La *torche* est un bâton dont une extrémité porte du matériau inflammable enduit de résine ou de cire. L'invention des *lampes à huile* et des *bougies* constitua un progrès énorme, car elles éclairent sans produire d'étincelles ni de braises.

Au début du dix-neuvième siècle, de nouvelles sources lumineuses ont vu le jour. Ces lampes, faciles à manipuler et moins dangereuses, produisent une lumière plus intense et plus uniforme.

Dans la *lampe à pétrole*, une mèche imbibée de pétrole fournit une flamme brillante, protégée par un tube en verre, sans produire de suie.

De nos jours encore, les *lampes à gaz* ont leurs adeptes parmi les campeurs.

Aujourd'hui, l'*ampoule électrique* et le *tube luminescent* ont remplacé pratiquement toutes les autres sources lumineuses.

Au cours de la première moitié du dix-neuvième siècle, l'**éclairage de la voie publique** a pris son essor dans les grandes villes. On disposait alors de moyens techniques permettant de produire le gaz d'éclairage en grande quantité et de construire des réseaux de distribution.

Comme beaucoup d'innovations techniques, l'éclairage des rues a d'abord été rejeté. Les raisons du refus de cet éclairage furent publiées dans le Journal de Cologne le 28 mars 1819:

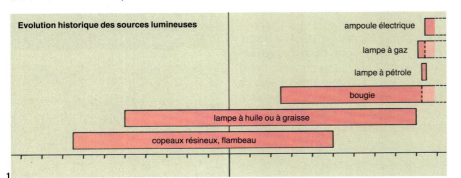

1 Evolution historique des sources lumineuses

Raisons pour lesquelles l'éclairage au gaz de la voie publique est à rejeter …

1. Raisons théologiques

L'éclairage au gaz représente une atteinte à l'ordre divin. D'après celui-ci, les ténèbres de la nuit ne doivent être interrompues que par le clair de Lune. L'homme n'a pas le droit de s'y opposer et de changer le dessein du monde en voulant transformer la nuit en jour.

2. Raisons juridiques

Les frais de l'éclairage au gaz seront couverts par un impôt indirect. Peut-on forcer quelqu'un à payer pour une installation qui lui est indifférente, qui ne lui est d'aucune utilité, et qui pourrait même le gêner dans certaines besognes?

3. Raisons médicales

Les émanations de gaz ont une influence défavorable sur la santé des personnes chétives et sensibles. De plus, l'éclairage au gaz est à l'origine de maladies, car il facilite la présence des gens dans les rues, ce qui les expose à des rhumes, toux et autres refroidissements.

4. Raisons morales et philosophiques

L'éclairage public favorise les mauvaises moeurs. La lumière artificielle efface dans les âmes l'effroi des ténèbres qui empêche les faibles de commettre maints péchés. L'éclairage accouple les amoureux et donne de l'assurance au buveur qui s'enivre dans les cabarets jusque tard dans la nuit.

5. Raisons d'ordre public

L'éclairage au gaz effarouche les chevaux et encourage les voleurs.

6. Raisons populaires

Les fêtes populaires ont pour but d'éveiller les sentiments patriotiques. Des illuminations s'y prêtent parfaitement. Cette impression s'estompe si le citoyen est soumis chaque nuit à l'éclairage des rues. Pour cette raison, le paysan est impressionné davantage par l'éclat des lumières que le citadin qui en est saturé.

2 La propagation de la lumière

Quelles informations sur la propagation de la lumière les figures 4 et 5 te donnent-elles?

E1 Pour observer le chemin emprunté par la lumière, recouvre une passoire d'une feuille d'aluminium. Place le tout au-dessus d'une petite ampoule électrique (p. ex. 6 V; 5 A) et perce des trous dans la feuille à l'aide d'une aiguille.

Si la pièce est bien obscurcie, tu peux observer la propagation de la lumière après avoir soufflé de la poussière de craie sur le chemin de la lumière.

E2 La lumière émise par une petite lampe passe par une ouverture circulaire (diaphragme) pour tomber sur un écran sur lequel se forme une tache lumineuse circulaire (fig. 6).

Etudions comment la taille de la tache lumineuse varie en fonction de la distance entre l'ouverture et l'écran.

a) Pour ce faire, plaçons l'écran successivement à 50 cm, à 1 m, ensuite à 1,50 m de la source et mesurons chaque fois le diamètre de la tache lumineuse. (La distance lampe-diaphragme reste inchangée au cours de l'expérience.)

b) Fais un schéma à l'échelle 1:10 qui résume les résultats de l'expérience.

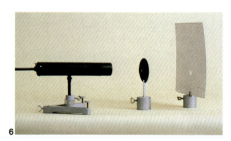

Info: Faisceaux et rayons lumineux

Pour décrire la propagation de la lumière, nous utilisons les notions de *faisceau lumineux*, de *pinceau lumineux* et de *rayon lumineux*.

La lumière sortant du diaphragme éclairé par une petite lampe se propage dans un volume de forme conique. Ce cône de lumière est appelé **faisceau lumineux**.

Dans nos expériences, nous utilisons souvent des ampoules dont les filaments sont si petits qu'ils sont assimilables à des sources lumineuses ponctuelles. Pour cette raison, l'origine du faisceau lumineux coïncide pratiquement avec le centre de l'ampoule électrique.

Si on limite un faisceau lumineux par des diaphragmes successifs de plus en plus petits, son diamètre diminue progressivement (fig. 7). Un tel faisceau très étroit est appelé **pinceau lumineux**. La figure 5 montre des faisceaux laser. Ce sont de bons exemples de pinceaux lumineux.

Imagine qu'il soit possible de réduire l'ouverture du diaphragme à la taille d'un point (ce qui est évidemment irréalisable en pratique!). Le pinceau lumineux émergeant de l'ouverture serait alors assimilable à une demi-droite: c'est ce qu'on appelle **rayon lumineux**. Le rayon lumineux n'existe donc que dans notre imagination. C'est un *modèle* qui nous permet de faire une meilleure description de la réalité, qui sert à expliquer nos observations et à tracer des faisceaux lumineux.

Les rayons qui forment le bord d'un faisceau lumineux sont appelés **rayons limites**. Le rayon central constitue l'**axe du faisceau** (fig. 8).

On représente un rayon lumineux par une droite, souvent munie d'une flèche, pour indiquer le sens de propagation.

Suivant leur forme, on distingue trois types de faisceaux lumineux représentés sur les figures 9 - 11.

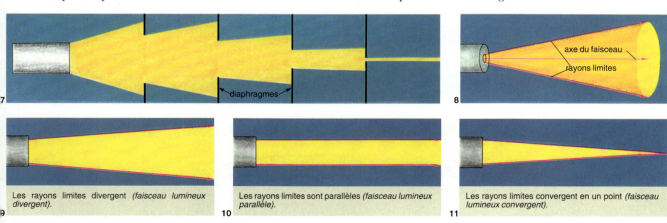

9 Les rayons limites divergent (*faisceau lumineux divergent*).

10 Les rayons limites sont parallèles (*faisceau lumineux parallèle*).

11 Les rayons limites convergent en un point (*faisceau lumineux convergent*).

Exercices

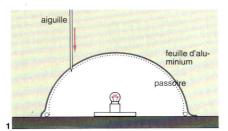
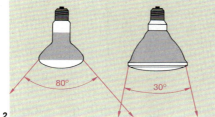
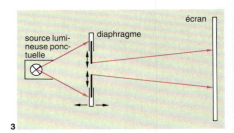

1 La figure 1 montre une passoire entourée d'une feuille d'aluminium qui recouvre une petite ampoule électrique. A l'aide d'une aiguille, on perce un trou dans la feuille d'aluminium.

Quelle est la direction du faisceau lumineux qui sort de ce trou?

Indique sur un schéma le faisceau lumineux.

2 Dans le langage quotidien on utilise l'expression *rayons* de Soleil.

Est-ce correct du point de vue physique?

3 Les angles d'ouverture des faisceaux lumineux produits par les deux spots (lampes à réflecteur) de la figure 2 sont différents.

Quels sont les avantages et les inconvénients des deux types de faisceaux?

4 Pique trois épingles dans un carton. Explique pourquoi tu peux vérifier par une visée si elles sont alignées.

5 Une source lumineuse ponctuelle éclaire un écran à travers un diaphragme circulaire.

a) Dessine le faisceau lumineux lorsque l'ouverture du diaphragme est grande (petite).

b) Que devient le faisceau lumineux lorsque la distance de la source lumineuse au diaphragme augmente (diminue)?

c) Même question lorsqu'on déplace l'écran.

6 Quelle est la particularité d'un faisceau lumineux émergeant d'un diaphragme très éloigné de la source lumineuse (p. ex. le Soleil)?

Technique: Laser et construction de tunnels

Comme la construction traditionnelle des tunnels de métro perturbe considérablement la circulation, on préfère aujourd'hui le travail au bouclier. Dans ce procédé, une machine foreuse (taupe) perce à partir d'un puits d'entrée un tunnel cylindrique d'axe horizontal. On stabilise ce tunnel tout d'abord à l'aide d'un tube d'acier géant fixé à la taupe (bouclier) avant de le revêtir de plaques en fonte ou en béton armé appelées voussoirs. L'évacuation des déblais produits par la machine foreuse se fait par tapis convoyeurs (fig. 4).

Un guidage par laser de la taupe assure le cours rectiligne du tunnel. Un laser (**l**ight **a**mplification by **s**timulated **e**mission of **r**adiation) est une source lumineuse particulière qui émet un pinceau lumineux très intense qui ne diverge pratiquement pas. Le pinceau issu d'un laser placé à l'entrée du tunnel est reçu par un détecteur fixé à l'arrière de la machine de percement. Dès que la taupe change un peu de direction, le pinceau laser n'est plus détecté. Il en résulte une correction de direction automatique et continuelle.

On a utilisé ce guidage lors de la construction du métro de Munich (diamètre du tunnel: 6,8 m) et lors du forage du tunnel sous la Manche (diamètre: 7,6 m, longueur: 50 km). La déviation du cours du tunnel par rapport au tracé prévu a été inférieure à 1 cm pour 1 km de longueur de tunnel.

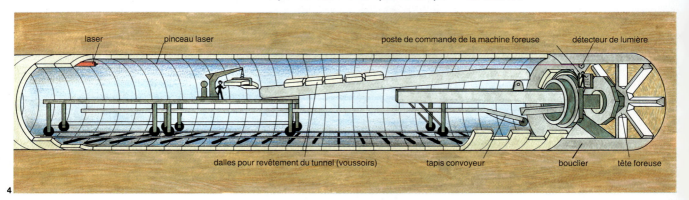

Un peu d'histoire: La mesure de la célérité de la lumière

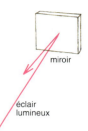

Des observations très courantes (l'écho, la foudre) font percevoir que le son émis par une source met un certain temps pour nous parvenir. Aucune expérience simple ne met, par contre, en évidence le temps mis par la lumière pour parcourir un trajet terrestre. Ainsi on a cru longtemps que la propagation de la lumière était instantanée.

Au début du 17e siècle, le médecin néerlandais *Isaac Beeckman* (1588 - 1637) écarte l'idée d'une vitesse de propagation (célérité) infinie de la lumière sans pour autant avoir des preuves expérimentales.

Galilée (1564 - 1642) est le premier qui essaie de mesurer la célérité de la lumière. L'expérience qu'il tente est très primitive: lui et son assistant gravissent pendant la nuit deux collines qui se font face. Galilée découvre sa lanterne. Dès qu'il aperçoit le signal lumineux, l'assistant fait de même (fig. 5). Galilée espère pouvoir ainsi déterminer le temps nécessaire à la lumière pour effectuer un aller-retour. Après plusieurs essais, il réalise quand même que leurs gestes sont beaucoup trop lents et leurs temps de réaction trop élevés pour aboutir à un résultat.

En 1676, l'astronome danois *Olaf Römer* (1644 - 1710) parvient pour la première fois, à la suite d'observations astronomiques, à mesurer la célérité de la lumière. Il trouve la valeur de 227 000 km/s.

Peu après, plusieurs méthodes sont mises au point dans le même but. L'une des plus connues est celle du physicien français *Fizeau* (1819 - 1896).

Un pinceau lumineux passe entre deux dents consécutives d'une roue dentée. Il est réfléchi par un miroir plan placé à 8,5 km de la source. Retournant par le même chemin, il traverse de nouveau la roue dentée et entre ensuite dans une lentille derrière laquelle il est perçu par l'oeil de l'observateur. Si l'on fait tourner la roue lentement autour de son axe, la lumière tombe alternativement dans une encoche et sur une dent; dans ce dernier cas, le pinceau est arrêté. L'observateur verra donc alternativement la lumière apparaître et s'éteindre.

En faisant tourner la roue plus vite, il aura l'impression de voir une lumière ininterrompue, ceci étant dû au phénomène de la persistance des impressions lumineuses. Si l'on augmente encore la vitesse de rotation, il arrivera un moment où l'observateur ne percevra plus de lumière. La lumière issue de la source traverse l'interstice entre deux dents, parcourt le chemin aller et retour et est arrêtée au retour par la dent qui entre-temps est venue prendre la place de l'encoche. Pour une vitesse de rotation déterminée, la lumière parcourt donc le chemin aller et retour jusqu'à la roue dentée, où elle est arrêtée par les dents qui se succèdent à intervalles réguliers. L'observateur ne perçoit alors aucune impression lumineuse.

Fizeau a réussi à calculer la célérité de la lumière à partir de la vitesse de rotation de la roue, du nombre des dents et de la distance entre la roue et le miroir. Il a trouvé 313 290 km/s.

Grâce au développement de l'électronique, des méthodes de mesure plus précises ont donné la valeur de 299 792,5 km/s.

La célérité de la lumière est une des principales constantes de la nature. Dans les calculs, on utilise la **valeur approchée de la vitesse de la lumière dans l'air: c = 300 000 km/s.**

Petites questions

1 Dans son expérience, Galilée a dû tenir compte des temps de réaction et des durées des gestes. Explique!

2 Galilée ne disposait pas encore des moyens techniques qui lui auraient permis de mesurer des durées extrêmement courtes. Détermine la distance entre Galilée et son assistant pour laquelle la lumière mettrait exactement une seconde.

3 Combien de temps la lumière met-elle pour parcourir les 150 millions de kilomètres qui séparent la Terre du Soleil?

4 L'*année - lumière* est une *unité de longueur* utilisée en astronomie. C'est la distance parcourue par la lumière en un an. Exprime l'année - lumière en km!

5 Lors de la première expérience de Fizeau, la vitesse de rotation pour laquelle le faisceau lumineux était interrompu par une dent était de 12,6 tours par seconde. Détermine la célérité de la lumière si le nombre de dents était de 720.

Suggestion: Calcule d'abord le temps que met la roue pour faire un tour. Détermine ensuite le temps qui s'écoule entre le passage d'une dent et d'une encoche.

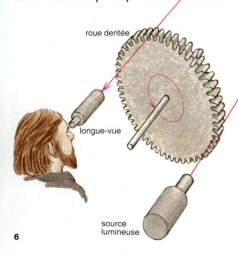

3 La diffusion de la lumière

Marc a imaginé une méthode originale pour montrer ses diapositives. Sans écran de projection, il réussit à faire surgir les images au milieu de la pièce en agitant rapidement un bâton blanc dans le faisceau lumineux émanant du projecteur.

Sans bâton, on ne voit ni l'image ni le faisceau lumineux! Quelle est l'astuce?

E3 Le pinceau lumineux, émis par une lampe que nous regardons *de biais*, entre dans une boîte (fig. 2). On obscurcit la salle de classe.

a) Peux-tu reconnaître si la lampe est allumée ou non?

b) Où dois-tu te placer si tu veux en être *sûr*?

E4 Tiens différents objets, par exemple un livre, un crayon ou une feuille de papier, dans le faisceau émis par la lampe. Qu'observes-tu?

Faisons apparaître le faisceau de lumière en y soufflant de la fumée ou bien en agitant un chiffon plein de poussière de craie ou de farine. De quels endroits le faisceau est-il visible à présent?

E5 Un faisceau divergent éclaire un écran. Place un livre devant l'écran et un autre par derrière sans qu'ils reçoivent directement la lumière de la lampe (fig. 3).

Comme écran, nous utilisons successivement un carton noir, un carton blanc, un carton rouge, une vitre propre, un verre dépoli et une feuille de papier huilé.

a) Essaie de lire dans les deux livres. Avec lequel des écrans peux-tu lire le mieux?

b) Inscris les résultats obtenus dans un tableau (dont un modèle se trouve ci-joint). Pour qualifier la clarté des pages des deux livres, utilise les adjectifs: sombre, faiblement éclairé, très éclairé.

matériau formant l'écran	livre devant l'écran	livre derrière l'écran
carton noir	...	...

c) Peux-tu expliquer à l'aide d'une figure comment le livre reçoit la lumière? Trace sur le même schéma le chemin parcouru par la lumière entre le livre et tes yeux.

E6 Un élève se place à contre-jour devant une fenêtre éclairée par le Soleil. Ses camarades peuvent à peine reconnaître son visage.

Quels changements peux-tu observer lorsqu'il tient une feuille de papier blanc à la hauteur de ses yeux, comme s'il voulait la lire?

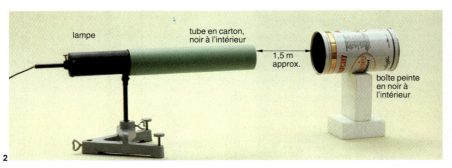

Info: La diffusion de la lumière et la vision des objets

Pourquoi peux-tu voir les objets qui t'entourent? En y réfléchissant un peu, la réponse te semblera moins évidente qu'elle ne paraît à première vue: pour qu'un objet soit visible, il faut qu'il envoie de la lumière dans tes yeux. Du point de vue physique, l'oeil est en effet un **récepteur de lumière**.

Certains objets émettent de la lumière par eux-mêmes: on dit qu'ils sont **autolumineux**. Parmi eux, on distingue des sources lumineuses naturelles comme le Soleil ou les étoiles et des sources lumineuses artificielles, comme les lampes à incandescence, les tubes fluorescents et les flammes.

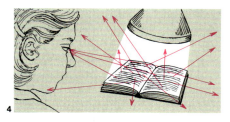

Evidemment, nous voyons aussi des objets qui ne produisent pas de lumière.

La plupart des objets qui nous entourent ne sont visibles que lorsqu'ils sont *éclairés*. Ils renvoient alors dans toutes les directions une partie de la lumière qu'ils reçoivent. On dit qu'ils diffusent la lumière, voilà pourquoi on qualifie ce phénomène de **diffusion** de la lumière (fig. 4). Tu ne peux lire ce texte que parce que ton manuel est éclairé par la lumière du Soleil ou d'une lampe et qu'il renvoie dans tes yeux une partie de cette lumière.

Les objets éclairés ne se comportent pas tous de la même façon. Il existe en effet des corps opaques, translucides, transparents et absorbants (fig. 5).

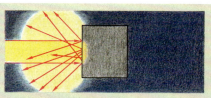

Les corps **opaques** renvoient la lumière incidente dans toutes les directions. On dit qu'ils **diffusent** (du latin: *diffundere*) la lumière qu'ils reçoivent: c'est le phénomène de la **diffusion**.

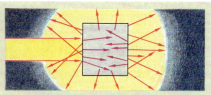

Certains corps laissent passer la lumière (comme p. ex. le verre dépoli) tout en la diffusant dans toutes les directions. Ces corps sont appelés **translucides**.

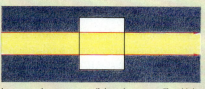

Les corps (comme p. ex. l'air ou le verre poli) qui laissent passer la lumière presque intégralement sans la diffuser sont appelés **transparents**.

Les corps qui retiennent presque toute la lumière qu'ils reçoivent (p. ex. un tas de charbon, un tissu noir) nous paraissent sombre. Ce sont des corps **absorbants**.

Phénomènes naturels: Le Soleil, la Lune et les étoiles

Pour l'homme, le **Soleil** est la **source lumineuse** la plus importante, car sans lui il n'y aurait pas de vie sur terre. Pendant la journée, le ciel est clair car la lumière solaire est diffusée par les particules de l'atmosphère.

Les nombreuses étoiles que nous observons pendant la nuit par temps clair (photo 6) sont des soleils très éloignés qui produisent eux-mêmes leur lumière. Comme leur position relative dans le ciel nocturne est toujours la même, elles sont appelées **étoiles fixes**.

On reconnaît les **planètes** par le fait que leur position relative aux étoiles fixes change au cours du temps.

Les planètes, y compris la Terre, gravitent autour du Soleil qui les éclaire. Non-lumineuses par elles-mêmes, elles diffusent la lumière qu'elles reçoivent du Soleil.

La Lune aussi ne diffuse que la lumière reçue par le Soleil. Elle nous paraît seulement si grande et si claire en raison de sa proximité: elle tourne autour de la Terre à une distance de seulement 380 000 km.

Exercices

1 Par ciel couvert, les nuages diffusent la lumière du Soleil dans toutes les directions. Bien qu'une grande partie de la lumière soit absorbée par les nuages, nous pouvons voir des objets éclairés par la lumière diffusée. Décris le chemin parcouru par cette lumière avant qu'elle n'arrive dans nos yeux.

2 Un faisceau lumineux qui traverse un récipient rempli d'eau n'est pas visible dans l'eau. Dilue du sel de bain dans l'eau.

Décris et explique le phénomène que tu observes.

3 Cherche une explication à l'expérience présentée sur la figure 1!

4 Parmi les corps suivants, lesquels sont autolumineux, lesquels sont éclairés: les yeux du chat, les cataphotes, les étoiles, les planètes, la Lune, les étoiles filantes?

5 Quelle est la différence entre un corps transparent et un corps translucide?

Un peu d'histoire : La controverse sur la vision

Dès l'Antiquité, de très illustres savants se sont intéressés au phénomène de la vision. Mais ce n'est qu'à partir du 17e siècle que les scientifiques ont reconnu que l'oeil humain n'est autre chose qu'un **récepteur de lumière**.

Cette conception a toutefois eu bien des difficultés à s'imposer, car l'expérience quotidienne suggère plutôt le contraire: regarder un objet sous-entend une action. Pour voir un objet, il ne suffit pas seulement d'ouvrir les yeux et de recevoir la lumière. Non, il faut faire un effort et se concentrer sur l'objet que l'on regarde. Ce faisant, il arrive souvent que l'on ne perçoive pas les corps qui se trouvent autour de l'objet fixé et qui émettent pourtant eux-aussi de la lumière qui tombe dans les yeux de l'observateur.

Aujourd'hui, nous savons que notre cerveau est capable de faire une sélection des signaux lumineux qu'il reçoit. Ignorant la plupart des informations, il nous communique une vue d'ensemble du monde qui nous entoure.

Pythagore (570 - 470 av. J.-C.) et bien d'autres philosophes grecs interprétaient le phénomène de la vision de manière très différente.

Ils étaient persuadés que l'oeil émet des rayons visuels, appelés rayons chauds, qui sont rejetés ensuite par les corps froids.

Hipparque (vers 190 - 120 av. J.-C.) a comparé ces rayons chauds à des mains qui palpent les objets afin de les rendre visibles (fig. 1).

Ptolémée (vers 100 - 160 ap. J.-C.) contestait cette théorie: si un corps devient visible dès qu'il est frappé par les rayons visuels chauds émis par l'oeil, on devrait être capable de le voir aussi dans l'obscurité. Ptolémée était plutôt d'avis que la vision est un phénomène résultant de l'action combinée entre des rayons chauds issus de l'oeil et des rayons lumineux émis par une source lumineuse (fig. 2).

Les *atomistes* ont complètement refusé toutes les théories basées sur des rayons. (Déjà dans l'Antiquité, ils imaginaient que les corps étaient constitués d'atomes, c'est-à-dire de corpuscules indivisibles.) Selon eux, chaque corps libère, d'une façon continue, des atomes à sa surface. La visibilité du corps résulte du fait que ces atomes - copies minuscules du corps - frappent l'oeil de l'observateur (fig. 3).

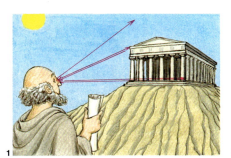  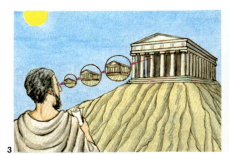

Technique : Lumière diffusée et circulation routière

Il est vital pour les usagers de la route que tous les corps qui ne sont pas lumineux par eux-mêmes diffusent bien la lumière.

Ainsi, pendant la nuit, l'automobiliste apercevra de loin le piéton portant des vêtements clairs (fig. 4). En effet, les habits clairs diffusent la lumière beaucoup mieux que les vêtements sombres qui absorbent presque la totalité de la lumière incidente.

Les panneaux routiers, tout comme les cataphotes et les catadioptres prescrits aux bicyclettes, sont construits de façon à renvoyer la lumière dans la direction d'où elle provient. Un conducteur arrive ainsi à les reconnaître très tôt.

Mais il existe aussi des situations où la lumière diffusée peut être gênante ou même dangereuse. Pense à l'automobiliste qui allume les phares à cause du brouillard ou de la neige. La diffusion de la lumière par les gouttes d'eau ou les flocons de neige est si importante qu'il a l'impression de traverser un mur blanc aveuglant.

La lumière et la vision

As-tu compris?

1. Peut-on voir les «rayons solaires»? Justifie ta réponse!

2. Nous voyons des étoiles situées à des distances inimaginables, mais même par temps clair, nous avons de la peine à voir une source lumineuse terrestre située à 50 km. Pourquoi?

3. L'astronaute et l'atmosphère terrestre sont illuminés par le soleil (fig. 5). L'espace cosmique cependant est noir. Explique!

4. Comment se fait-il qu'on peut parfois apercevoir des avions volant à très haute altitude et éclairés par le Soleil, alors qu'il commence déjà à faire nuit sur terre?

5 En regardant le ciel étoilé, tu vois certainement des étoiles qui n'existent plus depuis bien longtemps. Explique!

6 Pourquoi ne fait-il pas nuit lorsqu'un nuage s'intercale entre le Soleil et la Terre?

7 La figure 6 montre une séquence de l'émission de télévision «Caméra cachée». La grande majorité des passants a réagi de la même façon et a évité de passer entre les deux hommes. Essaie d'expliquer leur comportement!

Résumé

Sources lumineuses

▶ *Les sources lumineuses sont des corps qui **produisent** la lumière qu'ils émettent.* ◀

La propagation de la lumière

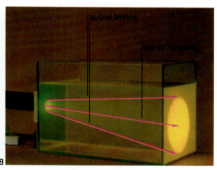

▶ *La lumière se propage **en ligne droite dans toutes les directions**.* ◀

La célérité de la lumière dans l'air et le vide est de l'ordre de 300 000 km/s.

La propagation se fait toujours sous forme de **faisceaux lumineux**.

Le **rayon lumineux** n'est qu'un modèle servant à indiquer la direction et le sens de la propagation et à tracer des faisceaux lumineux.

Diffusion de la lumière et visibilité des corps

▶ *Nos yeux sont des **récepteurs de lumière**. Pour qu'un objet soit visible, il faut qu'il envoie de la lumière dans nos yeux.* ◀

Des corps qui ne produisent pas de lumière eux-mêmes ne sont visibles que s'ils sont *éclairés*.

La plupart des objets qui nous entourent reçoivent de la lumière d'une source lumineuse. Ils renvoient alors une partie de la lumière incidente dans toutes les directions. Ce phénomène s'appelle la **diffusion** de la lumière. C'est la lumière diffusée qui atteint nos yeux.

L'angle de vision

Taille et distance des objets

Les figures 1 et 2 montrent les aiguilles d'une même horloge.
Pourquoi sommes-nous tellement surpris par la taille réelle des aiguilles?

E1 Prends deux crayons de même longueur et place le premier en travers sur la table. As-tu l'impression que sa longueur varie lorsque tu t'éloignes progressivement de la table?
Tiens ensuite - à bras tendu - le deuxième crayon devant un oeil de façon à voir les deux à la fois. Que constates-tu?
Qu'observes-tu lorsque tu t'éloignes davantage du premier crayon?

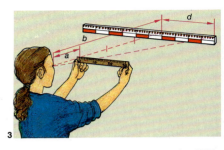

E2 Etudie la relation entre la taille et la distance de différents objets vus sous le même angle (fig. 3).

Mesure la distance de tes yeux à une règle que tu tiens à bras tendus. Place ensuite une échelle graduée de 1 m de longueur à une distance deux, trois, quatre … fois plus loin de tes yeux que la règle. Quelle est la longueur d de l'échelle métrique couverte par 10 cm de la règle.

Représente la longueur d (axe des ordonnées) en fonction de la distance b (axe des abscisses). Utilise le graphique pour trouver la relation entre d et b.

Cette méthode te permet p. ex. de déterminer le diamètre de la Lune (voir appendice).

Info: Grand ou petit – près ou loin?

Comment expliquer que la taille apparente d'un objet dépend de la distance qui le sépare de nos yeux (fig. 4)?

L'**angle de vision** joue un rôle important dans l'appréciation de la taille d'un objet. Comme l'indique la figure 5, chaque extrémité de la montgolfière émet un pinceau lumineux vers notre oeil. L'angle entre ces deux pinceaux définit l'angle de vision α.

La valeur de l'angle de vision dépend de la taille de l'objet et de la distance objet - oeil (fig. 5 - 7).

En général, c'est grâce à notre expérience que nous pouvons dire si l'objet que nous regardons est proche et de *faible taille* ou s'il nous *paraît petit* à cause de la grande distance qui le sépare de nos yeux.

Les tailles des objets que nous rencontrons tous les jours sont en effet mémorisées en tant que données empiriques dans notre cerveau. Si l'angle sous lequel nous voyons un objet qui nous est familier est faible, nous concluons inconsciemment que l'objet se trouve à une distance assez grande.

Mais si nous voyons des objets dont nous ne connaissons pas la taille (la montgolfière p. ex.), l'angle de vision seul ne nous permet pas d'estimer à sa juste valeur la distance qui nous sépare de l'objet.

C'est alors que nous nous rendons compte que la taille apparente d'un objet dépend de la distance. L'appréciation correcte de la taille ou de la distance nous cause beaucoup de difficultés, surtout si les alentours de l'objet sont dépourvus de corps se prêtant à la comparaison.

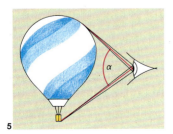

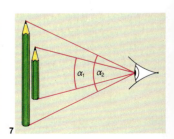

Exercices

1 Bien que le diamètre du Soleil soit environ 400 fois plus grand que celui de la Lune, les deux corps célestes semblent avoir la même taille. Explique!

2 Pour estimer la taille des objets que nous rencontrons tous les jours, nous ne nous préoccupons pas de leur distance. Il est pourtant établi que l'angle de vision varie en fonction de la distance. Qu'est-ce qui nous permet d'évaluer la taille de ces objets à leur juste valeur?

3 Un avion qui vole à grande altitude semble se déplacer moins rapidement qu'une voiture qui passe devant nous à 50 km/h. Or, en général,

8

9

la vitesse d'un avion est supérieure à 700 km/h. Quelle est l'origine de cette illusion sensorielle? (*Suggestion:* quelles sont les grandeurs qui nous aident à estimer la vitesse?)

4 Les rails de chemin de fer semblent converger au loin. Pourquoi?

5 Ne te laisse pas tromper par la grandeur relative des voitures de la figure 8! La figure 9 fait apparaître en effet la taille réelle de la voiture se trouvant au premier plan.

Qu'est-ce qui nous permet d'évaluer la taille d'un objet représenté sur une photo?

Pourquoi ne nous laissons-nous pas duper si facilement en réalité?

Phénomènes naturels: **Pourquoi le Soleil couchant nous paraît-il si grand?**

Le Soleil levant ou couchant qui nous émerveille à l'horizon paraît toujours agrandi par rapport au Soleil de midi (fig. 10). Ce phénomène est particulièrement prononcé dans des régions qui suscitent l'impression de grandes étendues comme p. ex. la mer.

Etant donné que la distance séparant la Terre du Soleil ne varie pratiquement pas au cours d'une journée, l'angle sous lequel nous voyons le Soleil est toujours le même. L'agrandissement du Soleil couchant ne peut donc être qu'une illusion! Quelle en est l'explication?

Des expériences ont montré que l'horizon nous paraît 1,5 fois plus éloigné que le zénith (point du ciel situé à notre verticale). Notre cerveau nous joue donc un mauvais tour en nous faisant croire que la voûte céleste ressemble à une cloche à fromage de forme ovale.

La figure 11 montre le parcours du Soleil pour un observateur terrestre qui voit le Soleil sous le même angle à midi (en A) que le soir (en B). Le soir cependant, il ne se rend pas compte qu'il recule inconsciemment l'horizon et qu'il estime ainsi que le Soleil

10

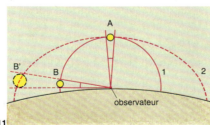
11

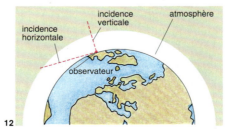
12

couchant se trouve en B'. La distance apparemment plus grande du Soleil amène donc l'observateur à lui attribuer un plus grand diamètre.

Le fait que la distance à l'horizon est estimée trop grande est sans doute lié à la propagation de la lumière à travers l'atmosphère. En regardant verticalement vers le haut, nos yeux reçoivent de la lumière qui a parcouru un chemin relativement court à travers l'atmosphère. La lumière par contre qui provient de l'horizon doit traverser l'atmosphère sur une distance beaucoup plus grande et subit ainsi une diffusion plus importante. Il s'ensuit qu'à l'horizon les contours et les nuances de couleur s'estompent, ce qui accentue l'impression d'un horizon très éloigné. (L'artiste-peintre augmente de façon analogue l'impression de profondeur de ses tableaux en estompant les contours du fond et en utilisant des couleurs pâles et gris bleu.)

L'exemple du Soleil couchant nous fait donc comprendre à quel point les phénomènes impliqués dans la perception d'un objet sont compliqués. Ne crois donc pas toujours tout ce que tu vois …

Lumière et ombre

1 Il n'y a pas d'ombre sans lumière

Il y a quelque chose qui cloche …

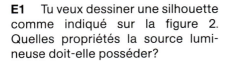

E1 Tu veux dessiner une silhouette comme indiqué sur la figure 2. Quelles propriétés la source lumineuse doit-elle posséder?

E2 Après avoir fait l'obscurité dans une pièce, interpose entre une source lumineuse ponctuelle (p. ex. une lampe de poche dont tu enlèves le réflecteur) et le plafond un objet opaque tel qu'une boîte à chaussures.

a) Que vois-tu au plafond?

b) Rapproche la boîte de la lampe. Comment l'ombre évolue-t-elle?

c) Recouvre maintenant la lampe à l'aide de la boîte. Discute les analogies et différences entre l'ombre et l'obscurité que font apparaître ces expériences.

E3 Eclaire un crayon avec une source lumineuse ponctuelle (une bougie, par exemple, ou une torche électrique sans réflecteur) et recueille son ombre sur un écran comme indiqué sur la figure 3.

a) Déplace le crayon entre la source lumineuse et l'écran de façon à obtenir une ombre de grande, respectivement de petite taille.

Dessine les schémas correspondants dans ton cahier.

b) Les silhouettes sont toujours des images agrandies des objets que l'on représente (fig. 2). Quelle en est la raison? Ta réponse est-elle en accord avec les observations faites dans la partie a?

Le dispositif permet-il aussi d'obtenir une ombre de taille plus petite que celle de l'objet?

c) Incline l'écran. La silhouette du crayon varie-t-elle?

E4 Eclaire un objet opaque (p. ex. une boîte d'allumettes) avec deux sources ponctuelles; l'une de couleur rouge et l'autre de couleur verte A cet effet, tu peux éventuellement placer des filtres colorés devant deux lampes normales.

a) Quelle sera la couleur de la silhouette si tu n'utilises qu'une seule lampe colorée? Explique le phénomène observé.

b) Eclaire le corps avec les deux lampes (fig. 4).

c) Change aussi la distance entre les deux sources lumineuses.

d) Fais un schéma et explique la formation des ombres colorées.

E5 Interpose un objet opaque entre un écran et cinq sources lumineuses ponctuelles identiques et alignées (fig. 5). Allume les lampes l'une après l'autre et compare les silhouettes respectives de l'objet sur l'écran.

Dessine un schéma qui indique les lignes de séparation entres les silhouettes dues aux cinq lampes allumées simultanément.

E6 Remplace les cinq lampes de l'expérience précédente par un tube lumineux.

Décris la silhouette telle que tu la vois sur l'écran et essaie d'expliquer sa formation.

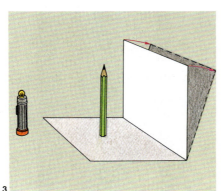

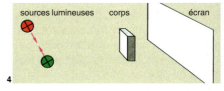

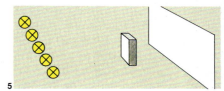

Info: Les différentes ombres

La formation des ombres découle de la propagation rectiligne de la lumière.

Si un objet opaque est éclairé par une source lumineuse ponctuelle, sa partie non-éclairée est appelée **ombre propre**. La région qui se trouve derrière l'objet et qui ne reçoit pas de lumière venant de la source est appelée **cône d'ombre**.

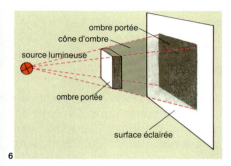
6

Sur un écran placé dans le cône d'ombre se forme une silhouette du corps appelée **ombre portée** (fig. 6).

Dans le langage commun, le terme «ombre» désigne aussi bien le *cône d'ombre* que l'*ombre portée*.

Une seule source *ponctuelle* fournit une ombre portée avec des contours nets.

Deux sources ponctuelles donnent des ombres portées qui peuvent se recouvrir partiellement (fig. 7). Dans ce cas, on appelle cône d'**ombre pure** la région dans laquelle ne pénètre aucune lumière. Ce cône est entouré d'une zone de **pénombre** qui n'est éclairée que par une des deux sources lumineuses.

Plusieurs sources ponctuelles rapprochées fournissent des ombres portées qui se recouvrent et qui font ainsi apparaître une ombre portée avec un passage graduel de l'obscur au clair.

Pour une source *étendue*, le passage de la région sombre à la région éclairée se fait d'une façon continue. Cette région de transition, qui n'est éclairée que par une partie de la source, est aussi appelée *pénombre*.

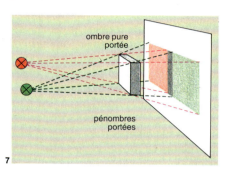
7

Exercices

1 Introduisons quelques notions nouvelles (fig. 8):
o = *taille-objet*,
i = *taille-image*, taille de l'ombre portée,
p = *distance-objet*, distance séparant la source lumineuse de l'objet,
q = *distance-image*, distance entre la source et l'ombre portée.

a) Connaissant o, mesure i pour différentes valeurs de p et de q.

b) Essaie de trouver une relation entre i, o, p et q.

c) Démontre cette relation en appliquant les lois de la géométrie.

d) Application:
Le crayon se trouve à une distance de 80 cm de la source et de l'écran.

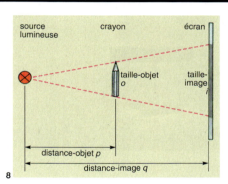
8

Son ombre portée mesure 0,20 m. Quelle est sa taille?

2 La figure 9 montre l'ombre d'une boîte à chaussures. Que dire de la source lumineuse éclairant cette boîte? Quelle est la position relative de la lampe par rapport à la boîte?

3 Explique la formation des ombres que tu vois sur la figure 10.

4 Ton ombre se raccourcit lorsque tu te rapproches d'un réverbère. Essaie d'en trouver la raison!

5 Une source ponctuelle se trouve sur l'axe d'un disque opaque de 5 cm de rayon et à 1 m de ce disque. A quelle distance du disque doit-on placer un écran parallèle au plan du disque pour que l'ombre portée ait une surface 4 fois plus grande que celle du disque?

6 La figure 11 montre la Terre vue de la Lune. Quelle est la position du Soleil? Pourquoi l'espace qui entoure la Terre est-il sombre?

9

10

11

2 Lumière et ombre dans l'espace

Tu sais que la Lune est une sphère. Comment se fait-il alors qu'elle *change* toujours d'aspect?

1   lune croissante   pleine lune   lune décroissante

E7   La balle de tennis (fig. 2), qui se trouve dans une salle obscurcie, représente la Lune. Avec un faisceau lumineux de diamètre similaire à celui de la balle, on éclaire celle-ci.

Déplace toi autour de la balle et décris ce que tu vois, tout en gardant le même éclairage.

Précise ta position lorsque l'aspect de la balle correspond aux *phases lunaires* suivantes: pleine lune, lune décroissante, nouvelle lune et lune croissante.

E8   Le dispositif expérimental de la figure 3 permet de simuler une éclipse de Soleil ainsi qu'une éclipse de Lune. La lampe joue le rôle du Soleil, la balle celui de la Lune et le globe représente la Terre.

Quelle est la position relative des trois corps célestes au cours d'une éclipse de Lune totale? Justifie ta réponse.

Quelles conditions doivent être remplies pour qu'on puisse observer une éclipse totale de Soleil?

Les éclipses totales de Soleil ou de Lune sont plutôt rares. On peut en revanche observer souvent des éclipses partielles. Comment sont alors disposés le Soleil, la Lune et la Terre?

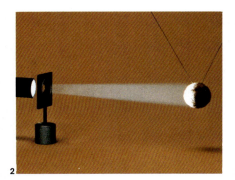

Exercices

1   La Lune effectue un tour complet autour de la Terre en 29,5 jours (voir figure 4 qui n'est pas à l'échelle).

a) La Lune n'est toujours éclairée qu'à moitié. Explique pourquoi.

b) Un observateur terrestre voit la demi-sphère éclairée de la Lune sous différents aspects. Pourquoi?

2   Comment un observateur terrestre voit-il la Lune lorsqu'elle se trouve aux positions 1 à 8 (fig. 4)? Fais une figure. Quelles sont les phases lunaires correspondantes?

3   Tu observes la pleine lune. Où se trouve le Soleil à cet instant? Même question lorsque tu observes la nouvelle lune?

4   Est-il possible que la pleine lune se «lève» à minuit? Pourquoi?

5   A quelle heure du jour le premier (dernier) quartier se lève-t-il, respectivement se couche-t-il?

6   Tu peux souvent voir la Lune en plein jour. Pourquoi n'observeras-tu jamais une éclipse de Lune en plein jour?

7   Pourquoi ne peut-il pas y avoir une éclipse lunaire lors du premier ou du dernier quartier?

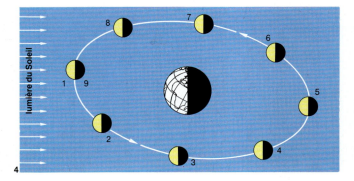

Info: Les éclipses de Lune et de Soleil

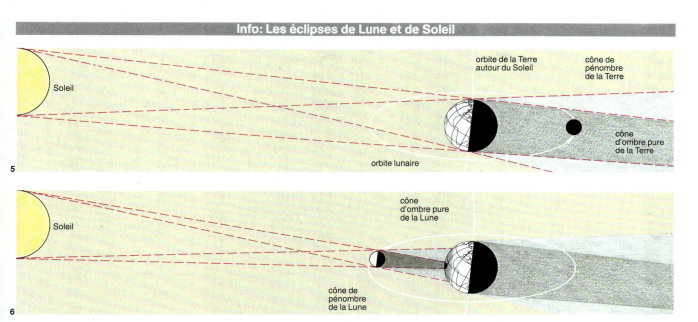

La Terre et la Lune, toutes deux éclairées par le Soleil, projettent dans l'espace derrière elles des cônes d'ombre et de pénombre longs de plusieurs centaines de milliers de kilomètres. (Les figures 5 et 6 ne sont pas à l'échelle.)

La Lune effectue un tour complet autour de la Terre en 29,5 jours. Une **éclipse de Lune** se produit quand celle-ci traverse le cône d'ombre ou de pénombre de la Terre qui est située entre la Lune et le Soleil (fig. 5). Au lieu d'observer une pleine lune, nous observons, selon sa trajectoire, une *Lune partiellement ou totalement éclipsée* (fig. 7).

Lorsque la Lune, le Soleil et la Terre sont alignés, la Lune passant devant le Soleil peut le cacher complètement. Une partie de la Terre se trouve alors dans l'ombre portée de la Lune: on y observe une **éclipse totale de Soleil**. Ceux qui se trouvent à l'extérieur de cette ombre centrale, dans la zone de pénombre, assistent à une *éclipse partielle de Soleil* (fig. 6, 8, 9). Pour la population qui se trouve dans la zone éclairée, aucun phénomène n'est décelable.

Les éclipses de Soleil et de Lune sont des phénomènes rares, car la trajectoire de la Lune autour de la Terre ne se situe pas dans le même plan que celle de la Terre autour du Soleil. Deux à trois éclipses de Lune se produisent par an.

Les éclipses de Soleil nous paraissent moins fréquentes: en général, elles ne sont observables que par un petit nombre d'habitants de la Terre, car le diamètre de l'ombre portée de la Lune sur la Terre ne mesure que 200 km au maximum.

Les éclipses de Soleil suivantes seront visibles au Grand-Duché de Luxembourg:

éclipse solaire partielle: 12-10-1996
éclipse solaire totale: 11-08-1999.

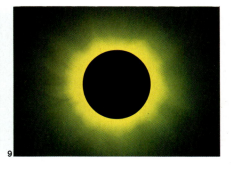

Dans l'espace, les **distances** qui séparent les corps célestes sont si grandes qu'on n'a pas pu respecter leurs proportions sur les figures 5 et 6. Il en est de même avec la **taille** des astres.

Imagine la Terre ayant la taille d'une balle de football: on devrait, pour rester à l'échelle, représenter le Soleil par une boule de 15 m de diamètre.

A cette échelle, la distance entre le Soleil et la Terre serait de 15 km. La Lune serait comparable à une balle de ping-pong qui décrirait une trajectoire circulaire de rayon 3,8 m autour de la Terre.

Technique: **L'ombre produite par l'éclairage artificiel**

Si la main est éclairée par la torche (fig. 1), son ombre portée sur le mur est sombre et présente des contours bien délimités. La silhouette de la main éclairée par le tube lumineux (fig. 2) est cependant plus claire et a des contours dégradés. La différence entre les deux ombres s'explique par le fait que le filament de la torche est assimilable à une source ponctuelle tandis que le tube lumineux est une source lumineuse étendue.

Dans bien des cas, les ombres pures - sombres et nettes - nous gênent et nous préférons un éclairage donnant des pénombres sans trop de contraste avec les zones claires.

Pour cette raison, l'éclairage des lieux de travail et de séjour est assuré en général par des sources lumineuses étendues telles que des tubes lumineux ou des ampoules à verre dépoli. On peut agrandir davantage la surface lumineuse si on associe aux lampes des abat-jour ou des globes. Ainsi les zones de pénombre sont de moins en moins prononcées.

Si on veut qu'une pièce soit bien éclairée, il faut veiller aussi à ce que la source lumineuse soit installée au bon endroit. Imagine que la salle de bains ne soit équipée que d'une seule lampe fixée au plafond: tu aurais des difficultés à te regarder dans le miroir, car ton visage se trouverait à l'ombre. Une deuxième lampe au-dessus du miroir t'éclairera de face!

Pour améliorer les conditions de travail au bureau et à la cuisine, il est conseillé d'utiliser des lampes supplémentaires.

Technique: **Les ombres chinoises**

Les ombres chinoises étaient jadis l'une des attractions principales aux foires.

La figure 3 montre le principe d'une telle représentation: les spectateurs sont assis devant un écran translucide éclairé par une source lumineuse intense. Sur l'écran se profilent les ombres portées des marionnettes. Comme la représentation n'est de qualité que si les ombres portées sont pures, il est impératif de choisir une source lumineuse *ponctuelle*.

Les anciens Chinois utilisaient cette technique pour jouer des pièces de théâtre entières. Les marionnettes tenant les différents rôles étaient de véritables chefs-d'oeuvre (fig. 4).

Petites questions

1 Qu'arrive-t-il lorsqu'on éloigne une marionnette de l'écran en direction de la lampe?

2 Explique pourquoi une représentation d'ombres chinoises n'est de qualité que si la source lumineuse utilisée est ponctuelle.

3 Décris le rôle de différentes sources lumineuses utilisées à domicile.
Quelles sont les ombres produites?

4 Quelle est la fonction de la lampe de travail au bureau? A quel endroit l'installera-t-on de préférence?
Est-ce que le fait d'être droitier ou gaucher a une importance?
Quel est le rôle joué par l'abat-jour de cette lampe?

5 A la maison, on préfère souvent l'éclairage indirect à l'éclairage direct. Pourquoi? L'éclairage indirect présente-t-il aussi un inconvénient?

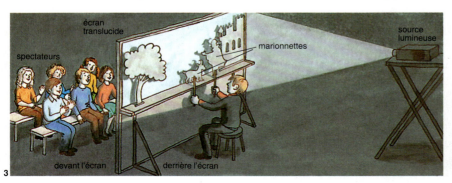

Lumière et ombre

As-tu compris?

1 Explique les notions de *cône d'ombre* et d'*ombre portée* à l'aide d'un schéma.

2 Regarde la figure 5 et vérifie que le Soleil se lève à l'est. (La figure montre quatre photos de la Terre prises par un satellite météorologique à des heures différentes. Comme il s'agissait d'un satellite géostationnaire, il se trouvait en permanence à une altitude de 36000 km au-dessus du golfe de Guinée.)

3 «L'arbre jette de l'ombre» ou «Une ombre se promène le long du mur» sont des tournures qui font penser que les ombres sont des corps. Le célèbre auteur de bandes dessinées Loriot s'y réfère sur la figure 6.

Quelles situations correspondent, respectivement ne correspondent pas, à la réalité physique?

4 Que penses-tu du dialogue suivant?
Michèle: «Il n'y a pas d'ombre sans lumière. Pendant la nuit, en l'absence de source lumineuse, il est donc impossible d'observer une ombre.»
Luc: «Là tu te trompes! Pendant la nuit il n'y a *que de l'ombre*!» …

5 Quelle est la différence entre la nouvelle lune et une éclipse totale de Lune?

5

6   13h55   10h55   7h55   4h55

le satellite évolue à la verticale de l'endroit marqué X

heure à la position occupée par le satellite

Résumé

Cône d'ombre – ombre portée – pénombre

La formation des ombres est une conséquence de la propagation rectiligne de la lumière.

Nous faisons la distinction entre **cône d'ombre** et **ombre portée**. Sur un écran, placé dans le cône d'ombre situé derrière un corps opaque, se forme l'ombre portée.

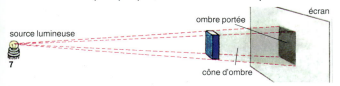

La taille de l'ombre portée par un corps opaque dépend des distances qui séparent la source lumineuse, le corps et l'écran.

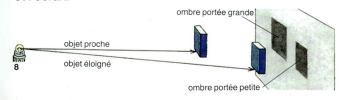

Une source lumineuse *ponctuelle* produit des ombres portées à contours nets. Deux sources ponctuelles fournissent des ombres qui peuvent se recouvrir en partie: il y a formation de régions d'**ombre pure** et de **pénombre.**

Une source lumineuse *étendue* produit des ombres à contours flous. Les zones qui reçoivent encore une partie de la lumière sont aussi appelées pénombre.

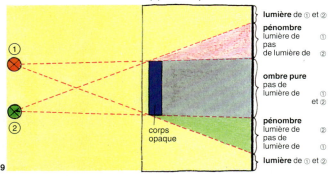

Images optiques simples

1 Images dans une chambre noire

Un peu d'histoire: La «Camera obscura»

Au Moyen Age, les peintres développent une technique nouvelle pour esquisser des paysages ou des bâtiments. Ils utilisent une grande boîte à parois opaques de la taille d'une chambre. A l'intérieur se trouve seulement une toile disposée verticalement derrière laquelle l'artiste peut se placer. La seule ouverture de cette chambre sans fenêtres consiste en un trou minuscule dans la paroi opposée à la toile. Comme cette pièce est fort sombre, on lui a donné le nom de **«Camera obscura»** (lat. *camera*: chambre; *obscurus*: obscure), ou **chambre noire**, comme on dit aujourd'hui.

Cette chambre produit un phénomène assez particulier: une image du paysage - image renversée aux côtés inversés - apparaît sur la toile (fig. 1). Le peintre n'a qu'à retracer les contours et à tourner la toile de 180° pour avoir une reproduction fidèle du paysage.

Le franciscain anglais *Roger Bacon* (1220 - 1292), un des plus grands savants du Moyen Age, est le premier à décrire le chemin suivi par la lumière et à expliquer la formation de l'image dans la chambre noire. Comme il a reconnu très tôt l'importance de la méthode expérimentale pour les sciences naturelles, Bacon est un des grands précurseurs de la science moderne. Ses idées révolutionnaires, en contradiction totale avec la doctrine officielle, éveillent non seulement les soupçons des supérieurs de son ordre, mais lui rapportent même une peine de prison.

Voilà pourquoi Bacon a peur de publier ses résultats. Il transmet ses notes à son frère avec la prière de ne les rendre publiques qu'après sa mort.

Bacon recommande dans son oeuvre l'utilisation de la chambre noire pour l'observation des éclipses de soleil. La figure 2 montre cette méthode d'observation sur un schéma datant de 1544. Le même procédé est encore utilisée au 17e siècle par l'illustre astronome *Johannes Kepler* pour observer le Soleil.

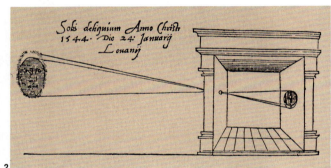

E1 Quand le Soleil brille, nous pouvons transformer l'auditoire de physique en chambre noire. Il suffit pour cela de percer un trou d'environ un centimètre dans un des stores.

Une fois habitué à l'obscurité, tu observeras un phénomène surprenant …

Tiens un écran translucide face à l'ouverture. Comment varie l'image qui s'est formée sur l'écran lorsque tu l'éloignes de l'ouverture dans le store.

E2 Un diaphragme permet d'obtenir sur un écran (p. ex. en papier parchemin) l'image de la flamme d'une bougie. Construis à cet effet deux diaphragmes en carton à ouverture circulaire (diamètre du trou: 1–2 mm et 5–7 mm).

a) Décris les images que donnent les deux diaphragmes de la flamme d'une bougie. L'expérience ne fonctionnera que dans une salle assombrie.

b) Que devient l'image si tu déplaces la bougie latéralement ou bien si tu souffles de côté sur la flamme?

c) Remonte un des stores et essaie d'obtenir à l'aide d'un diaphragme une image de la fenêtre sur l'écran. Quel diaphragme donne le meilleur résultat?

Qu'observes-tu lorsqu'une personne passe entre la fenêtre et le diaphragme?

E3 Utilise une chambre noire (que tu pourras construire d'après les instructions données dans l'appendice) pour répondre aux questions suivantes. (Tu peux aussi remplacer la chambre noire par une bougie, plusieurs diaphragmes et un écran.)

a) Quelle relation y a-t-il entre la luminosité de l'image et l'ouverture du diaphragme? Explique le résultat.

b) Comment varie la *netteté* de l'image si tu modifies l'ouverture du diaphragme?

c) Maintiens constante l'ouverture du diaphragme et modifie la *distance-image* (= distance du diaphragme à l'écran). Comment changent la netteté et la luminosité de l'image en fonction de la distance-image?

d) La *forme* du diaphragme influence-t-elle la luminosité et la netteté de l'image?

2   La chambre noire et la formation des images

Le fonctionnement de la chambre devient plus facile à comprendre si tu observes d'abord les photos 3-5 à travers une loupe.

Regarde de la même manière un poster, une image de presse ou une image de télévision.

○ Que constates-tu?
○ Observe les photos tout en t'éloignant du manuel. Que constates-tu?
○ Quelle est la différence entre les images 3 et 5? Quelle devrait-être la structure idéale d'une image?

E4   Interposons un diaphragme en carton à ouverture triangulaire (longueur des côtés: 2–5 mm) entre un écran et trois spots rouge, vert et bleu comme indiqué sur la figure 6.

a) Allumons d'abord le spot rouge. Décris l'image qui se forme sur l'écran.

b) Ensuite le spot vert est allumé aussi. Compare la position des deux taches lumineuses sur l'écran à la disposition des deux lampes. Explique!

c) Essaie de prévoir l'endroit où se formera l'image de la lampe bleue.

E5   Disposons, dans un plan vertical, plusieurs lampes en forme de «L». A quels endroits de l'écran vont se former les taches lumineuses respectives si tu allumes une lampe après l'autre?

Fais varier la distance entre le diaphragme et l'écran. Comment l'aspect de l'image change-t-il? Explique!

E6   Qu'observes-tu sur l'écran lorsqu'on place un tube lumineux devant le diaphragme?

E7   Quels sont les paramètres qui déterminent la taille de l'image formée par une chambre noire? Pour répondre à cette question, nous plaçons deux spots de couleurs différentes devant un diaphragme (fig. 7).

Nous désignons par *taille-objet o* la distance entre les deux spots, par *taille-image i* la distance séparant les deux taches lumineuses sur l'écran, par *distance-objet p* la distance des spots au diaphragme et par *distance-image q* la distance séparant le diaphragme de l'écran.

a) Mesure la taille-image i pour différentes valeurs de o, p et q. Dresse un tableau des mesures.

b) Détermine chaque fois le grandissement $G = \dfrac{i}{o}$.

c) Montre que les valeurs mesurées vérifient $\dfrac{i}{o} = \dfrac{q}{p}$.

d) Démontre cette relation en appliquant les lois de la géométrie.

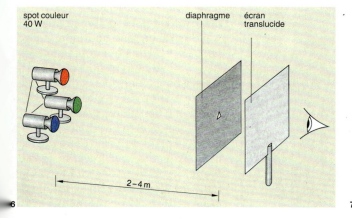
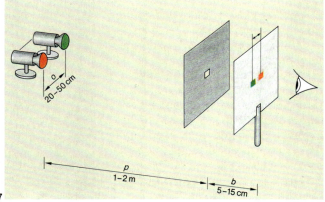

Exercices

1 Trois sources lumineuses ponctuelles (fig. 1) sont placées devant une chambre noire. Reproduis le schéma à l'échelle 3:1 et construis les images des trois lampes.

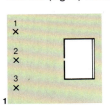

2 Décris la formation de l'image que tu vois sur la figure 2.

3 Explique la formation de l'image d'un objet étendu (p. ex. d'une maison) par une chambre noire (*Suggestion:* chaque point de l'objet étendu est l'origine d'un pinceau lumineux).

4 On peut considérer les images de deux sources ponctuelles, données par une chambre noire, comme ombres portées du diaphragme. Qu'observe-t-on lorsqu'on diminue la distance entre les sources?

Utilise ces résultats pour expliquer l'image d'une source étendue?

5 Quelle est l'erreur sur la figure 1 de la double-page précédente?

6 L'image formée par une chambre noire est d'autant plus nette que l'ouverture du diaphragme est petite. Un

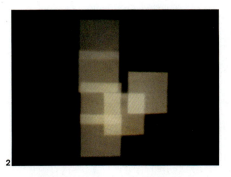

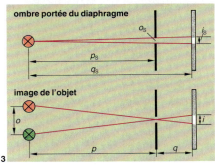

petit diamètre d'ouverture présente cependant un désavantage. Lequel?

7 On peut définir deux grandissements en relation avec une chambre noire: celui de l'image d'un objet et celui de l'ombre portée du diaphragme (fig. 3).

a) Etablis les formules pour ces deux grandissements.

b) Sous quelle condition l'image est-elle plus petite que l'objet?

Montre que le diamètre i_s de la tache lumineuse ne peut être inférieur au diamètre o_s du diaphragme.

c) Un homme de taille 1,80 m est placé à 25 m de l'ouverture d'une chambre noire qui a une profondeur de 15 cm. Quelle est la taille de son image?

Quelle est la taille de la tache lumineuse produite par un point-objet (diamètre du diaphragme: 2 mm)?

d) Pourquoi l'image est-elle plus nette si la distance-image vaut 30 cm?

8 Une chambre noire a une profondeur de 12,5 cm. Une bougie dont la flamme a une hauteur de 5 cm est placée à 50 cm du diaphragme. Fais un schéma à l'échelle 1:5.

Calcule le grandissement ainsi que la taille de l'image de la flamme. Compare à ton schéma.

9 On observe sur l'écran d'une chambre noire l'image d'une maison haute de 16 m.

Quel est le grandissement si l'image a une hauteur de 4 cm?

Quelle est la distance de la maison au diaphragme si la chambre noire a une profondeur de 10 cm?

Un peu d'histoire: **Comment un carré se transforme en cercle**

La page titre d'un livre datant de 1647 illustre une expérience avec un diaphragme à ouverture quadratique (fig. 4): «Mutat quadrata rotundis», ce qui veut dire: «Il (le Soleil) transforme des carrés en cercles».

Ce livre traite de la transformation réciproque: est-il possible de construire – à l'aide d'une règle et d'un compas – un carré de même aire qu'un cercle donné? Pendant des milliers d'années, on a cherché une solution au problème de la *quadrature du cercle*, mais depuis 1882 on sait qu'il n'y en a pas.

Revenons à l'expérience décrite. L'illustration se base sur une obser-

vation réelle. Il est vrai qu'un diaphragme à ouverture *quadratique* donne une image *circulaire* du Soleil si le côté de l'ouverture est nettement inférieur à la distance-image.

L'illustration est pourtant fautive. Le faisceau lumineux représenté est issu d'un seul point du Soleil. Cette source ponctuelle devrait donner une ombre portée du diaphragme, donc une tache lumineuse *quadratique*!

L'image *circulaire* provient du fait que *tout* point du Soleil émet un faisceau lumineux qui traverse le diaphragme pour former une tache lumineuse. L'image du Soleil résulte de la superposition de ces taches.

Images optiques simples

Résumé

La formation des images optiques

▶ On assimile un objet lumineux à un grand nombre de points émettant de la lumière. Lors de la formation idéale d'une image optique, chaque point-objet fournit un point-image On doit donc admettre que l'image d'un objet est aussi constituée d'une multitude de points. ◀

La chambre noire et la formation des images

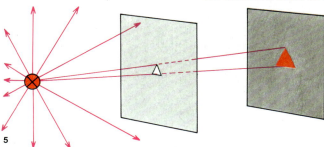
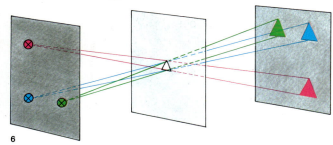

Les rayons lumineux qui partent d'un point-objet traversent l'ouverture du diaphragme et forment sur l'écran une tache lumineuse.

Cette tache n'est pas ponctuelle, mais a la forme de l'ouverture du diaphragme.

S'il y a plusieurs points-objet, les pinceaux lumineux respectifs se croisent au milieu de l'ouverture du diaphragme sans se gêner. Ils forment plusieurs taches lumineuses sur l'écran. La position des points-image permet de déduire la disposition des points-objet.

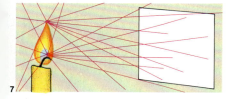
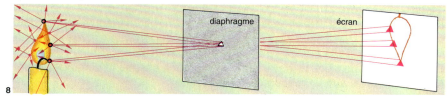

Chaque point d'une source lumineuse ou d'un objet éclairé émet de la lumière dans toutes les directions.

De cette façon, chaque point de l'écran reçoit de la lumière issue de chaque point de la source lumineuse, ici de la flamme. Ainsi l'écran est complètement éclairé sans qu'il se forme une image de la flamme de la bougie.

L'ouverture du diaphragme met de l'ordre dans la propagation de la lumière. Tout point de la flamme émet un pinceau lumineux qui traverse le diaphragme et produit une tache lumineuse sur l'écran. L'ensemble des taches forme l'image de la flamme.

Comme les taches lumineuses ne sont pas ponctuelles, l'image manque de netteté. Si l'ouverture du diaphragme est très petite, les taches lumineuses se réduisent à des points lumineux: l'image devient plus nette.

Cependant une ouverture très petite du diaphragme laisse passer moins de lumière issue de l'objet: l'image devient moins lumineuse. Ainsi, en gagnant en netteté, on perd en luminosité.

Le grandissement

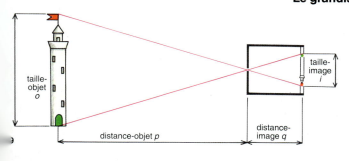

Les images formées par une chambre noire sont généralement plus petites que les objets. Chaque fois que la *distance-image q* est inférieure à la *distance-objet p*, l'image a une taille inférieure à celle de l'objet.

Le quotient de la *taille-image i* par la *taille-objet o*, appelé **grandissement G**, est égal au quotient de la distance-image par la distance-objet.

$$G = \frac{i}{o} = \frac{q}{p}.$$

La réflexion de la lumière

1 L'image dans un miroir – réalité ou illusion?

Magalie voit l'image du bécher 1 dans le miroir vertical. Elle donne des instructions à Luc pour qu'il place le bécher 2 à l'endroit précis où se trouve l'image du bécher 1.

Ensuite Magalie, qui ne voit plus le bécher 2, verse de l'eau dans «l'image» du bécher 1. Penses-tu qu'elle réussira?

Quelle conclusion peux-tu tirer de cette expérience?

E1 Regarde ton image dans un miroir et essaie de couper une mèche de cheveux rebelles au-dessus d'une de tes oreilles (fais attention à ton oreille!).

E2 Place-toi derrière une personne qui se tient devant un miroir. Quelle différence vois-tu entre l'original et son image dans le miroir?

Comment la position de l'image change-t-elle si tu contournes la personne pour regarder d'un autre endroit dans le miroir?

E3 Place une règle graduée de longueur 1 m perpendiculairement devant un miroir comme indiqué sur la figure 3.

a) Quelle est la mesure de l'angle formé par le plan du miroir et l'image de la règle graduée?

b) Détermine la longueur de l'image de la règle.

c) Quelle est la position relative d'un point-objet par rapport à son image donnée par le miroir?

E4 «5 cm = 10 cm»! L'expérience suivante semble en faire la preuve:

a) Colle une bande de papier de longueur 5 cm sur un miroir et tiens une autre bande de longueur 10 cm en face de ton front.

Ferme un oeil et vise ton image dans le miroir de façon à voir les deux bandes superposées. Qu'est-ce que tu remarques?

Modifie ensuite ta distance au plan du miroir.

b) Quelles informations obtiens-tu sur les angles de vision?

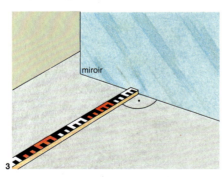

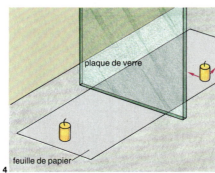

Quelle en est la conséquence pour la distance objet-miroir et la distance objet-image?

E5 Une plaque de verre qui joue le rôle de miroir transparent (fig. 4) fournit des informations sur la position de l'image.

a) Allume la bougie qui se trouve devant la vitre. Déplace l'autre bougie (de même taille) jusqu'à l'endroit où elle semble brûler. Marque ensuite les positions des deux bougies et de la vitre sur une feuille de papier.

Répète l'expérience en plaçant la bougie qui se trouve devant la vitre en différents endroits

Construis chaque fois la droite qui relie la bougie à son image. Mesure les distances qui séparent la bougie et son image du miroir. Que constates-tu?

b) L'expérience est très spectaculaire lorsque la bougie derrière le miroir se trouve dans un verre rempli d'eau!

E6 Tu peux mesurer la distance entre l'objet et l'image à l'aide d'un appareil photo à miroir réflecteur.

Place-toi à 1 m d'un miroir et mets l'image au point. Quelle distance la bague de réglage de l'objectif indique-t-elle?

Exercices

5

6

7

1 Compare l'orientation de la main de la jeune fille à celle de son image dans le miroir (fig. 5).

L'objet et son image dans le miroir peuvent aussi avoir la même orientation. Pour quelles orientations ce phénomène se produit-il?

Pourquoi dit-on souvent que le miroir inverse la gauche et la droite? Est-ce réellement le cas?

2 Un corridor étroit paraît agrandi lorsqu'on fixe un miroir à un mur latéral. Pourquoi?

3 Le plan d'eau d'un lac se comporte comme un miroir parfait (fig. 6).

Marc estime que les arbres au bord du lac ont une hauteur de 10 m. Il affirme: «Si les arbres sont réfléchis par l'eau, le lac doit au moins avoir une *profondeur* de 10 m».

Nadine n'est pas d'accord. Elle est persuadée que le lac doit avoir un *diamètre* d'au moins 10 m.

Les deux se trompent! Explique à l'aide d'un schéma.

4 La figure 7 représente une horloge vue dans un miroir. Quelle heure est-il?

Quelle est la position des aiguilles de l'horloge, une heure et dix minutes plus tard? Reproduis l'horloge et la position des aiguilles dans ton cahier et vérifie ta réponse à l'aide d'un miroir de poche.

Info: Propriétés de l'image donnée par un miroir

Un objet vu dans un miroir semble se trouver à un endroit où il ne peut être en réalité: en effet, les images données par un miroir sont toujours situées *derrière* la surface réfléchissante. Derrière le miroir se trouve cependant un mur ou un meuble, qui n'émettent pas de lumière.

Les images données par les miroirs ne sont donc pas des **images réelles** comme celles formées par une chambre noire, mais des **images virtuelles**: les faisceaux lumineux semblent provenir d'une image située derrière le miroir.

Pour déterminer la position de l'image virtuelle donnée par un miroir plan (fig. 8), considérons un point-objet et son point-image correspondant.

○ La droite reliant le point-objet et le point-image est perpendiculaire au plan du miroir.
○ La distance du point-objet au miroir est égale à la distance du point-image au miroir.

Point-image et point-objet sont donc *symétriques* par rapport au plan du miroir.

Si on se place devant un miroir et qu'on regarde un objet et son image, on constate que ni la gauche et la droite, ni le haut et le bas ne sont inversés. Un miroir n'inverse que l'avant et l'arrière: si tu montres le miroir du doigt, ton image dans le miroir pointe son doigt vers toi.

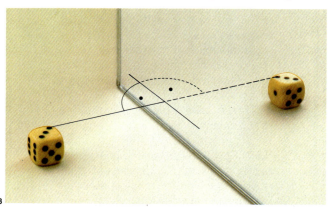

8

2 Réflexion sur une surface plane

Pourquoi n'y a-t-il qu'une seule vitre qui brille?

E7 Disposons un écran d'observation perpendiculairement à un miroir plan posé à plat sur une table. Envoyons ensuite sur ce miroir un pinceau lumineux oblique, rasant la surface de l'écran (fig. 2). De cette façon, le pinceau incident et le pinceau réfléchi sont rendus visibles par leur trace qu'ils produisent sur l'écran.

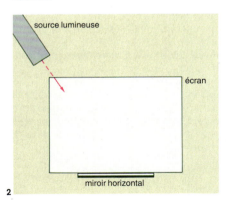

Que peux-tu conclure? De quelle façon la direction du pinceau réfléchi dépend-elle de celle du pinceau incident?

A quel endroit au-dessus de l'écran ton oeil doit-il se trouver, si tu veux voir l'image de la lampe dans le miroir?

E8 Fixons, selon un des diamètres d'un disque optique (fig. 3), un petit miroir plan. Un pinceau lumineux issu d'une fente frappe le miroir au centre du disque, où il est réfléchi. Le pinceau incident et le pinceau réfléchi sont visibles sur le disque par les traces lumineuses qu'ils y produisent.

a) Qu'observes-tu lorsque l'incidence est normale (perpendiculaire au miroir)?

b) Tourne le disque (fig. 4) et lis les mesures des angles que forment le pinceau incident et le pinceau réfléchi avec la normale (droite perpendiculaire au miroir passant par le point d'incidence).

Quelle relation y a-t-il entre les deux angles?

E9 Envoyons un faisceau divergent sur le miroir (fig. 5). L'angle entre les rayons qui limitent le faisceau est-il modifié par la réflexion?

E10 Reprend l'expérience E7, (fig. 2) pour un angle d'incidence quelconque. Trace sur l'écran le chemin emprunté par le pinceau incident AI et le pinceau réfléchi IB.

Dispose ensuite la lampe en B de façon que le pinceau incident arrive sur le miroir selon BI.

Observe le pinceau réfléchi. Que peux-tu en conclure?

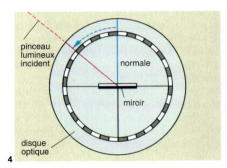

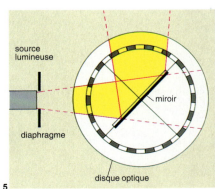

Info: Les lois de la réflexion

Lorsque la lumière tombe sur un miroir plan ou une autre surface lisse (métal, verre, liquide,...), elle revient dans le milieu où elle a été émise suivant une direction déterminée: c'est le phénomène de la **réflexion** (du latin *reflectere*: renvoyer) de la lumière.

Un rayon incident perpendiculaire (normal) au miroir est réfléchi en lui-même. Si l'incidence est oblique, le rayon est réfléchi dans une autre direction. Les directions des rayons incident et réfléchi sont repérées par les angles d'incidence et de réflexion.

L'**angle d'incidence** α est l'angle formé par le rayon incident et la **normale** au miroir (droite perpendiculaire au miroir passant par le point d'incidence).

L'angle entre la normale et le rayon réfléchi est appelé **angle de réflexion** β.

Le rayon incident étant donné, les **lois de la réflexion** de la lumière (fig. 6) déterminent sans ambiguïté la direction du rayon réfléchi:

1. Les rayons incident et réfléchi sont situés dans un même plan perpendiculaire à la surface réfléchissante.

2. Les angles d'incidence et de réflexion sont égaux: $\alpha = \beta$.

Considère encore la figure 6. Si le rayon BC était le rayon incident, il faudrait, d'après les lois de la réflexion, que le rayon réfléchi prenne la direction CA. Dans ce cas, la lumière aurait fait le trajet BCA, qui n'est autre que le trajet ACB effectué en sens inverse. La réflexion de la lumière vérifie donc la **loi du retour inverse de la lumière**:

Le trajet suivi par la lumière est indépendant de son sens de propagation.

Il est possible de construire sans rapporteur les rayons réfléchis sur un miroir.

Soit P la source d'un faisceau lumineux incident sur un miroir et P' son symétrique par rapport au plan du miroir. Les directions des rayons délimitant le faisceau réfléchi sont données par les demi-droites P'A et P'B (fig. 7).

Le raisonnement suivant démontre que les rayons ainsi trouvés obéissent aux lois de la réflexion de la lumière:

On peut faire coïncider les triangles PAS et P'AS par rabattement. Les angles γ et δ ont donc même mesure. γ' et δ, opposés par le sommet, sont égaux aussi.

Comme $\alpha + \gamma = 90°$, $\beta + \gamma' = 90°$ et $\gamma = \gamma'$, nous concluons que $\alpha = \beta$.

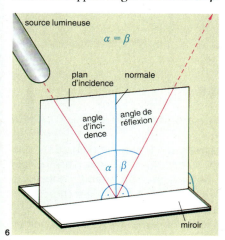
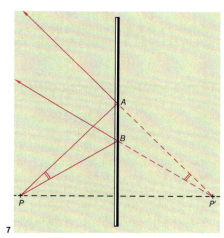
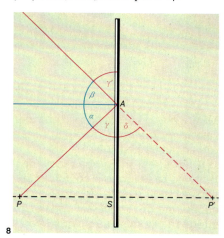

6   7   8

Info: La formation des images données par les miroirs

Pourquoi les images données par les faces réfléchissantes sont-elles virtuelles?

Mets-toi à la place de l'observateur de la figure 9. Tu aperçois l'image de la bougie dans le miroir parce que parmi tous les faisceaux lumineux qu'elle émet, il y en a qui sont réfléchis par le miroir et pénètrent dans tes yeux.

Mais tu as l'impression que cette lumière provient des sommets des cônes lumineux correspondant aux faisceaux réfléchis (en pointillé). Ton cerveau interprète en effet l'image en se basant sur la propagation rectiligne de la lumière. Tu n'es donc pas conscient du fait que la lumière qui frappe tes yeux a changé de direction lors de la réflexion par le miroir.

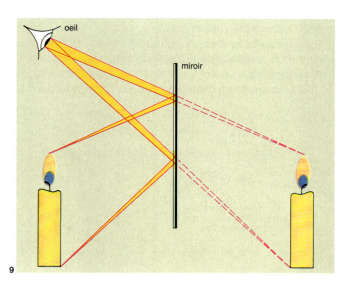

9

Exercices

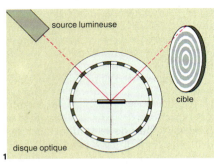

1 On veut que le rayon réfléchi frappe le milieu de la cible (fig. 1). Quelles sont les possibilités pour y remédier?

2 Regarde la figure 2. On voit les cartes à jouer en couleur. Le miroir cependant - bien qu'éclairé - paraît noir. Explique!

3 Luc se trouve en face d'une vitrine et y voit l'image de son copain Martin. Reproduis la figure 3 dans ton cahier et détermine la position réelle de Martin. Construis aussi la marche d'un faisceau lumineux partant de Martin et frappant les yeux de Luc.

4 Quelle est la différence entre l'image du crayon donnée par le miroir de la figure 4 et celle fournie par

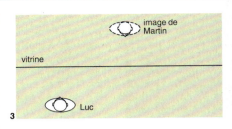

un miroir plan? Essaie d'expliquer la formation de cette image en étudiant le chemin d'un faisceau lumineux issu de la pointe du crayon.

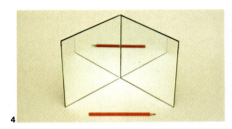

Technique: Le télémètre à coïncidence

Mettre au point un appareil photographique, c'est régler l'appareil pour que l'image du sujet choisi se forme exactement sur la pellicule.

A cet effet, on équipait jadis des caméras à visée directe de **télémètres à coïncidence**. Si l'on regarde à travers le viseur d'un tel appareil, on remarque que la moitié supérieure de l'image est décalée par rapport à sa moitié inférieure. La mise au point s'effectue en déplaçant l'objectif jusqu'à ce que le décalage entre les deux moitiés de l'image ait disparu.

Comment fonctionne un tel télémètre?

Il est constitué de deux miroirs dont l'un est fixe et l'autre mobile autour d'un axe (tu trouveras un guide de construction dans l'appendice).

En regardant au-dessus du miroir 1 (fixe), tu peux voir l'arête d'un prisme, que nous considérons comme étant l'objet dont nous voulons déterminer la distance (fig. 7). Tu peux observer en même temps, en regardant dans le miroir 1 l'image de cette arête après réflexion sur les deux miroirs.

Normalement, l'arête et son image ne coïncident pas. En tournant le miroir 2, tu décales l'image de l'arête. Pour une position bien déterminée du miroir mobile, tu constates que l'arête et son image coïncident (fig. 8).

Plus l'objet est proche, plus il faut tourner le miroir 2 dans le sens des aiguilles d'une montre pour faire coïncider l'arête et son image. A chaque distance correspond donc une position déterminée du miroir. C'est ainsi qu'on peut graduer le miroir 2 à l'aide de distances connues.

Un tel système de deux miroirs muni d'une échelle constitue un télémètre.

Au dix-huitième siècle, ce procédé était déjà appliqué par les arpenteurs. Aujourd'hui, bien des caméras modernes sont équipées de tels télémètres à coïncidence (on n'utilise cependant plus de miroirs pour découper l'image qu'on voit dans le viseur).

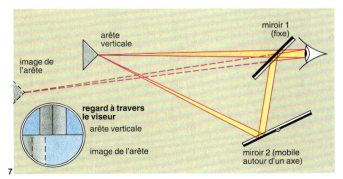

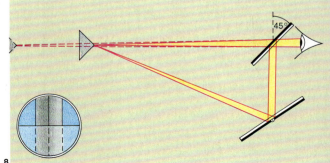

5 Martine veut acheter un miroir de vestiaire. Elle mesure 1,60 m et ses yeux sont à une hauteur de 1,50 m au-dessus du sol.

a) Quelle doit-être la hauteur minimale du miroir si Martine, placée à 1 m du mur, veut se voir des pieds à la tête?

A quelle hauteur fixera-t-elle l'arête supérieure du miroir?

Suggestion: Quels sont les chemins parcourus par la lumière entre les pieds, respectivement la tête, et les yeux? Construis l'image!

b) Martine se rapproche du miroir. Que devient son image?

6 En regardant à travers le petit trou du dispositif de la figure 5, on aperçoit plusieurs pièces de monnaie. Ex-

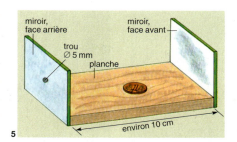
5

6

plique le phénomène observé. Pourquoi les pièces plus éloignées sont-elles moins claires?

7 Une bougie est placée devant deux miroirs plans qui se coupent successivement sous des angles de 120°, 90° respectivement 60°. Combien d'images de la bougie obtient-on dans chacun des cas? Trouve la solution géométrique.

8 Une expérience pour te creuser la cervelle: pose un miroir sur la table et éclaire-le à l'aide d'un spot comme indiqué sur la figure 6. Une partie du plafond s'éclaire.

Tiens une main tout juste au-dessus du miroir. Au plafond apparaissent deux ombres de ta main. Explique ce phénomène.

Technique: **Le miroir triple**

La figure 9 te montre un réflecteur en coin. Formé par trois surfaces réfléchissantes, on l'appelle encore miroir triple.

Quelle que soit ta position par rapport à un tel miroir, il te renvoie une image renversée. Si tu te déplaces, ton image se déplace en sens contraire sans te perdre des yeux. Le réflecteur en coin possède donc des propriétés bien différentes de celles du miroir plan normal. Quelles en sont les raisons?

En général, un faisceau lumineux incident sur l'une des faces d'un miroir triple subit trois réflexions consécutives. La direction du faisceau après la dernière réflexion est la même que la direction d'incidence (fig. 10).

Cette propriété du réflecteur en coin connaît beaucoup d'applications techniques. Les cataphotes (réflecteurs) de ta bicyclette ou de ta serviette, par exemple, sont des assemblages de prismes dont trois faces adjacentes sont chaque fois perpendiculaires. Ces prismes triples renvoient la lumière de la même manière que les réflecteurs en coin (fig. 11).

Les écrans de projection tout comme les panneaux de signalisation réfléchissants sont souvent recouverts de cristaux minuscules qui ont la même géométrie que les prismes triples. Ils renvoient la lumière dans la direction d'incidence et sont ainsi bien visibles de l'endroit où se trouve la source lumineuse.

En 1969, l'équipage du vaisseau spatial Apollo 11 installe sur la Lune un miroir (fig. 12) dont la surface réfléchissante a une aire de 0,25 m² et compte 100 réflecteurs en coin.

A l'aide de ce miroir, on peut déterminer la distance Terre - Lune à 20 cm près. Les réflecteurs en coin renvoient en effet un faisceau laser qu'ils reçoivent de la Terre dans la direction d'incidence. Il est facile de mesurer le temps mis par la lumière du laser pour effectuer un aller-retour et d'en déduire la longueur du parcours.

9

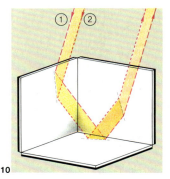
10

11

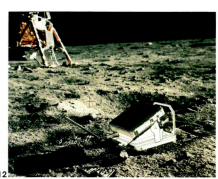
12

3 Images fournies par des surfaces courbes

Ces images ne reflètent pas la réalité.

Quel genre de miroir donne de telles images distordues?

E11 Les miroirs courbes sont constitués par des calottes sphériques. Si la surface extérieure d'une telle calotte est réfléchissante, le miroir est dit convexe.

a) Le dos d'une cuillère à soupe ou l'enjoliveur d'une roue d'automobile sont des miroirs convexes. Regarde-toi dans l'une de ces surfaces réfléchissantes. Comment ton visage t'apparaît-il? Comment vois-tu les alentours?

b) Qu'observes-tu lorsque tu places une règle graduée perpendiculairement sur un miroir convexe?
Explique pourquoi l'image observée est virtuelle.

E12 Si la surface intérieure d'un miroir courbe est réfléchissante, le miroir est dit concave.

a) Regarde dans un miroir concave à faible courbure (p. ex. un miroir à barbe). Décris ton image?

b) Place une règle graduée perpendiculairement sur la surface réfléchissante. Observe l'image de la règle!
Existe-t-il une différence entre cette image et celle donnée par le miroir convexe?

c) A quoi reconnaît-on que l'image donnée par le miroir concave est virtuelle?

E13 Les lois de la réflexion de la lumière sur des surfaces planes sont-elles aussi valables pour la réflexion sur des miroirs courbes?

a) Fixe un miroir convexe à un disque optique et étudie de quelle façon ce miroir réfléchit un faisceau lumineux parallèle respectivement divergent.

b) Répète la même expérience en utilisant un miroir concave.

Info: Réflexion de la lumière sur un miroir courbe

Tout comme les miroirs plans, les miroirs courbes obéissent aux **lois de la réflexion** de la lumière. Tout élément de surface d'un miroir courbe peut être assimilé à un miroir plan. La direction de la normale à la surface réfléchissante varie d'un élément de surface à l'autre.

La figure 3 montre comment un **miroir convexe** réfléchit un faisceau parallèle incident.

Comme les normales ne sont pas parallèles, les angles d'incidence ont des mesures différentes. Il en résulte que le faisceau réfléchi est divergent.

Lorsqu'un faisceau *divergent* tombe sur le miroir convexe, les rayons limites *divergent davantage* après la réflexion qu'avant (fig. 4).

Quelle que soit la position d'un objet devant un miroir convexe, son image est virtuelle, droite et *plus petite* que l'objet.

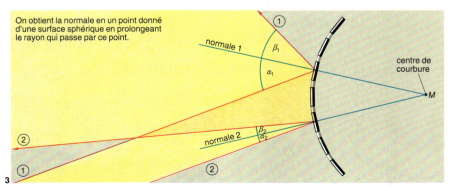

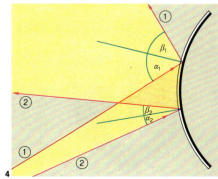

Technique: Les miroirs courbes et l'angle de vision

Les rétroviseurs d'automobile sont des miroirs convexes qui permettent au conducteur d'avoir une plus grande vue d'ensemble de la circulation. Les figures 8 et 9 montrent les vues fournies par un miroir plan et un miroir convexe. Un conducteur averti n'ignore cependant pas que les images données par les rétroviseurs sont des images réduites qui semblent être plus éloignées du miroir que les objets ne le sont en réalité.

Contrairement au rétroviseur, où l'image paraît se former à grande distance du miroir, l'image du tube de colle de la photo 10 semble être plus près de la surface réfléchissante que l'original.

On retrouve pareille contradiction en rapport avec le miroir concave. Si on se regarde dans un miroir à barbe, on y aperçoit une image agrandie qui semble plus proche de la surface réfléchissante que le visage. En réalité, l'image d'un objet est plus éloignée du miroir concave que l'original (fig. 11).

Ces contradictions apparentes sont dues au fait que les miroirs courbes modifient l'angle de vision (fig. 12):

Un miroir convexe réduit l'angle de vision ($\varphi_2 < \varphi_1$). Si l'angle sous lequel nous voyons un objet familier est faible, notre cerveau conclut automatiquement que l'objet est éloigné.

Contrairement au miroir convexe, un miroir concave agrandit l'angle de vision ($\varphi_3 > \varphi_1$). Notre cerveau juge automatiquement que l'objet qu'on regarde dans le miroir est plus proche.

miroir convexe

miroir plan

8 9

miroir convexe

miroir concave

10 11

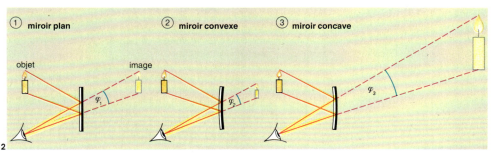
① miroir plan ② miroir convexe ③ miroir concave

12

Les deux faisceaux lumineux (fig. 5) qui partent d'une bougie, se réfléchissent sur le miroir et pénètrent ensuite dans l'oeil de l'observateur. Après la réflexion, ils divergent davantage. Comme l'observateur voit la bougie à l'endroit où les prolongements des faisceaux réfléchis se coupent (en pointillé), l'image virtuelle est dans ce cas plus proche du miroir que l'objet.

Lorsqu'un faisceau divergent tombe sur un **miroir concave**, les rayons limites *divergent moins* après la réflexion. Il est même possible qu'un miroir concave transforme un faisceau divergent en un faisceau convergent.

L'image d'un objet qui se trouve assez près d'un miroir concave est virtuelle et plus grande que l'objet. La distance qui la sépare du miroir est supérieure à la distance-objet.

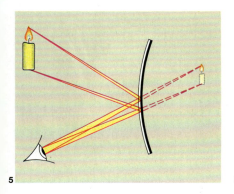

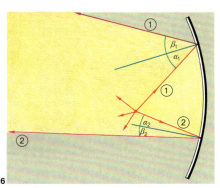

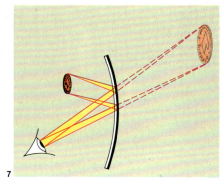

5 6 7

Info: La construction d'images virtuelles

Considérons un point lumineux P situé en face d'un miroir convexe (fig. 1). Construisons son image.

Parmi tous les rayons qui partent du point P, nous en choisissons deux: un premier dont le prolongement passe par le centre de courbure M du miroir et un deuxième qui frappe la surface réfléchissante en A. Le premier rayon, perpendiculaire au miroir, se réfléchit en lui-même. Pour compléter la marche du deuxième rayon, nous appliquons la loi de la réflexion de la lumière ($\alpha = \beta$). La normale à la surface du miroir au point d'incidence est la droite reliant le centre de courbure M et le point A. L'image P' du point P se trouve alors à l'intersection des prolongements (en pointillé) des deux rayons réfléchis.

L'image d'un point lumineux situé en face d'un miroir concave est construite d'une manière analogue (fig. 2).

Le procédé décrit ci-dessus ne peut être appliqué que si l'on est en présence d'un miroir à faible courbure. Si la courbure de la surface réfléchissante est plus prononcée, la position du point-image dépend des directions des rayons incidents choisis pour la construction.

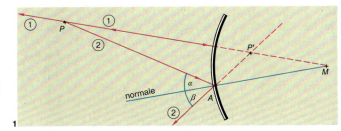

1

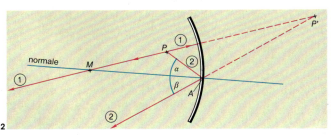

2

La réflexion de la lumière

As-tu compris?

1 Comme tous les objets visibles, une surface blanche renvoie de la lumière. Explique ce phénomène, appelé réflexion diffuse, à l'aide de la figure 3.

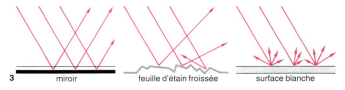

3   miroir   feuille d'étain froissée   surface blanche

2 Regarde les photos 1 et 2 de la double-page précédente. Explique la construction de ces images.

3 Une bougie brûle dans l'eau (fig. 4)!? Décris le dispositif expérimental qui permet de réaliser un tel tour de magie.

4 Dans quelle direction la voiture va-t-elle s'engager (fig. 5)?

5 Que penses-tu de l'écriture sur l'ambulance (fig. 6)?

6 Quelle est la différence entre images réelles et virtuelles?

7 Considère un système de deux miroirs plans qui font entre eux un angle de 90° (fig. 7).

a) Un rayon lumineux tombe sur le premier miroir sous une incidence de 45° (60°). Fais un schéma de la marche du rayon.

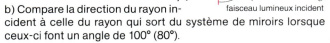

b) Compare la direction du rayon incident à celle du rayon qui sort du système de miroirs lorsque ceux-ci font un angle de 100° (80°).

8 Les piétons qui se promènent la nuit devraient s'équiper de réflecteurs. Quel en est l'avantage par rapport aux habits clairs?

9 Un monument se reflète dans les vitres d'un immeuble qui se trouve à 10 m. Une personne placée à côté du monument désire photographier l'image réfléchie. À quelle distance doit-elle régler son appareil si elle veut que la mise au point soit correcte?

4

5

6

La réflexion de la lumière

Résumé

Les lois de la réflexion

▶ *Les miroirs, ainsi que beaucoup de surfaces lisses, réfléchissent la lumière. La réflexion de la lumière obéit aux lois de la réflexion.* ◀

Les lois de la réflexion s'énoncent:

1. Le rayon incident et le rayon réfléchi sont situés dans un même plan perpendiculaire à la surface réfléchissante.

2. L'angle d'incidence a toujours la *même mesure* que l'angle de réflexion: $\alpha = \beta$.

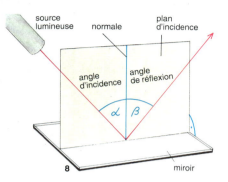

Les images données par des miroirs

Les images données par les miroirs sont des *images virtuelles:* parmi tous les faisceaux lumineux émis par un objet, il y en a qui sont *réfléchis* par le miroir et pénètrent ensuite dans les yeux de l'observateur. Celui-ci a cependant l'impression que la lumière reçue provient de points situés derrière le miroir.

Un miroir n'inverse ni la gauche et la droite, ni le haut et le bas, mais seulement l'avant et l'arrière.

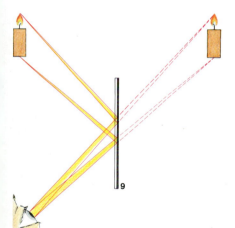

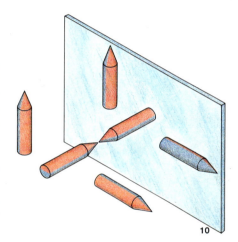

La réflexion de la lumière sur un miroir courbe

Les lois de la réflexion de la lumière s'appliquent aussi aux surfaces courbes. Les miroirs courbes font bien plus que de modifier les directions:

Un **miroir convexe** rend un faisceau incident plus divergent. Les images produites par un tel miroir sont *virtuelles* et *réduites* par rapport aux objets.

Lorsqu'un objet se trouve assez près d'un **miroir concave**, son image est *virtuelle* elle-aussi. Comme les faisceaux divergent moins après la réflexion, l'image est *agrandie*.

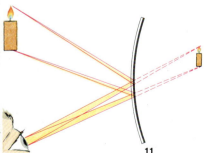

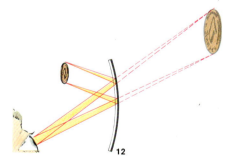

Nous voyons l'image donnée par un miroir courbe sous un autre angle de vision que l'original. Par conséquent, la perception de la taille et de la distance des images est changée.

Réfraction et réflexion totale

1 D'où la pièce de monnaie sort-elle?

Ce n'est que de l'eau qu'on verse dans la tasse (fig. 1) ...

E1 Remplis une tasse d'eau.

a) Introduis une règle partiellement dans l'eau et maintiens-la dans une position verticale. Décris tes observations si tu regardes la règle d'en haut, en biais et en rasant la surface du liquide.

b) Répète l'expérience après avoir incliné la règle par rapport à la verticale. Que constates-tu?

E2 Le tour de prestidigitation des figures 1 et 2 fonctionne-t-il aussi avec d'autres liquides?

Répète l'expérience avec de l'alcool à brûler, de l'huile ou d'autres liquides. Fait-on toujours la même observation?

E3 Place une pièce de monnaie au fond d'une cuve transparente remplie d'eau. Fixe ensuite un tube en verre à un support approprié et ajuste-le de façon à pouvoir repérer la pièce en regardant à travers (fig. 3).

a) Fais glisser une aiguille à tricoter par le tube. Touche-t-elle la pièce?

b) Essaie maintenant de toucher la pièce de monnaie avec un pinceau lumineux que tu envoies à travers le tube. Décris le chemin parcouru par la lumière. (Pour rendre visible la trace du pinceau lumineux, dilue un peu de fluorescine dans l'eau.)

c) Réduis «l'angle d'incidence» de l'aiguille et du pinceau lumineux. Décris tes observations?

d) Qu'arrive-t-il si le tube de verre est perpendiculaire au plan d'eau?

E4 Pour que tu voies la pièce de monnaie sous l'eau, une partie de la lumière qu'elle réfléchit doit atteindre tes yeux. Cette lumière se propage d'abord dans l'eau et ensuite dans l'air.

a) Le dispositif expérimental de la figure 4 permet de visualiser le trajet de la lumière lors du *passage eau–air*.

b) Fais varier l'angle d'incidence du pinceau en tournant le miroir. Décris tes observations.

c) Incline la lampe et dispose le miroir perpendiculairement au pinceau lumineux. Que constates-tu?

E5 Un disque optique (fig. 5) permet de trouver la relation entre l'angle d'incidence α et l'angle β que fait le pinceau lumineux avec la normale dans le plexiglas.

Un pinceau lumineux touche le milieu M de la surface plane d'un demi-cylindre et y subit un changement de direction. Dans le plexiglas, la direction du pinceau est toujours confondue avec un rayon du demi-cylindre. Le pinceau arrive donc perpendiculairement à la surface courbe et n'est *pas dévié* à sa sortie dans l'air.

a) Augmente l'angle d'incidence progressivement de 0° à 90°. Note les valeurs correspondantes de α et β.

b) Porte les valeurs mesurées sur un graphique avec α en abscisse et β en ordonnée. Quelle est la valeur maximale de β pour le plexiglas?

c) Le pinceau incident et le pinceau qui traverse le plexiglas sont visibles sur un même écran perpendiculaire à la surface de séparation air–plexiglas. Que peux-tu conclure?

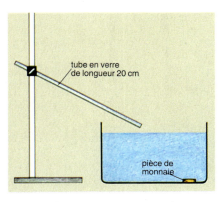
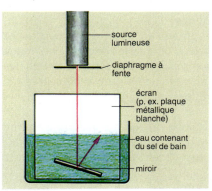
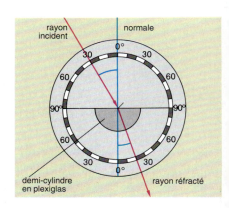

Info: La réfraction de la lumière

Lorsqu'un rayon lumineux tombe obliquement sur la surface de séparation (dioptre) entre l'air et le verre, il subit un brusque changement de direction. Ce phénomène est appelé **réfraction** (lat. *refringere*: briser). On dit que la lumière est **réfractée** au niveau du dioptre air–verre.

Le rayon incident, le rayon réfracté et la normale au dioptre sont toujours situés *dans un même plan*.

Nous appelons **angle d'incidence α** l'angle formé par le rayon lumineux incident et la normale au dioptre.

L'**angle de réfraction β** est l'angle entre le rayon réfracté et la normale.

Les figures 6 à 8 illustrent le trajet d'un pinceau lumineux qui tombe sur la surface plane d'un corps en verre en contact avec l'air. Nous constatons que:

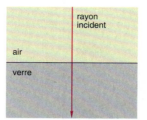
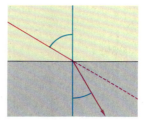
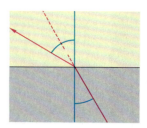

○ Pour une incidence *normale* ($\alpha = 0°$), le rayon lumineux pénètre dans le verre sans être dévié (fig. 6).

○ Lorsque la lumière passe *de l'air dans le verre* ($\alpha \neq 0°$), l'angle de réfraction est toujours inférieur à l'angle d'incidence: $\beta < \alpha$ (fig. 7).
Le rayon réfracté *se rapproche de la normale*.

○ Lorsque la lumière passe *du verre dans l'air* ($\alpha \neq 0°$), l'angle de réfraction est toujours supérieur à l'angle d'incidence: $\beta > \alpha$ (fig. 8).
Le rayon réfracté *s'écarte de la normale*.

○ Qu'il s'agisse du dioptre air–verre (fig. 7) ou bien du dioptre verre–air (fig. 8), la déviation du rayon réfracté est d'autant plus grande que l'angle d'incidence est plus grand.

○ Sur la figure 8, la lumière parcourt le même chemin que sur la figure 7, mais en sens inverse: la **loi du retour inverse de la lumière** s'applique donc aussi pour la réfraction.

Si l'incidence est non nulle, les angles d'incidence et de réfraction sont différents.

○ Le milieu qui contient le plus petit des angles est le *milieu plus réfringent*.

○ Le milieu qui contient le plus grand des angles est le *milieu moins réfringent*.

Ainsi le verre et l'eau sont des milieux plus réfringents que l'air.

Info: La relation entre l'angle d'incidence et l'angle de réfraction

Le brusque changement de direction que subit un rayon lumineux en traversant un dioptre devient d'autant plus important que l'angle d'incidence est plus grand. L'expérience montre encore que, pour un angle d'incidence donné, la mesure de l'angle de réfraction dépend de la nature du dioptre étudié.

Le graphique 9 représente l'angle de réfraction β en fonction de l'angle d'incidence α pour les trois dioptres *air–eau*, *air–verre* et *air–diamant*. Pour des incidences faibles, les angles de réfraction sont proportionnels aux angles d'incidence. Pour des angles d'incidence supérieurs à 30°, les angles de réfraction augmentent cependant de moins en moins vite; la mesure de l'angle de réfraction β n'est donc pas une fonction linéaire de la mesure de l'angle d'incidence α.

Par ailleurs, tu remarques que le verre est plus réfringent que l'eau. En effet, quel que soit l'angle d'incidence, l'angle de réfraction est moins grand pour le dioptre *air–verre* que pour le dioptre *air–eau* (le changement de direction de la lumière est donc plus prononcé lorsque le pinceau lumineux passe de l'air dans le verre que s'il passe de l'air dans l'eau).

Etudions à présent le passage de la lumière d'un milieu donné (par exemple, l'air) *dans un milieu plus réfringent* (par exemple, l'eau). En augmentant l'angle d'incidence α, l'angle de réfraction β augmente aussi. Comme l'angle d'incidence ne peut dépasser 90°, l'angle de réfraction atteint sa valeur maximale β_l lorsque l'incidence est rasante (fig. 10).

Cette valeur maximale β_l de l'angle de réfraction est appelée **angle de réfraction limite**. Sa mesure dépend de la nature du dioptre en question.

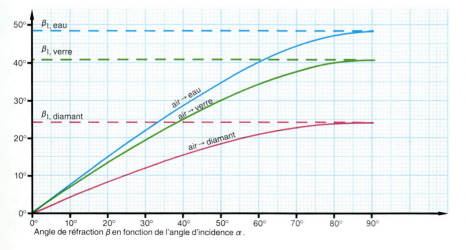

Angle de réfraction β en fonction de l'angle d'incidence α.

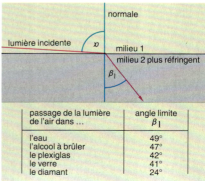

passage de la lumière de l'air dans …	angle limite β_l
l'eau	49°
l'alcool à brûler	47°
le plexiglas	42°
le verre	41°
le diamant	24°

Info: Des illusions d'optique dues à la réfraction de la lumière

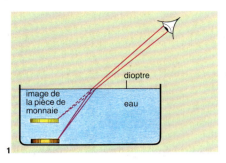
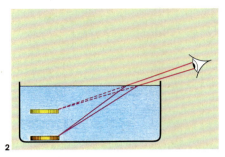

Les objets totalement ou partiellement immergés dans l'eau peuvent paraître brisés, raccourcis ou soulevés. Ces «illusions» sont dues à la **réfraction** de la lumière.

Disposons par exemple une pièce de monnaie au fond d'une cuve remplie d'eau (fig. 1) et considérons deux rayons limites d'un étroit faisceau divergent issu d'un point de la pièce. Ces rayons, en passant de l'eau dans l'air, sont réfractés et s'écartent de la normale. Pour l'œil qui les reçoit, ces rayons semblent provenir d'un point qui est à l'intersection des prolongements (dessinés en pointillé) des rayons réfractés.

Nous voyons ainsi une **image virtuelle** de la pièce de monnaie qui nous apparaît plus proche de la surface que sa position réelle.

A mesure que la direction de notre regard devient rasant, la profondeur d'immersion apparente de la pièce diminue. La raison en est que le pinceau lumineux qui atteint notre œil est plus fortement dévié (fig. 2).

Une tige maintenue verticalement dans l'eau semble raccourcie. La même tige plongée obliquement dans l'eau nous paraît brisée au point où elle pénètre dans l'eau.

Les deux phénomènes ont la même explication: tout point d'un objet plongé dans l'eau possède une image virtuelle qui est plus élevée que le point-objet.

En observant un poisson à travers un masque de plongée, il nous paraît plus proche qu'il ne l'est en réalité. De même, si nous regardons en biais l'une des parois d'un aquarium, les poissons semblent rapprochés de nous. La paroi arrière d'un aquarium semble même se déformer si nous tournons légèrement notre tête.

Pourquoi nous est-il si difficile d'évaluer correctement la distance à un objet qui se trouve dans un milieu plus réfringent?

Si l'on regarde un objet qui est assez proche, les deux yeux visent un même point de l'objet (fig. 3). L'orientation des yeux permet alors au cerveau d'estimer la distance à l'objet.

Le plongeur qui regarde à travers un masque de plongée ne voit que l'image virtuelle du poisson (fig. 4) parce que les faisceaux lumineux issus du poisson sont réfractés lorsqu'ils traversent la surface de séparation entre l'eau et l'air. Il en résulte que ses yeux sont orientés comme s'ils visaient un objet plus rapproché, situé à l'intersection des prolongements (en pointillé) des faisceaux réfractés.

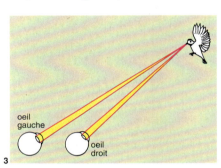
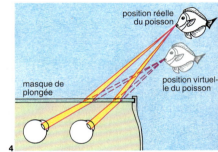

Exercices

1 *Johannes Kepler* (1571-1630) a déjà étudié le phénomène de la réfraction de la lumière à l'aide d'un dispositif analogue à celui de la figure 5.

Pourquoi l'ombre est-elle plus petite dans le liquide qu'à l'extérieur?

2 La figure 6 montre le trajet de la lumière et sa réfraction lors du passage de l'air dans le plexiglas. Comment peux-tu modifier l'expérience pour vérifier la loi du retour inverse de la lumière?

3 Un pinceau lumineux passe d'un milieu donné dans un milieu moins réfringent. Compare l'angle de réfraction à l'angle d'incidence.

4 Lors du passage de la lumière à travers une vitre (fig. 7), le faisceau subit un décalage latéral sans changer de direction. Explique!

5 Un faisceau lumineux traversant un prisme de verre subit deux réfractions (fig. 8). Pourquoi la déviation du faisceau lumineux par le prisme est-elle si importante?

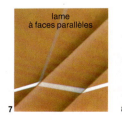

Phénomène naturel: **Le Soleil couchant n'est pas rond!**

Souvent le Soleil couchant nous apparaît légèrement aplati. Pourquoi l'axe vertical du Soleil paraît-il raccourci par rapport à son axe horizontal (fig. 11)?

L'atmosphère terrestre n'est pas un milieu homogène: la masse volumique de l'air diminue en effet avec l'altitude. Il en résulte que la lumière émise par le Soleil subit une suite de réfractions sur les couches d'air de plus en plus denses.

Une expérience (fig. 12) illustre ce phénomène. Dans un récipient en verre contenant déjà de l'eau sucrée, on ajoute de l'eau avec précaution. La surface de séparation entre les deux liquides est légèrement remuée pour obtenir un passage continu de l'eau à l'eau sucrée.

L'effet de la réfraction atmosphérique est bien visible lorsque tu observes un astre. Les rayons issus du corps céleste subissent des réfractions successives et traversent l'atmosphère selon une trajectoire courbe (fig. 13). Nous avons l'impression que l'astre se trouve dans le prolongement des rayons lumineux qui nous parviennent. En réalité, l'astre occupe une position moins élevée au-dessus de l'horizon. Il est même possible de voir encore un astre dont la position réelle se trouve déjà en dessous de l'horizon.

Il en est de même du Soleil couchant. La réfraction de la lumière, qui s'accentue avec l'inclinaison des faisceaux incidents, fait que nous voyons une image virtuelle de notre astre plus élevée qu'il ne l'est en réalité. Mais pourquoi n'est-il *pas rond*?

Le faisceau issu du bord *inférieur* du Soleil, entrant dans l'atmosphère sous une *incidence plus grande* que celui émis par le bord supérieur, est *plus fortement dévié* (fig. 14). Le bord inférieur du Soleil subit donc un déplacement virtuel plus important que le bord supérieur: l'axe vertical du Soleil apparaît raccourci.

L'axe horizontal du Soleil n'est pas déformé, car les faisceaux issus des bords gauche et droit subissent la même déviation.

11

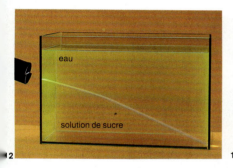

12

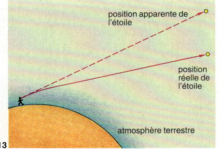

13

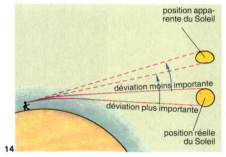

14

---

6 Plusieurs pinceaux de lumière arrivent sur une lame de verre d'épaisseur 1 cm (fig. 9). Copie la figure dans ton cahier et trace le trajet de chaque pinceau à travers la lame.

Tu trouves les angles de réfraction en consultant le diagramme (fig. 9 de la double-page précédente). Quelle est la loi qui te permet de déterminer, sans données supplémentaires sur le dioptre *verre–air*, les angles de réfraction à la face de sortie?

7 Un rayon lumineux tombe sur un prisme en verre comme l'indique la figure 10.

Reproduis cette figure à plus grande échelle dans ton cahier. Trace le trajet que suit le rayon lumineux *dans* le prisme et *après* en être sorti.

8 En observant des poissons dans un aquarium, on ne voit que leurs images *virtuelles*.

a) Justifie cette affirmation.

b) Pourquoi a-t-on l'impression que tous les objets sont rapprochés quand on regarde à travers une vitre d'un aquarium?

c) Explique à l'aide d'un schéma pourquoi l'image virtuelle d'un poisson se déplace lorsque l'observateur tourne la tête.

d) Compare les images virtuelles produites par le phénomène de réfraction aux images données par les miroirs. Cherche les différences!

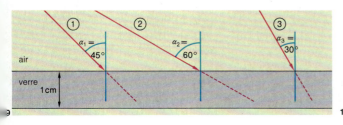

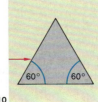

Info: L'indice de réfraction

Au lieu de mesurer l'angle de réfraction et l'angle d'incidence, nous allons étudier les distances d_1 et d_2 (fig. 1).

La représentation graphique de d_2 en fonction de d_1 est une droite passant par l'origine et dont la pente dépend de la nature du dioptre (fig. 2). Le rapport d_1/d_2 est une constante qui dépend de la nature du dioptre. Cette constante n est appelée **indice de réfraction**.

Plus l'indice de réfraction est élevé, plus la réfraction est importante.

L'étude de la loi de la réfraction (voir appendice) montre que l'indice de réfraction est indépendant du cercle tracé.

Passage de la lumière de l'air dans	Indice de réfraction n
l'eau	1,33
l'alcool à brûler	1,36
le plexiglas	1,50
le verre (crown)	1,53
le diamant	2,42

Petites questions

1 Construis la marche d'un pinceau lumineux qui passe *de l'air dans le plexiglas* sous une incidence de 50°.

2 Détermine l'angle de réfraction d'un rayon qui se propage dans l'air et atteint une plaque en verre sous une incidence de 70°.

Que devient l'angle de réfraction si on remplace le verre par du diamant?

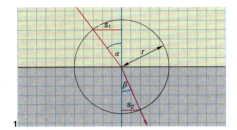

1

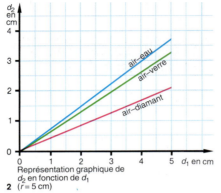

2 Représentation graphique de d_2 en fonction de d_1 ($r = 5$ cm)

2 La réflexion totale

Une main dans l'eau – vue d'en bas … **3**

E6 Utilise le dispositif de la figure 4 pour étudier le passage d'un pinceau lumineux d'un milieu donné dans un milieu plus réfringent (ici, le *passage de l'air dans l'eau*).

Examine le trajet des différents rayons en augmentant progressivement l'angle d'incidence de 0° (incidence normale) à 90° (incidence rasante).

Mais cette fois, observe aussi les rayons *réfléchis*.

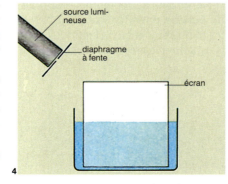

4

Décris les variations de l'intensité lumineuse des rayons réfractés et réfléchis.

E7 Etudie maintenant le passage de la lumière *de l'eau dans l'air* (→ E4).

Essaie de mesurer l'angle d'incidence limite à partir duquel le rayon réfracté disparaît. Quel est le trajet du rayon réfracté lorsque l'angle d'incidence n'est que légèrement inférieur à l'angle d'incidence limite?

Info: Réflexion et réfraction – réflexion sans réfraction?

Lorsqu'un rayon lumineux tombe sur la surface de séparation entre deux milieux transparents, une *partie* seulement de la lumière incidente traverse le dioptre, le reste est réfléchi (fig. 5).

La partie réfléchie de la lumière est d'autant plus grande que l'angle d'incidence est élevé. La quantité de lumière transmise diminue en conséquence. Une vitre devient ainsi de plus en plus réfléchissante à mesure que la direction de notre regard devient plus rasante.

Considérons le passage de la lumière *d'un milieu donné dans un milieu plus réfringent*. Quel que soit l'angle d'incidence, il y a toujours une partie de la lumière incidente qui pénètre dans le milieu plus réfringent. Pour une incidence presque rasante, l'angle de réfraction se rapproche de l'angle limite β_1. La plus

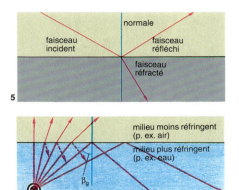

grande partie de la lumière incidente est cependant réfléchie; il n'y a que très peu de lumière qui traverse le dioptre.

La figure 6 illustre le passage *d'un milieu donné dans un milieu moins réfringent*. En augmentant l'angle d'incidence, la partie réfléchie de la lumière devient de plus en plus importante. L'intensité du rayon transmis et réfracté décroît en conséquence et s'annule pratiquement lorsque l'angle d'incidence atteint la valeur limite β_1.

Si l'angle d'incidence est supérieur à β_1, la lumière ne peut plus traverser la surface de séparation: *toute* la lumière est réfléchie. Ce phénomène est appelé **réflexion totale**.

La réflexion totale se produit chaque fois que la lumière passe dans un milieu moins réfringent et que l'angle d'incidence est supérieur à l'**angle limite β_1**. Cet angle est une caractéristique du dioptre considéré; ainsi pour le passage eau–air, l'angle limite vaut $\beta_1 = 49°$ et pour le dioptre verre–air, il est de $42°$.

Technique: Les fibres optiques

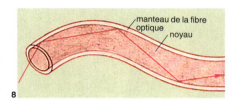

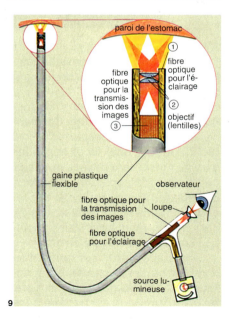

La figure 7 te montre une *lampe à fibres optiques*. Malgré la courbure prononcée des fibres, les rayons lumineux les traversent pour sortir à leur extrémité dans l'air. Chose étonnante, si l'on sait que la lumière se propage en ligne droite!

Une **fibre optique** est formée par un fil de verre de très faible diamètre (noyau) enrobé d'une gaine de verre (manteau). Le *noyau* de la fibre est *plus réfringent* que son *manteau*.

Un rayon lumineux entrant par une extrémité de la fibre est totalement réfléchi si l'angle d'incidence est plus grand que l'angle limite à l'endroit où le rayon lumineux frappe le manteau de la fibre (fig. 8). Même si la fibre est légèrement courbe, le rayon lumineux la traversera entièrement et parviendra à l'autre extrémité après de multiples réflexions, et cela pratiquement sans atténuation. Tu comprends maintenant pourquoi les fibres optiques sont aussi appelées *guides de lumière*.

Même des images peuvent être transportées au moyen de **câbles optiques** formés par des milliers de fibres optiques parallèles très fines. Chacune de ces fibres transmet les rayons issus d'une très petite portion de l'objet. La qualité de l'image dépend du diamètre des fibres qui peut être réduit jusqu'à 10^{-6} m.

Les fibres optiques ont de nombreuses applications en médecine. L'une des plus importantes est l'endoscope, un appareil d'observation qui permet d'examiner différents organes internes, comme p. ex. l'estomac.

L'endoscope est un tuyau flexible formé essentiellement de deux câbles optiques et d'une petite lentille qui a même fonction que l'objectif d'un appareil photo (fig. 9).

Le câble optique extérieur de l'endoscope (1) guide la lumière à travers le tube digestif du patient vers son estomac. L'objectif (2) forme une image de la partie éclairée de l'estomac sur le câble optique intérieur (3) qui la conduit vers son autre extrémité. Le médecin peut étudier l'image en regardant à travers la loupe intégrée dans l'endoscope.

Technique: **Transmission de données par fibres optiques**

Les systèmes de communication optiques vont gagner beaucoup en importance dans les années à venir.

Voici comment un entretien téléphonique peut être transmis par une fibre optique. Le message parlé est d'abord transformé en signaux électriques alimentant une lampe spéciale. Les éclairs lumineux émis par celle-ci se propagent alors à travers la fibre optique (la transmission d'un message parlé nécessite environ 30 000 éclairs par seconde). Arrivés à l'autre extrémité du guide de lumière, les éclairs lumineux sont «décodés» et le message parlé est restitué.

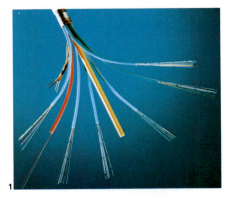

Les fibres optiques peuvent transmettre la lumière sur 20 km environ. Pour une transmission à une distance plus grande, les signaux sont amplifiés par des sources lumineuses supplémentaires.

Un câble optique peut regrouper des centaines de ces fibres optiques (fig. 1: câble à 42 fibres).

Aujourd'hui, on transmet, simultanément, à l'aide d'une seule fibre, des dizaines de milliers de conversations téléphoniques sans craquements ni distorsions acoustiques.

Un tel réseau est aussi capable de véhiculer des données informatiques, des images télévisées individuelles ainsi que des programmes de télévision complets.

Phénomène naturel: **Guides de lumière naturels**

A côté des fibres optiques - produits techniques hautement développés - il existe aussi des guides de lumière naturels.

Dans certaines régions d'Amérique et aux bords de la mer Caspienne, on trouve des *cristaux d'ulexite* (fig. 2). Lorsque deux faces opposées d'un tel cristal sont taillées et polies, ce dernier fait apparaître à sa face supérieure l'image de l'objet sur lequel repose sa *face inférieure* (fig. 3). Voilà pourquoi les Américains appellent cette pierre «*television stone*».

Le cristal d'ulexite est formé d'innombrables fibres capillaires parallèles qui sont des guides de lumière. Un rayon lumineux qui pénètre dans le cristal est acheminé le long de la fibre par une série de réflexions totales. Chaque fibre capillaire constitue donc un guide de lumière qui transmet la lumière issue d'un point de la face inférieure du cristal à sa face supérieure.

Il existe aussi des guides de lumière dans le monde végétal. La figure 4

montre une *racine de maïs* dont la partie sortant de la terre est éclairée à la lumière rouge. Tu observes que la lumière s'infiltre jusqu'aux extrémités des radicelles. Ce phénomène est facile à comprendre si l'on sait que la racine de maïs se présente sous forme d'un faisceau de colonnes cellulaires dont chacune est un guide de lumière. Les réflexions totales se produisent toujours au niveau des membranes cellulaires.

La lumière qui pénètre ainsi dans les racines contrôle la croissance des plantes.

Dès que les racines reçoivent de la lumière, elles poursuivent leur croissance et pénètrent plus profondément dans le sol. La croissance d'une pousse d'un grain d'avoine en germe dépend de la quantité de lumière qui parvient dans certaines parties de la plante situées sous terre.

Réfraction et réflexion totale

As-tu compris?

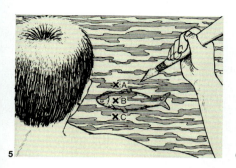
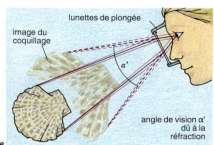
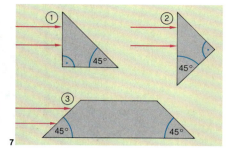

1 Quel point doit viser l'indigène (fig. 5)?

2 En te promenant le long d'une piscine, tu as sûrement déjà observé que l'eau semble être plus profonde de ton côté que du côté opposé. Explique!

3 Pourquoi est-il dangereux de plonger dans une piscine dont tu vois le fond, mais dont tu ignores la profondeur?

4 Un bâton rectiligne, partiellement immergé dans l'eau, paraît brisé à la surface de séparation entre l'air et l'eau. Montre à l'aide d'un schéma comment cela est possible!

5 Les coquillages sous l'eau, vus à travers un masque de plongée, paraissent plus grands qu'à la plage. Explique (fig. 6)!

6 On illumine un jet d'eau d'en bas. Pourquoi les filets d'eau courbés luisent-ils?

7 Regarde la figure 3 de la double-page précédente. La surface de l'eau paraît opaque: on ne peut voir qu'une partie du bras. Sais-tu pourquoi?

8 Le dos de beaucoup de poissons a la couleur du fond de la mer; leur ventre ressemble souvent à un miroir. Quel en est l'avantage pour les poissons?

9 Copie les prismes de la figure 7 dans ton cahier et trace les chemins suivis par les différents rayons lumineux.

10 La loi du retour inverse de la lumière s'applique à la réflexion et à la réfraction. Vérifie cette affirmation en étudiant la marche de la lumière à travers le prisme 3 de la figure 7.

11 L'indice de réfraction pour le passage de l'*eau dans le verre* vaut 1,15.

Compare la réfraction qui se produit lors du passage de l'*eau* dans le *verre* à celle qui se fait au passage de l'*air* dans le *verre*.

Résumé

Réfraction au passage d'un dioptre

▶ *Lorsqu'un rayon lumineux frappe obliquement la surface de séparation entre deux milieux transparents, il est* **réfracté**. ◀

Lorsque la lumière passe **d'un milieu donné dans un milieu plus réfringent** (p.ex. de l'air dans l'eau), le rayon réfracté **se rapproche de la normale** (fig. 8).

Lorsque la lumière passe **d'un milieu donné dans un milieu moins réfringent** (p. ex. du verre dans l'air), le rayon réfracté **s'écarte de la normale** (fig. 9).

Plus l'angle d'incidence est élevé, plus la déviation du rayon réfracté p. rapp. à la direction incidente est grande.

Un rayon incident normal à la surface de séparation n'est pas dévié.

Quand on regarde un objet à travers un dioptre plan, on voit une **image virtuelle** de l'objet.

Réflexion au niveau d'un dioptre

Une partie seulement de la lumière incidente sur un dioptre est réfractée; le reste est **réfléchi**.

La proportion de lumière réfléchie est d'autant plus grande que l'angle d'incidence est élevé, c.-à-d. que l'incidence est plus rasante.

Lors du passage d'un milieu donné dans un milieu moins réfringent, toute la lumière incidente est réfléchie si l'angle d'incidence est supérieur à un *angle limite,* dont la mesure dépend du dioptre. C'est le phénomène de la **réflexion totale**.

Images données par les lentilles

1 La lentille convergente

La figure 1 montre une vue prise à l'aide d'une simple chambre noire.
La figure 2 montre la même vue photographiée à l'aide d'une chambre noire équipée d'une lentille.

E1 Etudie l'image sur un écran que donne un diaphragme à ouverture réglable de la flamme d'une bougie (fig. 3).

a) Choisis d'abord un diamètre d'ouverture de 1 à 2 mm. Quel est le défaut de l'image sur l'écran?

b) Agrandis ensuite progressivement l'ouverture du diaphragme jusqu'à un diamètre d'environ 1 cm. Qu'observes-tu?

c) Tiens une loupe entre la flamme et le diaphragme à grande ouverture. (La loupe est une **lentille convergente** que tu reconnais à ses bords minces; fig. 4.) Déplace l'écran jusqu'à ce que l'image de la flamme soit de nouveau nette.

d) Rappelle-toi la composition d'une image optique nette! Essaie ensuite de préciser le rôle joué par la lentille convergente dans la formation de l'image.

e) Enlève le diaphragme. L'image change-t-elle? Le diaphragme est-il superflu lorsque l'image est formée par une lentille?

E2 Nous désignons par *distance-objet p* la distance entre la flamme et la lentille, par *distance-image q* la distance entre l'image de la flamme et la lentille, par *taille-objet o* la taille de la flamme et par *taille-image i* la taille de son image.

a) Choisis d'abord une distance-objet p de 2 m environ (fig. 5) et mesure la distance-image q.

Comment l'image est-elle modifiée si tu diminues la distance-objet p (en rapprochant la bougie de la lentille)?

b) Rapproche la bougie maintenant de la lentille jusqu'à ce que la flamme et son image sur l'écran aient même taille. Compare les valeurs correspondantes de p et q.

Comment la taille-image i et la distance-image q varient-elles lorsque tu rapproches la bougie encore davantage de la lentille?

c) Essaie de trouver la distance-objet minimale pour laquelle tu obtiens encore une image nette.

d) Mesure la distance-objet lorsque l'image se forme à plusieurs mètres de la lentille.

e) Détermine les distances-objet minimales de différentes lentilles. Qu'observes-tu? Compare aussi les tailles-image respectives.

E3 L'expérience suivante nous montre qu'il existe également une distance-image minimale.

a) Essaie d'obtenir, sur un mur ou une feuille de papier, l'image d'une fenêtre éloignée de plusieurs mètres en utilisant une lentille convergente (fig. 6). Mesure la distance-image q.

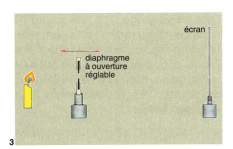 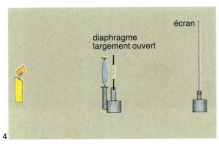 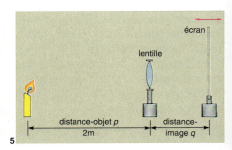

b) Utilise la même lentille pour former l'image d'un paysage lointain. La distance-image a-t-elle varié d'une manière décelable?

c) Essaie d'obtenir de la même façon l'image du Soleil, qui est un objet très lointain (attention au feu!). Compare la distance-image à celles obtenues dans les parties a et b.

d) On appelle *distance focale f* la distance-image minimale d'une lentille convergente.

Détermine par le procédé décrit sous a) les distances focales de différentes lentilles. (Tu gagnes en précision en déterminant f à l'aide de l'image du Soleil.)

Constates-tu des différences entre les images données par les lentilles étudiées?

e) Essaie de trouver la différence entre une lentille à grande distance focale et une lentille à plus petite distance focale. Choisis des lentilles de même diamètre!

E4 Tu te souviens qu'une chambre noire fait correspondre à tout *point-objet* une *tache-image* sur l'écran d'observation.

L'expérience suivante te permettra d'observer de quelle façon une lentille convergente transforme un faisceau lumineux étroit émis par un point-objet. Le filament d'une minuscule lampe à incandescence fera office de source lumineuse *ponctuelle*.

a) Place la lampe à un mètre d'une lentille convergente de distance focale 10 cm. Tiens ensuite l'écran juste derrière la lentille et éloigne-le lentement.

Observe la tache lumineuse sur l'écran. Pour quelle position de l'écran son diamètre est-il minimal? Cette position correspond au point-image du filament. Compare la distance-image à la distance focale de la lentille.

Comment le faisceau lumineux évolue-t-il derrière le point-image?

b) Dans quel sens le point-image se déplace-t-il lorsque tu réduis progressivement la distance-objet p? Inscris les valeurs de p et de q dans un tableau.

Il existe une position du filament pour laquelle $p = q$. Quelle relation existe entre cette distance-objet et la distance focale de la lentille?

Cette relation est-elle aussi vérifiée pour des lentilles ayant d'autres distances focales?

c) Vérifie à l'aide d'un fil que le point-objet (c.-à-d. le filament), le centre de la lentille et le point-image sont alignés.

d) Décris de quelle façon la lentille convergente dévie un faisceau lumineux lorsque p est inférieure à f. Cherche une explication!

E5 Deux lampes à incandescence colorées font office de «points-objet». La distance entre les deux lampes est la taille-objet o (fig. 7).

a) Détermine d'abord la distance-image pour une distance-objet de 1 m environ. Mesure la taille-image i (c.-à-d. la distance entre les deux points-image). Copie la figure 7 dans ton cahier et complète la marche des faisceaux derrière la lentille.

b) Rapproche maintenant les deux lampes de la lentille jusqu'à ce que $i = o$. Compare p et q à la distance focale f. Fais une figure!

c) Etudie de quelle façon évoluent la distance-image et la taille-image lorsque tu réduis progressivement la distance-objet o jusqu'à la distance focale f.

Pourquoi n'observe-t-on plus aucun point-image si la distance-objet est inférieure à la distance focale f?

d) Quelle sera la position du point-image correspondant à une troisième lampe? Cette lampe est disposée au-dessus de la lampe rouge, sur la droite qui relie les deux premières lampes.

e) Essaie d'expliquer, en te basant sur ces résultats, comment se forme l'image d'un objet «non ponctuel» à travers une lentille convergente.

E6 L'écran n'est pas obligatoire pour rendre visible l'image d'un objet produite par une lentille. En effet, on voit cette image beaucoup plus clairement lorsqu'on regarde l'objet directement à travers la lentille.

L'expérience que voici te permettra de vérifier que l'image renversée d'un objet se forme toujours entre la lentille et l'oeil. Tu seras surpris!

a) Tiens une lentille de distance focale 10 cm à bras tendu et observe à travers elle un petit objet situé à environ 50 cm de la lentille (p. ex. une gomme placée sur une table).

b) Fixe la lentille des deux yeux. Comment l'objet t'apparaît-il?

c) Un simple truc t'aidera à accomoder tes yeux correctement à l'image!

Tape de la pointe d'un crayon sur la lentille et essaie de toucher l'endroit entre les deux images. Rapproche ensuite le crayon de tes yeux tout en fixant sa pointe. Réussis-tu ainsi à réunir les deux images en une seule?

d) Indique maintenant l'endroit où se forme réellement l'image de l'objet.

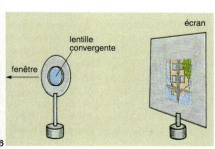

6

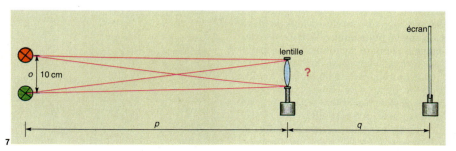

7

Info: Réfraction de la lumière au passage à travers une lentille convergente

Tu as déjà étudié la réfraction de la lumière au passage d'un dioptre plan.

C'est le même phénomène qui est responsable de la déviation d'un faisceau lumineux traversant une **lentille convergente**. La lumière est en effet réfractée au passage des surfaces d'entrée et de sortie de la lentille. Ces surfaces ne sont cependant pas planes mais, p. ex. courbées vers l'extérieur, comme l'indique la figure 1.

Tu peux te représenter la lentille comme étant formée par un très grand nombre de prismes adjacents (fig. 2).

Suppose qu'un *faisceau parallèle* frappe cette «lentille». Les rayons limites sont réfractés au passage des deux dioptres plans (fig. 2). Chacun des rayons subit deux déviations qui se font toujours vers la base du prisme qu'il traverse. Ainsi les rayons se rapprochent de l'axe principal de la len-

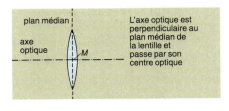

tille et convergent en un point. La lentille à bords minces transforme donc tout faisceau parallèle en faisceau convergent.

Un rayon lumineux traversant le centre M de la lentille en sort sans changer de direction. En effet, la déviation du rayon au passage du premier dioptre est opposée à celle du rayon émergent de la lentille. Tous les rayons passant par le centre de la lentille subissent un faible décalage latéral qui est d'autant plus négligeable que la lentille est mince. Dans la suite nous re-

présenterons les rayons traversant le centre de la lentille par des droites.

Les faisceaux parallèles qui atteignent la lentille sous des angles différents convergent en différents points derrière la lentille (fig. 3). Tous ces points sont situés dans un même plan, parallèle au plan médian de la lentille, appelé **plan focal**. La distance entre le plan focal et le centre de la lentille est la **distance focale** f.

Le point d'intersection du plan focal et de l'axe optique s'appelle **foyer** F_1. Tous les rayons qui entrent parallèlement à l'axe optique dans la lentille convergent en F_1 (fig. 4) après leur sortie.

La réfraction étant indépendante du sens de propagation de la lumière, un faisceau parallèle à l'axe optique et venant de la droite converge au deuxième foyer F_2, symétrique de F_1 par rapport à M.

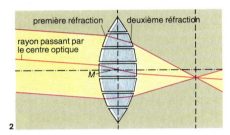
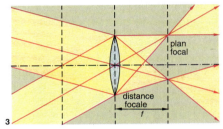
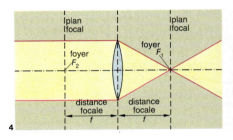

Info: Images données par les lentilles convergentes

La figure 5 illustre la formation de l'image par une lentille convergente. Tu constates que chaque point-objet émet un faisceau divergent (un faisceau dont les rayons limites s'éloignent les uns des autres) qui est réfracté au passage des surfaces d'entrée et de sortie de la lentille de façon à converger en un point. A chaque point-objet correspond ainsi un point-image. L'image complète qui se forme ainsi n'est rien d'autre que l'ensemble de tous les points-image.

La distance entre un point-objet et le plan médian de la lentille s'appelle **distance-objet** p. La distance qui sépare un point-image du plan médian a pour nom **distance-image** q. Tous les points-image correspondant à un objet situé à la distance-objet p sont situés dans un même plan appelé **plan-image**. Derrière le plan-image, la lumière continue à se propager sous forme de faisceaux divergents.

Plus on rapproche l'objet de la lentille, plus son image s'en éloigne: la distance-image q est donc d'autant plus grande que la distance-objet p est petite.

Nous désignerons par **image réelle** toute image composée de points lumineux qui

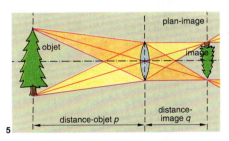
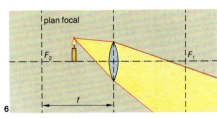
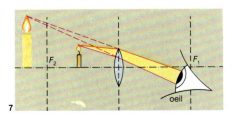

proviennent de l'intersection de rayons convergents. Ces points sont effectivement sources de faisceaux lumineux *réels*.

Un écran placé à l'endroit du plan-image diffuse la lumière. Tu peux donc apercevoir l'image sur l'écran quelle que soit ta direction d'observation. Sans écran tu ne verras l'image que si tu regardes en direction de l'objet à travers la lentille.

Suppose que l'objet se trouve dans le plan focal ($p = f$). La lentille ne «réussit» plus à faire converger la lumière issue des points-objet. Les faisceaux qui émergent de la lentille sont parallèles. On n'obtient aucune image.

Les faisceaux lumineux émis par un objet placé entre le plan focal et la lentille ($p < f$) divergent aussi derrière la lentille (fig. 6); les points-image ne peuvent pas se former. Lorsqu'un tel faisceau tombe dans l'un de tes yeux, ton cerveau prolonge du côté objet les rayons sortant de la lentille et place le point-image à l'intersection de ces prolongements (fig. 7). Ce point-image n'émet pas de lumière et n'est donc pas une source lumineuse réelle. Tu observes en conséquence une **image virtuelle**, agrandie et droite.

Exercices

1 Quelle est la forme d'un faisceau lumineux qui converge vers le foyer après la traversée d'une lentille?

Même question lorsqu'il converge vers un point situé dans le *plan focal*.

2 L'image d'un objet très éloigné se forme pratiquement dans le plan focal d'une lentille convergente. Justifie cette affirmation!

3 Une lentille a une distance focale de 6 cm. Détermine la distance-image minimale. Quelle est la distance-objet correspondante?

4 Dans l'expérience que voici, différentes lentilles convergentes feront office de verres ardents (verres capables d'enflammer des objets par concentration des rayons du Soleil en leur foyer). Compare les images qu'elles donnent du Soleil.

Pourquoi du papier de journal p. ex. s'enflamme-t-il d'autant plus vite que la distance focale de la lentille est petite (toutes les lentilles ayant le même diamètre)?

5 Un faisceau lumineux émis par un point-objet tombe sur une lentille convergente. Précise la position du point-objet par rapport à la lentille lorsqu'il ne se forme pas de point-image.

6 Quelles sont les différences entre les images virtuelles et réelles?

7 L'image réelle que donne une lentille convergente d'un objet n'est visible sans écran que si l'on regarde en direction de l'objet à travers la lentille. Explique!

Qu'est-ce qui change lorsqu'on «recueille» l'image sur un écran?

Info: Construction des images

Il est possible de prévoir sans expérience la marche d'un faisceau lumineux émis par un point-objet et traversant une lentille convergente de distance focale connue.

Une *construction géométrique* simple permet de tracer les rayons lumineux et de déterminer ainsi la position du point-image. Les figures 8-10 expliquent le procédé à utiliser.

Petites questions

1 Regarde la figure 9. On a tracé une ligne auxiliaire parallèle au rayon limite supérieur du faisceau. Cette droite passant par le centre de la lentille traverse le plan focal au même point que le rayon. Explique!

2 Une flèche de hauteur 4 cm est située à 10 cm d'une lentille convergente de distance focale 6 cm. Sachant que la flèche est perpendiculaire à l'axe optique de la lentille, construis la marche du faisceau émis par la pointe de la flèche et traversant la lentille de diamètre 2,5 cm.

Construis aussi l'image de la flèche.

3 Construis la marche d'un faisceau lumineux divergent issu d'un point-objet du plan focal ($p = f$) d'une lentille convergente.

Construis également la marche d'un faisceau dans le cas où $p < f$.

4 On utilise une lentille convergente de distance focale 20 cm pour projeter une flamme de bougie sur un écran.
a) Que peux-tu dire des distances-objet et distances-image respectives si l'image est agrandie, réduite ou de même taille que la flamme?

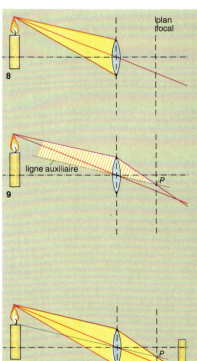

8

9 ligne auxiliaire

10 point-image

plan focal

Il est évident que le point-image appartient toujours au rayon passant par le centre de la lentille.

Le point-image cherché est à l'intersection de ce rayon et de tous les autres rayons émergeant de la lentille. Il suffit donc de déterminer le tracé d'un rayon supplémentaire du faisceau pour définir la position du point-image.

Pour ce faire, nous considérons p. ex. un rayon limite et nous nous figurons qu'il appartient à un faisceau cylindrique qui converge en un point du plan focal.

Traçons donc une *ligne auxiliaire* parallèle au rayon considéré et passant par le centre de la lentille. Cette ligne auxiliaire traverse la lentille sans déviation et coupe le plan focal en un *point auxiliaire P*. Le rayon limite doit donc passer aussi par le point P.

Le rayon limite du faisceau incident et le rayon passant par le centre de la lentille se coupent en un point. Tous les rayons du faisceau convergent donc vers ce point-image réel.

b) Construis dans les trois cas les images de la flamme (fais les figures à l'échelle 1:10).

5 Un objet se trouve à 2 m d'une lentille convergente dont la distance focale est de 10 cm. Construis (à l'échelle 1:10) le tracé d'un faisceau incident émis par un point-objet.

Justifie la *règle générale* suivante: «Dès que la distance-objet excède le centuple de la distance focale, l'image de l'objet se forme dans le plan focal de la lentille.»

6 Le procédé illustré par les figures 8-10 est applicable aussi à la construction des images virtuelles!

Un clou de longueur 1 cm est placé perpendiculairement à l'axe optique d'une lentille de distance focale 5 cm. La distance du clou à la lentille vaut 3 cm. Construis l'image virtuelle.

2 Les lois des lentilles convergentes

Les images 1 et 2 ont été obtenues grâce à des lentilles convergentes de distances focales différentes. Les distances-objet étaient égales.

Les images du même objet n'ont pas la même taille; les distances-image sont différentes elles-aussi.

Quelle est la relation qui existe entre la distance focale, la distance-objet, la distance-image, la taille-objet et la taille-image?

Info: Construction géométrique de l'image à l'aide de trois rayons particuliers

Jusqu'à présent, nous avons construit les points-image en traçant des faisceaux lumineux limités par le bord de la lentille. Ce sont précisément ces faisceaux qui, dans l'expérience, sont responsables de la formation de l'image.

Souvent cependant, on ne s'intéresse qu'à la position du point-image et non pas à la marche des faisceaux lumineux qui sont à son origine. On peut appliquer alors trois propriétés simples.

La première concerne les faisceaux parallèles dont tous les rayons sont parallèles à l'axe optique (fig. 3):
○ tout rayon arrivant sur la lentille **parallèlement à l'axe** optique émerge de la lentille en passant par son foyer.

La deuxième propriété résulte de la loi du retour inverse de la lumière:
○ tout rayon incident sur la lentille en **passant par son foyer** sort parallèlement à l'axe optique.

La troisième propriété est particulièrement simple:
○ un rayon traversant le **centre de la lentille** n'est pas dévié.

Les tracés de deux de ces *rayons particuliers* suffisent pour construire un point-image (fig. 4).

Il n'est d'aucune importance de savoir, si le faisceau incident contient un rayon parallèle à l'axe optique (autrement, si l'on voulait obtenir l'image d'un arbre par une lentille, celle-ci devrait avoir la taille de l'arbre!). Il suffit de savoir que les rayons, s'ils existaient, suivraient les tracés indiqués.

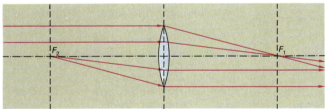

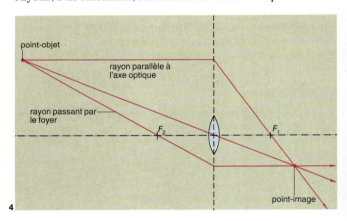

Exercices

1 Un tube fluorescent de longueur 1 m se trouve à 50 cm devant une lentille convergente de distance focale 30 cm. Trace les rayons particuliers pour trouver la position et la taille de l'image du tube. Vérifie par le calcul!

2 Construis à l'aide des rayons particuliers l'image virtuelle d'un objet placé à 4 cm d'une lentille de distance focale 10 cm.

3 Montre que l'image d'un point-objet peut être déterminée à l'aide de deux constructions géométriques différentes.

4 Utilise les figures 8 et 9 pour établir, étape par étape, la loi de conjugaison $1/f = 1/p + 1/q$.

5 Une lentille convergente peut-elle produire une image virtuelle renversée? Justifie ta réponse!

6 Quelle est la distance-image si la distance-objet mesure le double de la distance focale ($g = 2f$)?

7 Détermine la distance focale d'une lentille convergente sachant que la distance-image mesure 90 cm et que la distance-objet est égale à 45 cm.

8 Une lentille donne une image réelle, trois fois plus petite que l'objet et située à 6 cm derrière la lentille (du côté opposé à l'objet).

a) Où se trouve l'objet?

b) Quelle est la distance focale de la lentille?

Info: Etablissons les lois des lentilles convergentes

L'image d'un objet à travers une lentille convergente peut être construite à l'aide de trois rayons particuliers. Dans la suite, nous dégagerons de cette construction les lois des lentilles. Partons d'une réflexion géométrique (fig. 5 et 6).

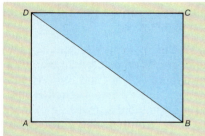

Partageons un rectangle quelconque ABCD à l'aide d'une diagonale en deux triangles coïncidents (congrus) ABD et CDB.

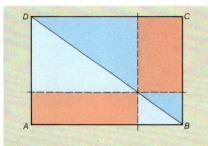

Traçons par un point quelconque de la diagonale des droites parallèles aux deux côtés du rectangle. Dans les triangles ABD et CDB apparaissent ainsi deux paires de triangles congrus (surfaces bleues) qui ont donc même aire. Il s'ensuit que les deux rectangles rouges ont la même aire.

Les figures 7-9 montrent la même construction de l'image. Tu y retrouves chaque fois la figure 6. Les deux rectangles colorés ont donc toujours la même aire.

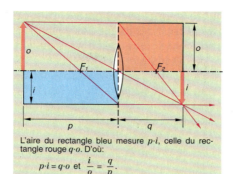

L'aire du rectangle bleu mesure $p \cdot i$, celle du rectangle rouge $q \cdot o$. D'où:

$$p \cdot i = q \cdot o \quad \text{et} \quad \frac{i}{o} = \frac{q}{p}.$$

7

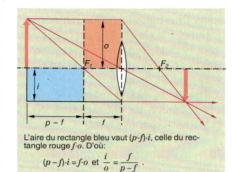

L'aire du rectangle bleu vaut $(p-f) \cdot i$, celle du rectangle rouge $f \cdot o$. D'où:

$$(p-f) \cdot i = f \cdot o \quad \text{et} \quad \frac{i}{o} = \frac{f}{p-f}.$$

8

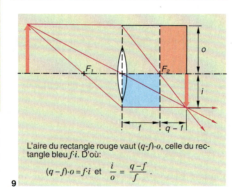

L'aire du rectangle rouge vaut $(q-f) \cdot o$, celle du rectangle bleu $f \cdot i$. D'où:

$$(q-f) \cdot o = f \cdot i \quad \text{et} \quad \frac{i}{o} = \frac{q-f}{f}.$$

9

Le **grandissement** G est le rapport entre la taille de l'image et celle de l'objet : $G = \dfrac{i}{o}$.

La figure 7 nous conduit à écrire:

$$G = \frac{i}{o} = \frac{q}{p} \quad \text{(loi de grandissement)}.$$

Cette loi de grandissement relative aux lentilles convergentes est donc analogue à celle que nous avons dégagée lors de l'étude de la chambre noire et de l'étude de la formation des ombres.

Les figures 8 et 9 nous mènent à écrire:

$$\frac{f}{p-f} = \frac{q-f}{f}.$$

En multipliant les extrêmes et les moyens nous aboutissons à la relation:

$$(p-f) \cdot (q-f) = f^2.$$

La distance focale étant donnée, cette formule nous permet de calculer la distance-objet ou bien la distance-image. Elle se laisse transformer en:

$$\frac{1}{f} = \frac{1}{p} + \frac{1}{q} \quad \text{(loi de conjugaison)}.$$

Exercice modèle:
On veut obtenir l'image d'une bougie par une lentille ($f = 30$ cm). La distance-objet mesure $p = 2$ m. A quelle distance q de la lentille doit-on placer l'écran?

Solution:
Appliquons la loi de conjugaison et résolvons pour q:

$$\frac{1}{q} = \frac{1}{f} - \frac{1}{p} = \frac{1}{0,3} - \frac{1}{2} = 2,83$$

$$q = \frac{1}{2,83} = 0,353 \text{ m} = 35,3 \text{ cm}.$$

On doit placer l'écran à environ 35 cm de la lentille.

---

9 L'image d'une bougie est fournie par une lentille qui se trouve à 1,50 m de l'écran.
Quelle distance-objet doit-on choisir lorsque la distance focale de la lentille utilisée vaut respectivement 15 cm, 25 cm et 30 cm?

10 Une lentille convergente et une chambre noire ont même grandissement si les distances-image respectivement les distances-objet sont égales (fig. 10 et 11). Justifie!

11 Vérifie par l'expérience que la formule $G = q/p$ vaut pour lentilles convergentes (loupe, verre de lunettes).

12 L'image d'une flamme de hauteur 3 cm est fournie par une lentille convergente ($f = 5$ cm) avec un grandissement $G = 1:2$. Détermine i, q et p. Retrouve les résultats par construction.

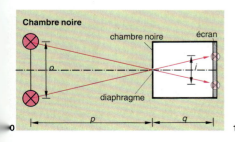

10

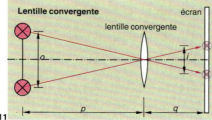

11

3 Qualité des lentilles et netteté des images

Tu te rappelles sûrement l'un ou l'autre récit qui décrit des voyants lisant l'avenir dans des boules de verre ou de cristal.

En fait, on peut admirer de belles images à la surface d'une boule de verre. Ces images n'ont cependant rien à faire à la voyance …

E7 Remplis d'eau un verre en forme de ballon. Regarde une fenêtre à travers ce ballon et observe surtout le châssis de la fenêtre ou une autre ligne droite. Répète ensuite l'expérience en prenant des billes de verre de tailles différentes.

Essaie de trouver l'endroit où se forme l'image en utilisant une feuille de papier comme écran.

E8 La figure 2 te montre un disque optique au centre duquel on a fixé un cylindre de verre.

a) Envoie un pinceau lumineux parallèle à l'axe optique sur le cylindre et marque la position où le pinceau émergeant coupe l'axe optique. Réduis ensuite la distance entre le pinceau incident et l'axe optique. Est-ce que la position du point d'intersection varie?

b) Réalise plusieurs faisceaux lumineux étroits en plaçant un diaphragme à fentes devant une source ponctuelle. Observe ces faisceaux lorsqu'ils cheminent à travers le cylindre de verre. Compare leurs tracés aux marches des faisceaux lumineux à travers une lentille convergente. Quelle différence décèles-tu?

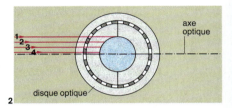

Info: Forme d'une lentille convergente

Il est possible de former des images avec des corps sphériques transparents. Regarde la figure 3! Elle te montre une section à travers un tel corps. Les rayons lumineux incidents partent d'une même source ponctuelle. Tu observes que les rayons émergents ne convergent *pas* tous en un même endroit. Leur point d'intersection se rapproche en effet d'autant plus de la surface de la sphère qu'ils sont éloignés de l'axe optique.

Il s'ensuit que l'image de la source lumineuse est une tache floue. On parle alors de *défaut d'image* ou d'*aberration*.

Afin de remédier à ce défaut, on n'utilise que les parties de la sphère proches de l'axe optique (fig. 4). On peut bien sûr se débarrasser du parallélépipède central qui ne contribue pas à la réfraction de la lumière. Si l'on joint les deux calottes sphériques, on obtient un corps dont la forme est caractéristique d'une lentille convergente.

Cette forme fait d'ailleurs penser aux légumes dont on fait la soupe. Les *lentilles* convergentes doivent effectivement leur nom à ces légumes secs.

L'image formée par une lentille devient donc d'autant plus nette que le diamètre d'ouverture de la lentille est faible. On perd cependant en clarté ce que l'on gagne en netteté, étant donné que moins de lumière traverse une lentille à faible diamètre.

Les lentilles convergentes sont toujours des lentilles à bords minces. On distingue entre la lentille biconvexe, la lentille plan-convexe et le ménisque convergent (fig. 5).

Pour obtenir des images sans défauts, on utilise des **objectifs**. Ce sont des systèmes optiques constitués par plusieurs lentilles, formées de verres différents et centrées sur un même axe (fig. 6). Pour la plupart des calculs, on peut cependant assimiler l'objectif à une lentille convergente unique.

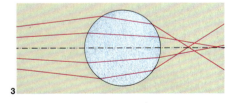

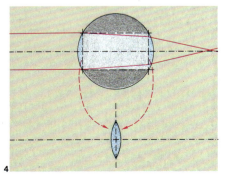

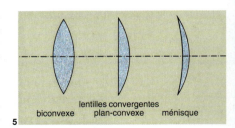

lentilles convergentes
biconvexe   plan-convexe   ménisque

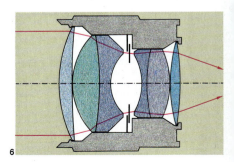

4 L'appareil photographique

La photographie est née au 19e siècle des travaux de *Niepce* (1765-1833) et *Daguerre* (1787-1851). Aux débuts de la photographie, il fallait introduire pour chaque prise de vue une plaque de verre sensible à la lumière dans l'appareil photographique.

Les plaques peu sensibles exigeaient des temps d'exposition considérables. Comme les modèles étaient obligés de rester immobiles pendant le temps de pose, on les soutenait à l'aide de supports.

Mais certains appareils modernes exigent eux-aussi quelques réglages pour que la photo soit réussie…

- bague de mise au point du diaphragme
- mise au point de la distance
- pellicule
- obturateur focal à fente (partiellement ouvert)
- diaphragme

appareil reflex pendant l'exposition

Info: La mise au point

La fonction de l'objectif d'un appareil photo est de produire une image du motif sur la pellicule. En principe, l'objectif produit le même effet qu'une lentille convergente; voilà pourquoi nous pouvons l'assimiler à une lentille convergente unique dans tous les raisonnements qui vont suivre.

Un appareil photo de qualité est muni d'un dispositif de mise au point. L'importance d'une bonne mise au point est illustrée par l'exemple suivant.

La photo 9 d'un motif situé à 10 m était prise avec une mise au point sur 1,5 m; pour la photo 10 du même motif la distance était réglée sur 10 m.

La mise au point est parfaite quand l'image de l'objet à photographier se situe exactement dans le plan de la pellicule. Autrement dit: la photo sera nette lorsque la distance *objectif-pellicule* correspond exactement à la *distance-image*.

Nous savons que la distance-image dépend de la distance-objet, c'est-à-dire de la distance entre le motif et l'objectif de l'appareil photo (la distance focale de l'objectif étant donnée).

Il existe encore des appareils où la mise au point s'opère manuellement. En fonction de la distance de l'objet à photographier, on tourne la bague de réglage (fig. 11) soit vers la droite soit vers la gauche, ce qui rapproche ou bien éloigne l'objectif de la pellicule. De cette manière, on obtient la bonne distance-image. La variation de la distance-objet due au déplacement de l'objectif est négligeable.

Des appareils photo très simples possèdent parfois des objectifs à *focale fixe*. Dans ce cas une mise au point ne peut pas être faite. Pour ces appareils, qui ont un objectif de distance focale faible, la distance de l'objectif à la pellicule est toujours égale à la distance focale. La photo d'un motif sera donc nette lorsque l'image se forme dans le plan focal de l'objectif. Ceci est le cas en général pour des objets suffisamment éloignés (distances-objet supérieures à 1,50 m).

Aujourd'hui, beaucoup d'appareils photo sont du type *autofocus* (grec *autos*: soi-même). Dans ces appareils autofocus, la mise au point est automatique et s'effectue de la manière suivante: un télémètre incorporé évalue la distance-objet, et un petit moteur déplace l'objectif de façon à obtenir la distance-image correspondante.

Info: Le choix du nombre d'ouverture

La qualité d'une photo dépend de la quantité de lumière que la pellicule reçoit. Si l'on désire obtenir une bonne image, il faut que la quantité de lumière frappant le film ne soit ni trop grande ni trop petite. On peut la doser en utilisant un **diaphragme**: c'est un écran métallique percé d'un trou circulaire de taille réglable placé entre l'objectif et la pellicule.

A chaque position de la bague de réglage (fig. 1) correspond un diamètre d'ouverture d du diaphragme. La grandeur inscrite sur la bague est le **nombre d'ouverture** z.

z est le rapport entre la distance focale de l'objectif et le diamètre d'ouverture du diaphragme: ainsi, pour $z = 2$, le diamètre d'ouverture du diaphragme est égal à la moitié de la distance focale; si l'on choisit un nombre d'ouverture égal à 8, alors $d = f/8$. Tu retiendras que *l'ouverture du diaphragme est d'autant plus grande que le nombre d'ouverture est petit*.

As-tu déjà remarqué qu'on retrouve sur toutes les caméras les mêmes nombres d'ouverture? La suite de ces nombres, réglée par une convention internationale est expliquée dans le tableau ci-joint: lorsqu'on passe de $z = 1,4$ à $z = 2$, le diamètre d'ouverture varie de telle manière que la surface de l'ouverture limitée par le diaphragme est divisée par 2. Il en est de même de la quantité de lumière traversant le diaphragme.

Ainsi, si on passe d'un nombre d'ouverture donné vers son voisin supérieur (inférieur), la quantité de lumière atteignant la pellicule est divisée par 2 (multipliée par 2).

nombre d'ouverture z	ouverture du diaphragme de l'objectif ($f = 50$ mm)	
	diamètre d en mm	surface S en mm^2
1,4	36	1000
2	25	500
2,8	18	250
4	12,5	125
5,6	8,9	63
8	6,3	31
11	4,5	16
16	3,1	8
22	2,3	4

Info: Le choix du temps de pose

Tous les appareils photo sont équipés d'un obturateur. Ce dispositif est un véritable rideau qui ne laisse pénétrer la lumière dans l'appareil que pendant un intervalle de temps déterminé: **le temps de pose**.

Le temps de pose dépend de la sensibilité du film ainsi que du nombre d'ouverture. De nombreux appareils fournissent directement, grâce à une photopile sensible à l'éclairement du sujet, le temps de pose quand on a fixé l'ouverture (ou inversement le nombre d'ouverture à adopter quand on a choisi le temps de pose).

Les temps de pose sont choisis à l'aide d'une bague de réglage (fig. 2). Si l'on veut par exemple que l'obturateur s'ouvre pendant $\frac{1}{125}$ s, il faut régler la bague sur le nombre 125. Les nombres marqués sur la bague de réglage représentent donc les inverses des temps de pose.

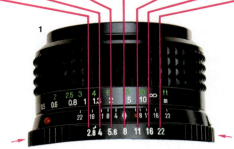

Lorsqu'on passe d'un nombre sur la bague de réglage au suivant (de 125 à 250 par exemple), le temps de pose diminue de moitié. Il en est de même de la quantité de lumière atteignant la pellicule.

Les temps de pose et les nombres d'ouverture sont liés. Suppose le nombre d'ouverture soit réglé sur 8 et le temps de pose sur $\frac{1}{125}$ s. Tu pourras choisir tout aussi bien un temps de pose égal à $\frac{1}{250}$ s (c.-à-d. la moitié du temps de pose initial), si tu doubles en même temps l'aire de l'ouverture du diaphragme en réglant la caméra sur le nombre d'ouverture 5,6. Le choix «temps de pose $\frac{1}{60}$ s - nombre d'ouverture 11» garantira également une bonne exposition du film, étant donné que la réduction de l'ouverture du diaphragme est compensée par un temps de pose plus long.

Pour quelle combinaison «temps de pose - nombre d'ouverture» se décider alors? Eh bien, cette décision dépend du sujet et de tes intentions. D'une part, si tu prends une photo d'un objet animé d'un mouvement rapide, tu choisiras un temps de pose très court, autrement le sujet paraîtra «estompé». D'autre part, si tu veux mettre en évidence le mouvement, tu régleras ton appareil sur un temps de pose plus long; la photo sera caractérisée alors par un certain flou (fig. 3).

Petite question

Pour quels sujets choisirais-tu une grande ouverture du diaphragme et un court temps de pose? Donne un exemple où le choix contraire est indiqué.

Info: Le nombre d'ouverture et la profondeur de champ

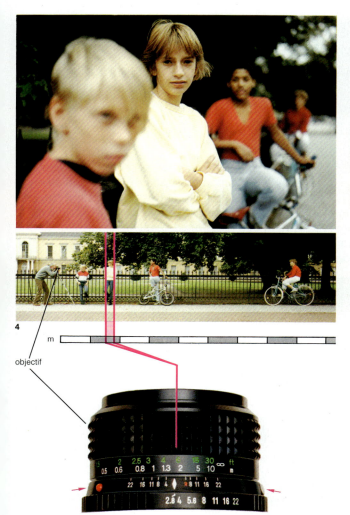

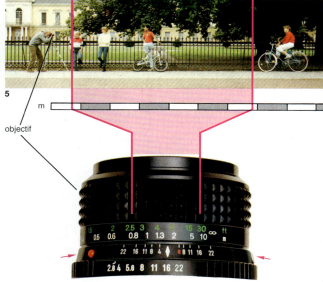

Les photos 4 et 5 ont été prises au même endroit, la distance étant réglée sur la jeune fille du milieu. Un choix différent du nombre d'ouverture fait toutefois que sur la photo 4, seul le personnage du milieu est net, alors que tous les personnages sont nets sur la photo 5. On dit que la photo 5 a une plus grande **profondeur de champ**. C'est par définition, la distance entre l'objet le plus proche et le plus loin reproduits nettement sur l'image.

Essayons de comprendre pourquoi l'appareil photo permet d'obtenir une reproduction nette d'objets situés à des distances différentes. Cela est dû tout d'abord à l'insensibilité de nos yeux à de faibles flous de l'image et ensuite au caractère granulaire de la pellicule. La couche photosensible du film est en effet formée par des microcristaux dont les propriétés chimiques varient lors de l'exposition à la lumière. Voilà pourquoi l'image d'un point-objet ne doit pas être rigoureusement ponctuelle. Pour qu'elle apparaisse nette sur la photo, il suffit que la lumière émise par le point-objet impressionne la pellicule selon une petite tache circulaire de diamètre inférieur à celui d'un microcristal.

Les figures 6 et 7 montrent les images de trois points-objet pour deux ouvertures différentes du diaphragme. Si l'ouverture est petite (fig. 7), les «taches-image» sont très petites et la photo nous apparaîtra nette. Si l'ouverture est plus grande (fig. 6), les «taches-image» sur la pellicule deviennent plus grandes aussi. Le premier plan et l'arrière-plan apparaîtront flous sur la photo.

Ainsi, en réduisant l'ouverture du diaphragme, les faisceaux atteignant la pellicule s'amincissent et la profondeur de champ augmente. Bien des objectifs sont munis d'une échelle indiquant la profondeur de champ.

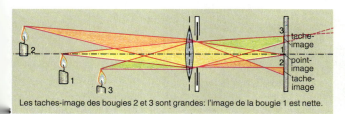

Les taches-image des bougies 2 et 3 sont grandes: l'image de la bougie 1 est nette.

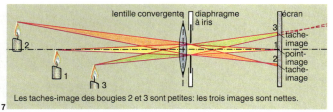

Les taches-image des bougies 2 et 3 sont petites: les trois images sont nettes.

Exercices

1 Quelle partie de la caméra actionnes-tu lors de la mise au point? Quelle est la grandeur qui varie alors?

2 Regarde l'échelle de mise au point d'un objectif. Tu constates que les marques pour 0,5 m et 1 m sont beaucoup plus espacées que celles pour 5 m et 10 m? Explique pourquoi!

3 Tu as choisi un nombre d'ouverture trop grand par rapport au temps de pose. Prévois les conséquences!

4 Quel sujet photographierais-tu avec un grand nombre d'ouverture et un court temps de pose?

5 Un appareil photographique a un objectif de distance focale 50 mm. L'ouverture est réglée sur 2,8.

a) Calcule l'aire de l'ouverture du diaphragme.

b) Quel nombre d'ouverture dois-tu choisir si tu veux réduire cette aire d'un facteur 16?

6 Ton appareil photo est équipé d'un objectif de distance focale 50 mm. Les dimensions du négatif sont de 24 mm sur 36 mm. Tu prends une photo d'un paysage situé à 10 m devant l'objectif. Quelle est l'aire de la surface plane, normale à l'axe de l'appareil qui sera reproduite sur la photo?

a) Que devient cette aire, si la mise au point est effectuée pour une distance de 1 m?

b) Qu'est-ce qui change lorsque tu photographies avec un objectif de distance focale 100 mm?

7 Un appareil photo a un objectif de distance focale 50 mm. Lors de la mise au point, le déplacement maximal de l'objectif vaut 5 mm. Quelle est la distance-objet minimale qui fournit encore une image nette?

8 Pour produire une carte géographique, on a pris des photographies aériennes. La figure 1 montre en grandeur réelle une partie de l'original d'une telle prise de vue.

On a photographié d'une altitude de 3925 m avec un objectif de distance focale 302 mm.

Quelle est la longueur du mur de quai au milieu de l'image? Pourquoi peux-tu poser $q = f$ pour les calculs?

9 Observe la figure 2. Pourquoi la semelle paraît-elle deux fois plus grande que le visage?

Que peux-tu dire de la distance entre l'objectif et la semelle, respectivement le visage?

1

2

5 Les projecteurs

Quoi de plus pratique qu'un projecteur de diapositives pour admirer en famille les souvenirs de vacances! 3

L'avantage en est que plusieurs personnes peuvent contempler en même temps l'image sur l'écran de projection.

Technique: Le projecteur de diapositives et le rétroprojecteur

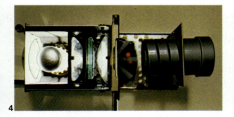
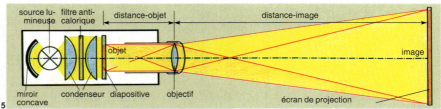

4

5

Les figures 4 et 5 te montrent le fonctionnement d'un **projecteur de diapositives**.

L'*objectif*, un ensemble de lentilles assimilable à une seule lentille convergente, forme une image de la *diapositive* sur l'écran de projection.

Le plan de la diapositive étant presque confondu avec le plan focal de l'objectif, la distance-objet n'est que sensiblement supérieure à la distance focale. L'image sur l'écran est donc fortement agrandie.

Une installation d'éclairage sophistiquée assure la clarté de l'image sur l'écran.

Un *miroir concave* recueille la lumière que la lampe émet vers l'arrière et la réfléchit en direction de la diapositive.

Le *condenseur,* composé de plusieurs lentilles plan-convexes, garantit un éclairage homogène de la diapositive et dévie la plus grande partie de la lumière vers l'objectif.

Un *verre anticalorique* empêche l'échauffement de la diapositive.

Beaucoup de projecteurs de diapositives sont équipés d'une *soufflerie* qui sert à refroidir l'appareil.

Le fonctionnement du **rétroprojecteur** (fig. 6) est comparable à celui du projecteur de diapositives.

Vu que les transparents ont des dimensions beaucoup plus grandes qu'une diapositive, le condenseur d'un rétroprojecteur doit toutefois avoir un diamètre considérable.

On utilise une lentille à échelons inventée par le physicien et ingénieur français *Augustin Fresnel* (1788 - 1827). Elle est formée d'une lentille centrale entourée d'anneaux circulaires appelés échelons (fig. 7). Les courbures des différentes parties sont choisies de façon que la lentille centrale et les échelons aient même foyer. Le faisceau émergent, issu d'une source lumineuse disposée au foyer de la lentille à échelons, ou lentille de Fresnel, est donc rigoureusement parallèle, ce qui a pour effet d'augmenter sa portée.

En général, les lentilles à échelons sont formées de matière synthétique. Elles ont l'avantage d'être plus plates et plus légères que les lentilles de verre correspondantes.

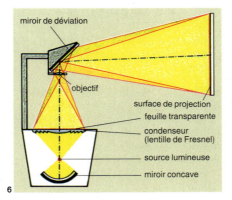

6

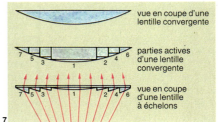

7

Exercices

1 Quelles composantes te faut-il pour construire un projecteur de diapositives élémentaire?

2 Quelles parties du projecteur de diapositives et du rétroprojecteur contribuent à la formation de l'image?

Lesquelles assurent l'éclairage de l'objet?

Quelles sont les différences entre le projecteur de diapositives et le rétroprojecteur?

3 Le projecteur de diapositives est équipé d'un filtre anticalorique alors que le rétroprojecteur peut s'en passer. Pourquoi?

4 Pour obtenir une image nette de la diapositive sur l'écran, tu dois tourner l'objectif du projecteur. Qu'est-ce qui change alors?

5 L'objectif ($f = 90$ mm) d'un projecteur de diapositives se trouve à 4 m de l'écran. Les dimensions de la diapositive sont 24 mm sur 36 mm.

a) Calcule la distance-objet.

b) Quelles sont les dimensions de l'image sur l'écran?

c) Comment varient les dimensions de l'image lorsque la distance-objet devient pratiquement égale à la distance focale de l'objectif?

Compare le résultat à celui que tu as trouvé dans la partie b.

6 On veut déterminer, à l'aide d'une expérience simple, la distance focale et le grandissement d'un rétroprojecteur. Décris cette expérience et précise aussi de quelle façon tu l'évaluerais.

Suggestion: On peut projeter p. ex. une équerre avec une échelle sur l'écran…

Un peu d'histoire: **La lanterne magique**

Au 17e siècle, on connaissait déjà un précurseur du projecteur de diapositives moderne: *la lanterne magique* (fig. 1). Elle contient toutes les composantes essentielles du projecteur de diapositives, à savoir un objectif, un condenseur et un miroir concave.

Vu que l'éclairage électrique n'existait pas encore, une lampe à pétrole ou une lampe à huile faisait office de source lumineuse. Une petite cheminée montée sur la lanterne magique permettait d'évacuer la fumée et la chaleur développées par ces lampes.

Comme la photographie n'a été découverte que 200 ans plus tard, les «diapositives» de cette époque ne sont rien d'autre que des petites plaques en verre sur lesquelles on a dessiné des figures et des images. Les illustrations de contes de fée en plusieurs images sont un sujet favori. Ces «diapositives» sont projetées sur une toile afin d'illustrer les récits du présentateur.

Images données par les lentilles

As-tu compris?

1 Tu disposes de deux lentilles convergentes de même diamètre. Décris deux méthodes simples permettant d'identifier celle avec la distance focale la plus petite.

2 Line regarde à travers une lentille convergente qu'elle tient à bras tendu. Elle observe une image réduite et renversée des environs. Explique la formation de cette image!
Pourquoi, au fond, n'est-il pas correct de dire: «On regarde à travers la lentille»?

3 «La loi du retour inverse de la lumière est applicable aux lentilles convergentes.» Justifie cette affirmation à l'aide d'un exemple.

4 L'écran de projection d'une salle de cinéma a une largeur de 14 m. Calcule le grandissement si les images du film ont une largeur de 32 mm?
La distance qui sépare l'objectif de l'écran vaut 28 m. Détermine la distance entre l'objectif et le film.
Quelle est la distance focale de l'objectif du projecteur?

5 Montre à l'aide d'une figure qu'un téléobjectif (de distance focale 120 mm p. ex.) donne une image plus grande d'un objet très éloigné qu'un objectif normal de distance focale 50 mm.

Pour ce faire, il suffit de tracer deux rayons passant par le centre optique de la lentille. Explique!

6 Observe l'image que donne une lentille convergente d'une flamme de bougie. Essaie de prévoir l'évolution de cette image lorsque tu fais glisser une feuille de papier devant la lentille, de façon à la recouvrir de plus en plus.
Vérifie ta prévision à l'aide d'une expérience et expliques-en le résultat.

7 A l'aide d'un appareil photo, tu peux déterminer la hauteur d'une tour sans avoir besoin de l'escalader.
Suppose que le photographe s'est trouvé à 70 m du pied de la tour lorsqu'il a pris la photo à l'aide d'un objectif de distance focale 35 mm. Quelle est alors la hauteur réelle de la tour, si son image sur le négatif a une taille de 20 mm?

Suggestion: l'image d'un objet tellement éloigné se forme dans le plan focal de l'objectif.

8 La projection de diapositives recquiert toujours un éclairage très intense, tandis que la lumière du jour suffit en général pour faire une photo. Explique cette différence du point de vue physique.

9 Observe une fenêtre à travers un verre cylindrique rempli d'eau (fig. 2). Essaie d'expliquer la formation de l'image de la fenêtre.

10 Luc et Martine essaient d'allumer du papier à l'aide de verres ardents.
Luc s'interroge: «Pourquoi la taille de l'image du Soleil dépend-elle du verre que nous utilisons?»
«C'est bien curieux en effet, lui répond Martine, nous avons pourtant toujours à faire au même corps céleste d'un diamètre de quelque 1,5 millions de kilomètres.»
«Tu as raison, ajoute Luc, je sais bien que la distance entre la Terre et le Soleil est environ cent fois plus grande.»
«Pourquoi ne l'as-tu pas dit plus tôt? Il est bien évident alors que la taille de l'image du Soleil mesure un centième de la distance focale du verre ardent.»
Justifie la conclusion de Martine.

Images données par les lentilles

Résumé

La lentille convergente

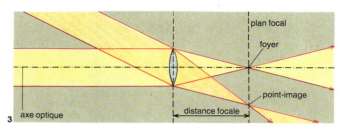

Une lentille convergente est une lentille à bord mince.

Les rayons lumineux émis par les points d'un objet très éloigné (le Soleil p.ex.) convergent dans le **plan focal** de la lentille. La distance qui sépare la lentille du plan focal s'appelle **distance focale** f.

Le **foyer** F se trouve à l'intersection de l'axe optique de la lentille et de son plan focal.

Pour des images réelles produites à l'aide de lentilles convergentes, les lois suivantes sont applicables:

▶ Le rapport entre la taille-image i et la taille-objet o est appelé **grandissement** G. On a:

$$G = \frac{i}{o} = \frac{q}{p} \quad \text{(loi de grandissement)}. \blacktriangleleft$$

▶ La **loi de conjugaison** relie la distance focale f, la distance-objet p et la distance-image q:

$$(p - f) \cdot (q - f) = f^2 \quad \text{ou} \quad \frac{1}{f} = \frac{1}{p} + \frac{1}{q}. \blacktriangleleft$$

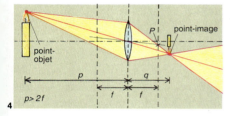

Si l'objet se trouve au-delà de la double distance focale f, l'image, plus petite que l'objet, se forme à une distance comprise entre f et $2 \cdot f$.

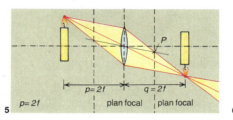

Si la distance-objet est égale au double de la distance focale, la distance-image mesure également $2f$. L'image a même taille que l'objet.

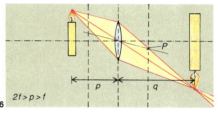

Si l'objet est situé à une distance comprise entre f et $2 \cdot f$, l'image est plus grande que l'objet et se forme au-delà de la double distance focale.

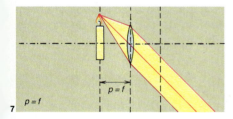

Si la distance-objet est égale à la distance focale de la lentille, le faisceau émergent est parallèle. Il ne se forme pas de point-image.

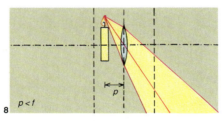

Si l'objet se trouve entre le plan focal et la lentille, le faisceau émergent diverge. Il ne se forme pas de point-image réel.

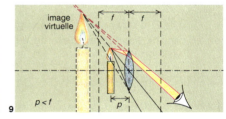

Un observateur regardant à travers la lentille voit une image virtuelle, droite et plus grande que l'objet, qui se trouve entre le plan focal et la lentille.

L'appareil photo et le projecteur de diapositives

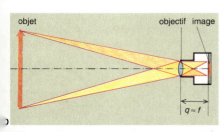

L'objectif de l'appareil photo ou du projecteur de diapositives forme une image réelle d'un objet.

Afin de réduire les défauts d'image, les objectifs sont composés de plusieurs lentilles. Ils se comportent toutefois pour la lumière qui les traverse comme une seule lentille.

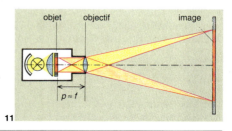

L'oeil et la vision

1 L'oeil

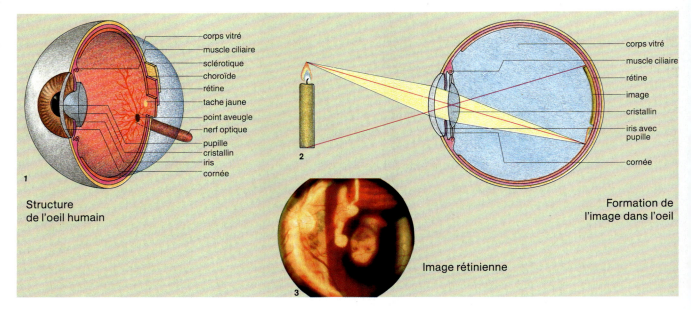

Structure de l'oeil humain

Image rétinienne

Formation de l'image dans l'oeil

Il y a des similitudes entre l'oeil humain et l'appareil photo.

E1 Envoie le faisceau d'une lampe de poche sur l'oeil d'un camarade. Que se passe-t-il?

E2 Voici un modèle simplifié de l'oeil humain (fig. 4).

a) A quelle partie de l'oeil correspondent les éléments du modèle?

b) Que faut-il changer au dispositif afin d'obtenir sur l'écran des images nettes d'objets situés à différentes distances de la lentille? Attention, dans le cas de l'oeil, la distance lentille-image doit rester constante.

c) Comment l'oeil s'adapte-t-il à des objets différemment espacés.

E3 Pose deux pièces de 5 F, à 6 cm l'une de l'autre, sur une feuille de papier. Ferme l'oeil gauche et fixe la pièce de monnaie de gauche avec l'oeil droit.

Rapproche ensuite l'oeil droit lentement de cette pièce de monnaie. Qu'observes-tu?

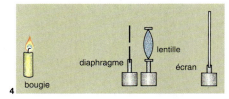

Info: Que se passe-t-il lorsque la lumière pénètre dans l'oeil?

Un objet n'est visible que si de la lumière émanant de lui pénètre dans l'oeil.

La lumière traverse tout d'abord la **cornée** qui est la surface de séparation entre l'air et l'humeur aqueuse, liquide d'indice voisin de celui de l'eau. Etant donné que la cornée et l'humeur aqueuse sont bombées et que la lumière y est réfractée, elles se comportent comme une lentille convergente.

La lumière traverse ensuite la **pupille**, sorte de diaphragme (ouverture circulaire de taille variable) qui réagit aux variations d'intensité lumineuse: elle se rétrécit lorsque l'oeil est fortement éclairé et se dilate dans le cas contraire.

Le **cristallin**, en forme de lentille biconvexe située derrière la pupille, amplifie les effets de la cornée. C'est lui qui permet de produire des images nettes sur la **rétine** quelle que soit la distance de l'objet.

Contrairement à l'appareil photographique, où tu peux varier la distance objectif–pellicule afin de régler la distance-image en fonction de la distance-objet, l'oeil possède une distance constante entre le cristallin et la rétine.

Si on veut obtenir néanmoins des images nettes d'objets situés à différentes distances, il faut varier la *distance focale* du cristallin.

Pour ce faire, le muscle ciliaire (muscle en forme d'anneau entourant le cristallin) déforme le cristallin. Pour un oeil au repos, ce muscle est détendu et le cristallin, peu courbé, produit sur la rétine des images nettes d'objets éloignés (fig. 5).

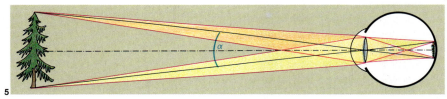
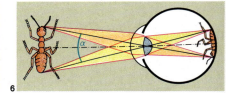

Phénomène naturel: **Organes visuels, du ver de terre à l'homme**

La vision n'a pas la même importance pour tous les animaux. Aussi les organes de la vue prennent-ils des formes bien différentes dans le monde animal.

Le *ver de terre* ne possède pas d'oeil. Son corps est recouvert de **cellules sensibles à la lumière** qui lui permettent de distinguer l'obscurité de la lumière du jour qui est synonyme de danger (pense aux oiseaux).

Les yeux de certaines variétés d'*escargots* sont constitués d'une multitude de cellules sensibles à la lumière rassemblées dans une cavité protectrice à l'avant du corps. Ces yeux permettent de distinguer le clair et l'obscur et de déceler la direction de la lumière incidente.

Le *nautile* a une meilleure vue que l'escargot. C'est un céphalopode qui vit au fond de la mer jusqu'à 600 m de profondeur. Son oeil fonctionne d'après le principe de la chambre noire (fig. 9). Les faisceaux lumineux traversant le petit orifice produisent une image sur la paroi arrière. Cette image est peu nette et de faible intensité.

Les animaux plus évolués ont des yeux semblables à l'**oeil humain** (fig. 10). Mais l'acuité visuelle de notre oeil est loin d'être optimale, comme l'est celle des *aigles*, *faucons* et *vautours*. Ces rapaces peuvent distinguer leur proie à grande distance. Seul un homme muni d'excellentes jumelles pourrait se rapprocher de leurs performances visuelles.

Le *hibou* est un oiseau de nuit. Ses yeux sont bien plus grands et plus puissants que les nôtres à cause du nombre extrêmement élevé de cellules visuelles disposées sur la rétine.

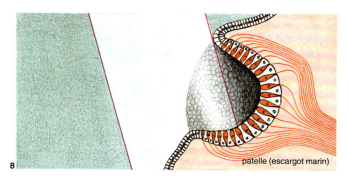
8 patelle (escargot marin)

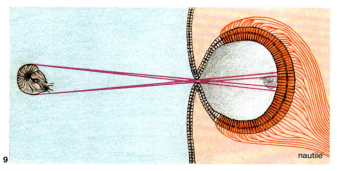
9 nautile

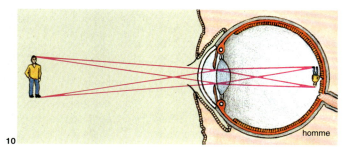
10 homme

Lorsque tu observes des objets rapprochés, la courbure du cristallin augmente sous l'action du muscle ciliaire et la distance focale diminue (fig. 6).

On appelle **accommodation** (du latin *accomodere*: adapter) la faculté du cristallin de s'adapter aux objets situés à diverses distances.

Derrière le cristallin, la lumière traverse le **corps vitré** et tombe sur les cellules visuelles de la rétine. On distingue deux types de cellules: les *bâtonnets*, responsables de la distinction du clair et de l'obscur et les *cônes*, qui assurent la perception des couleurs.

Les images rétiniennes (fig. 3) n'ont pas la même qualité que les photographies. La rétine est en effet parcourue par des vaisseaux sanguins et possède même un *point aveugle* situé à proximité de son milieu.

C'est par cet endroit, dépourvu de cellules visuelles, que le **nerf optique** quitte l'oeil. Il transmet les signaux visuels captés par les bâtonnets et les cônes au cerveau.

Le cerveau ne se préoccupe pas de toutes ces petites imperfections. Notre perception ne dépend pas uniquement de l'image rétinienne, mais avant tout de l'exploitation faite par le cerveau qui combine les images rétiniennes des deux yeux pour en former une image spatiale en couleurs.

Un objet rapproché fournit une grande image rétinienne. En revanche des objets éloignés donnent des images rétiniennes très petites.

La taille de l'image dépend de l'**angle de vision**: plus il est grand, plus la taille de l'image est importante (fig. 6 et 7).

Nous ne remarquons pas qu'un même objet fournit des images rétiniennes de différentes tailles selon sa position. Notre cerveau enregistre l'image, mais il la met aussi en relation avec des observations antérieures. En présence d'un objet connu, nous pouvons évaluer inconsciemment sa distance: plus l'image rétinienne est petite, plus l'objet est éloigné.

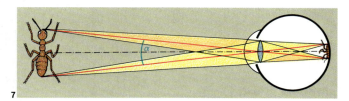
7

Exercices

1 Quelle est la différence essentielle entre l'oeil humain et l'appareil photographique?

2 «L'oeil est un instrument très varié. Il peut discerner une balle de golf à une distance de 300 m et régler sa mise au point en un rien de temps à la lecture d'un texte très proche. Il est capable de s'adapter très rapidement aux conditions lumineuses et il sait discerner des milliers de nuances de couleurs.» Quelle partie de l'oeil entre en jeu pour chaque propriété citée?

3 Dans quelles conditions les images rétiniennes d'un arbre et d'une fourmi ont-elles la même taille?

4 Le diamètre du Soleil est pratiquement 400 fois plus grand que le diamètre de la Lune. Et pourtant le Soleil et la Lune nous apparaissent quasiment de la même taille. Explique!

5 Notre oeil a une distance focale de 24 mm lorsque le cristallin accommode sur des objets qui sont très éloignés.

Quelle est la distance-image?

Comment la distance focale varie-t-elle lorsqu'on rapproche l'objet jusqu'à 25 cm de l'oeil?

2 La vision spatiale

Technique: **Images stéréoscopiques (images en relief)**

Parce que nos deux yeux sont assez espacés (ils peuvent être distants de 7 cm), ils voient les objets suivant des angles légèrement différents. Les images rétiniennes ne sont donc pas tout à fait identiques. Mais le cerveau réunit les images fournies par l'oeil droit et l'oeil gauche et nous donne une illusion de profondeur. C'est de cette manière que nous percevons les objets qui nous environnent de façon tridimensionnelle.

Une photographie en revanche n'est pas une image tridimensionnelle mais une image plane. Toutefois il est possible de tromper le cerveau en proposant à chaque oeil une photo différente. La première de ces photos représente l'objet tel que le verrait l'oeil gauche, l'autre tel que le verrait l'oeil droit.

Les figures 1 et 2 montrent une paire de telles photos stéréosco-

piques (du grec *stereos*: en rapport avec l'espace). Observe les photos à l'aide d'un miroir de poche placé près de ton oeil droit de manière que l'oeil droit capte l'image réfléchie de la photo de droite (fig. 3). En fixant de l'oeil gauche la photo de gauche, varie légèrement l'inclinaison du miroir jusqu'à ce que les deux images se superposent – et d'un coup le port t'apparaît en trois dimensions comme si tu y étais …

Certains appareils d'enregistrement et d'observation d'images stéréoscopiques ont été développés dès le 19e siècle.

De nos jours, la stéréoscopie trouve des applications dans diverses sciences. On peut, par exemple, mesurer des hauteurs et des distances grâce à la *photogrammétrie*. Afin de relever les reliefs d'une carte topographique, on prend des clichés aériens stéréoscopiques de la région. Des appareils spéciaux munis d'une graduation reconstituent alors l'image tridimensionnelle et permettent de déduire directement l'altitude.

Un procédé analogue est utilisé à une échelle plus grande encore: des satellites qui survolent la Terre prennent des clichés stéréoscopiques qui permettent la reconstruction des images tridimensionnelles de la surface terrestre.

E4 L'expérience suivante te montre que le cerveau réunit les images captées par les deux yeux en une impression sensorielle.

Enroule une feuille de taille DIN-A4 dans le sens de la longueur et place-la devant ton oeil droit. Fixe un objet clair situé à quelques mètres en gardant les deux yeux ouverts et rapproche la main gauche de l'extrémité du cylindre en papier ...

E5 Tends le bras et observe une fenêtre dans le prolongement de ton pouce en extension.

Comment vois-tu ton pouce quand tu regardes la fenêtre? Que devient le bois de la fenêtre lorsque tu te concentres sur le pouce?

Fixe toujours la fenêtre dans le prolongement de ton pouce et ferme alternativement un oeil, puis l'autre. Qu'observes-tu?

E6 L'expérience que voici te montre que la vision spatiale est très réduite lorsqu'on n'a qu'un seul oeil.

Un camarade tient un crayon horizontalement à environ 50 cm de ton visage et parallèlement à tes yeux. Ferme un oeil et essaye de toucher la pointe du crayon avec un second crayon.

Répète l'expérience avec les deux yeux ouverts.

Exercices

1 Comment pourrait-on procéder pour prendre des clichés stéréoscopiques?

2 Il est difficile d'introduire le fil dans une aiguille à coudre en fermant un oeil. Pourquoi?

3 Dans l'appendice à la fin du livre on t'explique comment construire un miroir double. Comment ce miroir peut-il améliorer la vision spatiale?

4 La figure 4 représente deux images stéréoscopiques.

Place une carte postale sur la ligne pointillée. Regarde la partie droite de la figure avec l'oeil droit et la partie gauche avec l'oeil gauche. Lorsque tu cesses de te concentrer sur les deux cercles, ceux-ci se fondent en un seul.

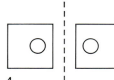
4

a) Où ce cercle se trouve-t-il?

b) Explique pourquoi tu le vois à cet endroit.

Suggestion: Pose un livre sur la table, mets-toi devant et tiens une pièce de monnaie entre le livre et tes yeux. Observe la pièce alternativement avec l'oeil gauche et avec l'oeil droit.

c) Adapte la figure 4 de manière à inverser l'effet de profondeur.

Phénomène naturel: **Une expérience de perception sensorielle**

Nous avons vu que notre perception sensorielle ne dépend pas uniquement des images rétiniennes, mais aussi de l'exploitation qu'en fait notre cerveau. Voici une expérience qui met ce phénomène en évidence.

Place deux timbres identiques à 4 cm de distance sur une table. Regarde le timbre de droite avec l'oeil gauche et le timbre de gauche avec l'oeil droit.

Grâce à l'astuce suivante tu y réussiras certainement: place la pointe d'un crayon juste au milieu entre les deux timbres. Observe la pointe du crayon et rapproche-la lentement de ton nez.

Lorsque la pointe du crayon se trouve à mi-distance entre la table et ton nez, tu peux percevoir un troisième timbre entre les deux autres. Tente maintenant de régler ta vue de façon à voir nettement le troisième timbre: il semble «flotter» dans l'espace et il t'apparaît plus petit que les originaux.

Cette expérience est assez difficile à réussir du premier coup. Mais avec un peu d'entraînement tu y arrives, même sans avoir besoin d'utiliser le crayon.

Dans ce cas, tu peux passer à la deuxième partie de l'expérience. Ecarte à présent les originaux en gardant la vue concentrée sur le troisième timbre. Ce dernier semble se rapprocher de ton nez tout en se rapetissant!

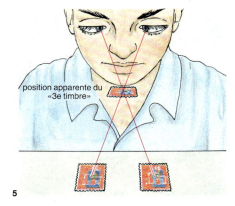
5

Quel rapport y a-t-il entre cette expérience et la perception des distances et des grandeurs?

Pour évaluer l'éloignement d'objets rapprochés, notre cerveau tient compte de la position relative de nos deux yeux. Lors de l'expérience, la position de nos yeux est celle qu'ils devraient avoir pour fixer un objet placé à mi-distance entre la table et nos yeux. C'est à cet endroit que le cerveau place l'image fictive du troisième timbre (fig. 5).

Un timbre si rapproché devrait fournir une grande image rétinienne. En réalité, les images rétiniennes sont plus petites, puisque leur taille est fonction de l'angle de vision et par conséquent de la distance réelle.

La taille de l'image ne correspond donc pas à la distance perçue: l'image rétinienne est trop petite pour la distance à laquelle le troisième timbre semble se trouver. C'est notre cerveau qui est à l'origine de ce paradoxe.

3 Les lentilles corrigent les défauts de la vision

1 Sans lunettes, les personnes myopes n'ont pas une vision nette des objets éloignés.

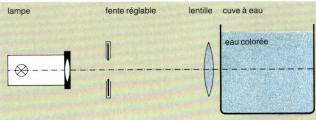

2

E7 Laisse passer la lumière du Soleil à travers des lentilles ou des verres de lunettes. Recueille la lumière transmise sur une feuille de papier. Qu'observes-tu ?

E8 Touche ces verres de lunettes en leur milieu et sur les bords. Que peux-tu dire de leur épaisseur ?

Il existe deux types de lentilles: les lentilles convergentes (convexes) et les lentilles divergentes (concaves). Rappelle leurs caractéristiques.

E9 Le dispositif de la figure 2 permet d'étudier l'effet de lentilles convergentes et divergentes sur un faisceau incident.

E10 Essaye d'obtenir l'image d'une bougie sur un écran à travers diverses lentilles et divers verres de lunette. Que constates-tu ?

E11 Place une lentille divergente à proximité d'une lentille convergente.
Quel est l'effet de cette association ?
Essaye de trouver un couple de lentilles qui se comporteraient comme une simple plaque de verre. Explique.

Info: Image obtenue par une lentille divergente

3

La photo 3 montre l'effet d'une **lentille divergente**: elle rend un faisceau lumineux incident plus divergent à sa sortie qu'il ne l'était à son entrée.

Les lentilles divergentes sont plus épaisses sur les bords qu'en leur milieu, d'où leur nom de **lentilles concaves** (du latin *concavus:* creux).

Considérons un faisceau incident parallèle à l'axe optique d'une lentille divergente (fig. 4). Comme dans le cas d'une lentille convergente, chaque rayon de ce faisceau est réfracté deux fois, sur la face d'entrée et sur la face de sortie de la lentille. Après le passage à travers la lentille, les rayons s'écartent les uns des autres: le faisceau devient divergent. Les prolongements des rayons réfractés (en pointillé) se coupent en un point de l'axe optique: le foyer F. Les rayons ne passent pas vraiment par ce point, mais à la sortie de la lentille, ils semblent tous issus d'un même point F appelé **foyer virtuel**.

Observés à travers une lentille divergente, des faisceaux incidents parallèles, mais inclinés par rapport à l'axe optique, semblent eux-aussi issus d'un seul point. Tous ces points sont situés dans un plan contenant F et perpendiculaire à l'axe optique: le *plan focal* (fig. 5).

Si les faisceaux incidents sont issus d'objets éloignés, les prolongements des rayons divergents nous fournissent des points que nous percevons comme points-image. Cette **image** est dite **virtuelle**, car les faisceaux ne sont pas réellement issus d'un même point, ils n'en ont que l'apparence. *L'image virtuelle est plus petite que l'objet.*

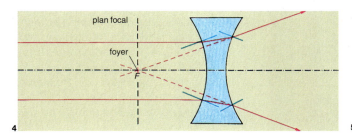

4

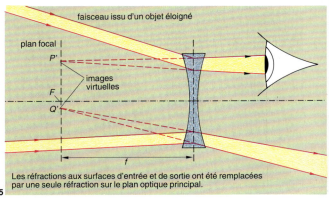

5 Les réfractions aux surfaces d'entrée et de sortie ont été remplacées par une seule réfraction sur le plan optique principal.

Phénomène naturel: **La myopie**

Une personne **myope** est capable de lire sans lunettes, mais ne voit pas distinctement des objets éloignés. Les figures 6 et 7 expliquent ce phénomène:

La distance normale entre cornée et rétine est de 24 mm. Il arrive toutefois que le globe oculaire soit plus allongé et que cette distance atteigne 30 mm. Dans ce cas, malgré la courbure minimale du cristallin, l'image nette d'un objet éloigné ne se forme pas sur la rétine, mais devant. L'image rétinienne est floue.

Pour obtenir une image rétinienne nette malgré un globe oculaire allongé, le cristallin devrait être aplati davantage. Afin de réduire la convergence trop forte du faisceau, on utilise un verre de lunette en forme de **lentille divergente** (fig. 8 et 9).

Grâce à cette lentille, le faisceau qui tombe sur le cristallin est plus divergent et la distance-image est agrandie. Ainsi les rayons se coupent sur la rétine et l'image rétinienne est nette.

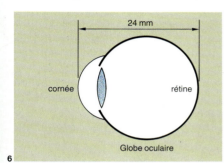

6

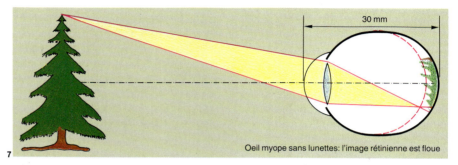

7 Oeil myope sans lunettes: l'image rétinienne est floue

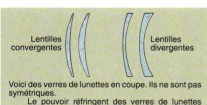

Voici des verres de lunettes en coupe. Ils ne sont pas symétriques.

Le pouvoir réfringent des verres de lunettes n'est généralement pas exprimé par leur distance focale f, mais par son inverse, la **vergence** D, qui est exprimée en **dioptries** (dpt).

$$D = \frac{1}{f} \quad \text{et} \quad 1 \text{ dpt} = \frac{1}{m}$$

Une lentille convergente de distance focale 20 cm a donc une vergence de 5 dpt.

Les lentilles divergentes ont des vergences négatives. Un verre de lunettes de −2 dpt a une distance focale de 50 cm.

8

Remarque: Pour simplifier les schémas on n'a pas tenu compte de la réfraction à la traversée de la cornée.

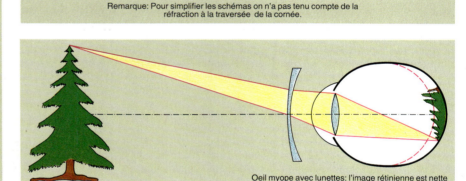

9 Oeil myope avec lunettes: l'image rétinienne est nette

Exercices

1 Qu'est-ce que l'**hypermétropie**? Explique à l'aide de la figure 10.

On corrige ce défaut de la vision avec des lentilles convergentes (fig. 11). Comment procède-t-on?

2 Pour lire un livre, une personne ayant des yeux normaux le tient à une distance de 25 à 30 cm des yeux. Certains enfants rapprochent la tête beaucoup plus près du livre. De quel défaut de la vision sont-ils atteints?

3 Sur un passeport optique on peut lire les informations suivantes: «g: −1,5 dpt; d: −2,0 dpt». Que signifient ces inscriptions?

4 Pourquoi voit-on trouble sous l'eau, sans masque de plongée?

5 Explique comment tu peux tester ta vision à l'aide du tableau d'acuité visuelle qui se trouve à la fin du livre.

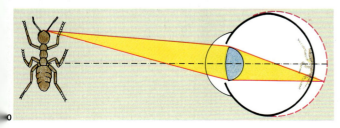

10

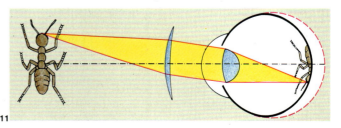

11

4 Une lentille augmente l'angle de vision

Beaucoup de personnes âgées utilisent une loupe ou des lunettes – ou même les deux – pour lire. Quelle est alors la fonction des lentilles? Quelle est leur influence sur l'image rétinienne?

E12 Une loupe permet d'obtenir une image agrandie d'un objet.

Regarde cette page à travers une lentille convergente de faible distance focale (au maximum 5 cm). Rapproche cette lentille du texte de manière à obtenir une image nette, droite et agrandie.

a) Pourquoi faut-il rapprocher l'oeil de la lentille?

b) Place des lentilles convergentes de différentes distances focales très près de ton oeil. A quelle distance du livre dois-tu tenir chaque lentille afin d'obtenir une image nette (sans forcer sur l'accommodation)?
Compare ces distances aux distances focales des lentilles?

E13 La figure 2 te montre un dispositif qui permet de déterminer le grossissement d'une loupe. De l'oeil droit, tu fixes la règle graduée posée sur la table à 25 cm de distance. De l'oeil gauche, tu observes une seconde règle graduée à travers une loupe. Lorsque tu vois les deux graduations simultanément, tu peux les comparer aisément.

Détermine le grossissement de loupes de différentes distances focales. Quelle relation y a-t-il entre le grossissement et la distance focale?

Info: La loupe et les lunettes de lecture

Afin de mieux voir des objets de petite taille, il faut augmenter l'angle de vision. Pour ce faire, on peut évidemment les rapprocher des yeux, mais dès qu'on dépasse un point appelé **punctum proximum** (latin: le point le plus proche), le muscle ciliaire n'est plus capable de déformer suffisamment le cristallin pour qu'il produise une image nette sur la rétine. La distance entre le punctum proximum et l'oeil est appelée **distance minimale de vision distincte.**

Le punctum proximum se trouve à environ 8 cm de l'oeil pour un enfant de 10 ans, mais la distance minimale de vision distincte augmente avec l'âge: elle est en moyenne de 10 cm à l'âge de 20 ans, de 17 cm à l'âge de 40 ans et de 50 cm à l'âge de 50 ans. La raison en est qu'au cours des années, l'élasticité du cristallin diminue.

Ainsi une personne de plus de 50 ans qui veut lire un livre devra le tenir à 50 cm des yeux. Le texte lui apparaîtra sous un angle réduit (fig. 4) et donnera des images rétiniennes très petites, ce qui conduira à une fatigue anticipée des yeux.

Grâce aux **lunettes de lecture** (fig. 5), constituées de lentilles convergentes, on rend le faisceau qui atteint l'oeil moins divergent. Ceci permet au cristallin de réunir sur la rétine les rayons issus d'objets situés à 25 cm des yeux. En réduisant la distance de moitié, on multiplie l'angle de vision par deux, ce qui conduit à des images rétiniennes deux fois plus grandes.

La loupe aussi permet d'augmenter l'angle de vision. Il s'agit d'une lentille convergente dont la distance focale est inférieure à la *distance minimale de vision distincte* ($d = 25$ cm). Grâce à elle, on peut obtenir des images rétiniennes nettes d'objets situés plus près que le punctum proximum.

Pour lire à l'aide d'une loupe, il faut la tenir de manière à ce que le texte se trouve dans le plan focal, puis rapprocher les yeux le plus possible. Les rayons issus d'un point-objet du plan focal seront alors parallèles à la sortie de la loupe (fig. 6) et produiront une image nette sur la rétine sans qu'il soit nécessaire de déformer le cristallin.

La taille de l'image rétinienne dépend de l'angle de vision α_3. La figure 6 montre que $\alpha_3 = \alpha'_3$, où α'_3 est l'angle que font entre eux les rayons issus des extrémités de l'objet et passant par le centre optique de la loupe. Pour un objet de taille donnée, α'_3 ne dépend que de la distance-objet, qui est dans ce cas égale à la distance focale de la loupe.

L'image rétinienne est donc d'autant plus petite que la distance focale de la loupe est plus grande.

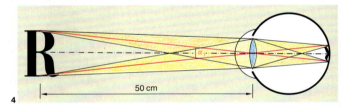

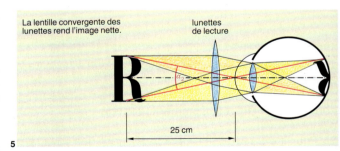

La lentille convergente des lunettes de lecture rend l'image nette.

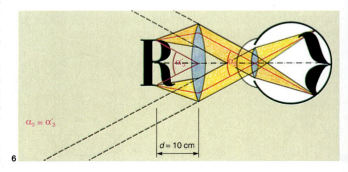

$\alpha_3 = \alpha'_3$

E14 La figure 3 montre un modèle de l'oeil. Ce modèle permet d'étudier l'influence d'une loupe sur l'image rétinienne.

Une des lentilles convergentes représente un cristallin qui est courbé au maximum.

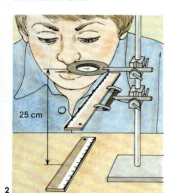

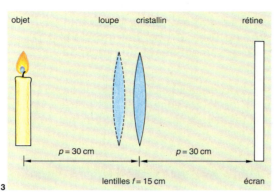

L'oeil modèle est donc réglé sur son punctum proximum.

a) Quelle sera la taille de l'image de la bougie?

b) On place la seconde lentille convergente de distance focale 15 cm juste devant le «cristallin». On veut obtenir une image nette sur la rétine sans changer la distance-image q. Jusqu'à quelle distance du système de lentilles peut-on rapprocher la bougie? Comment variera alors la taille de l'image rétinienne?

c) Essaye d'obtenir la même image en remplaçant les deux lentilles convergentes du modèle par une seule lentille. Quelle propriété cette lentille doit-elle avoir?

d) Explique le résultat à l'aide de deux figures qui montrent l'influence de la loupe sur l'angle de vision.

Recommandation: il suffit de considérer des rayons lumineux qui passent par le centre de l'une des deux lentilles.

Info: Le grossissement d'une loupe

Le **grossissement** G d'une loupe (ainsi que d'autres instruments d'optique) est le rapport entre l'angle de vision avec instrument a_{avec} et l'angle de vision sans instrument a_{sans}:

$$G = \frac{a_{\text{avec}}}{a_{\text{sans}}}.$$

Comme les angles de vision, qui sont presque toujours très petits, sont difficiles à mesurer, on détermine le grossissement à partir des tailles-image qui leur sont proportionnelles. (Vérifie en recopiant la figure 7 dans ton cahier et en prenant $q = 14$ cm; $i_0 = 1$ cm ; $i_1 = 2$ cm; $i_2 = 3$ cm.)

Soient i_{avec} et i_{sans} les tailles des images rétiniennes avec respectivement sans loupe. Leur rapport est le même que celui des angles de vision correspondants.

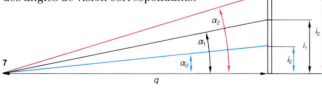

Le grossissement peut donc s'écrire:

$$G = \frac{a_{\text{avec}}}{a_{\text{sans}}} = \frac{i_{\text{avec}}}{i_{\text{sans}}}.$$

Cependant, les tailles des images rétiniennes n'étant pas mesurables par voie directe, on a recours aux lois des lentilles pour les déterminer.

La loi de conjugaison appliquée à la figure 8 donne: ($p = d$)
$d \cdot i_{\text{sans}} = q \cdot o$.

La même loi appliquée à la figure 9 donne: ($u = f$)
$f \cdot i_{\text{avec}} = q \cdot o$

car dans les deux cas la taille-objet et la distance-image sont les mêmes. Il s'ensuit:

$$d \cdot i_{\text{sans}} = f \cdot i_{\text{avec}}$$

et l'expression du **grossissement de la loupe** devient:

$$G = \frac{a_{\text{avec}}}{a_{\text{sans}}} = \frac{i_{\text{avec}}}{i_{\text{sans}}} = \frac{d}{f}$$

d'où :

$$\boxed{G = \frac{d}{f}}.$$

Cette équation permet de calculer le grossissement à partir de la distance focale. Si ce n'est pas spécifié autrement, le grossissement se rapportera à la distance minimale de vision distincte $d = 25$ cm.

Exemple: Pour une loupe de distance focale $f = 4$ cm, le grossissement vaut:

$$G = \frac{25 \text{ cm}}{4 \text{ cm}} = 6{,}25.$$

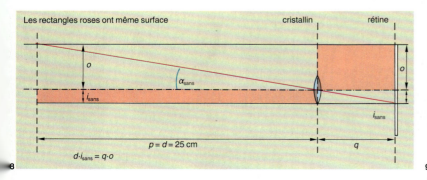

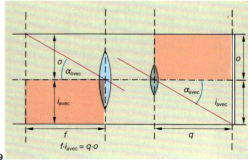

Exercices

1 Pourquoi des lunettes de lecture permettent-elles d'agrandir l'image rétinienne d'un texte?

Pourquoi les personnes âgées ne peuvent-elles se passer de telles lunettes?

2 Tu observes une fourmi de taille 5 mm placée au punctum proximum (25 cm) à l'oeil nu, puis avec une loupe de distance focale 25 mm.

a) Comment sont agrandis l'image rétinienne et l'angle de vision?

b) Le globe oculaire humain a un diamètre d'environ 24 mm. Quelle est la taille de l'image rétinienne de la fourmi avec et sans loupe?

3 Le vieux monsieur de la page précédente ne tient pas la loupe tout près de l'oeil et pourtant il obtient l'accroissement désiré de l'angle de vision.

a) Dans ce cas aussi, l'angle de vision avec loupe et l'angle que font entre eux les rayons issus des extrémités de l'objet et passant par le centre optique de la loupe sont égaux. Pourquoi?

b) Comment évolue l'image rétinienne lorsqu'on éloigne de plus en plus l'oeil de la loupe tout en gardant l'objet dans le plan focal de la lentille? Justifie ta réponse à l'aide d'un croquis.

4 Quel serait l'inconvénient de loupes dont le grossissement serait bien supérieur à 20?

L'oeil et la vision

As-tu compris?

1 Pour comprendre une image, nous nous référons souvent à notre savoir et à nos expériences antérieures. Les figures 1 et 2 t'en donnent des exemples. Explique!

2 Comment varie l'image rétinienne d'un objet dont on s'éloigne?

3 Lorsqu'on regarde une photo, on devine généralement la taille réelle de l'objet représenté, bien que l'image rétinienne soit différente de celle de l'objet réel. Pourquoi?

Dans quel cas a-t-on des difficultés d'évaluer la taille des objets représentés sur une photo?

4 Bien que chaque oeil fournisse une image rétinienne différente, nous ne voyons pas double. Pourquoi?

Observe cette page et appuie légèrement avec l'index sur le côté de ton globe oculaire droit. Explique ce qui se passe.

5 «Sans mes lunettes, mes bras sont trop courts pour lire le journal.» Voilà une remarque fréquente chez les personnes âgées. Que veulent-elles dire par là?

Quel est le rôle des lunettes?

6 Voici comment un trou peut jouer le rôle d'une loupe:

Pique un trou de diamètre inférieur à 1 mm dans une feuille de papier.

a) Tiens le trou très près d'un oeil et observe le texte de cette page en te rapprochant le plus possible.

b) Retire la feuille. Pourquoi le texte devient-il flou?

c) Compare les diamètres de la pupille et du trou. Quelle est leur influence sur les faisceaux lumineux pénétrant dans l'oeil?

Déduis-en comment la «loupe à trou» fonctionne.

7 Qu'est-ce qu'on entend par grossissement d'une loupe? Calcule le grossissement d'une loupe de distance focale $f = 3$ cm.

8 Les verres de lunettes ne sont pas tous des lentilles convergentes ou divergentes. La figure 3 montre des lunettes dont les verres transforment un faisceau de lumière parallèle en un faisceau aplati. Quelle peut être la forme de ces lentilles?

Ce type de lunettes corrige un défaut de la cornée appelé astigmatisme. Recherche l'origine de ce défaut et explique le fonctionnement de ces lunettes.

1 Que représentent ces taches noires irrégulières?

2 S'agit-il d'une jeune femme ou d'une vieille sorcière?

3

L'oeil et la vision

Résumé

Le fonctionnement de notre oeil

Notre oeil fournit sur la rétine l'image des objets observés.

Les faisceaux incidents issus des objets sont réfractés par la *cornée* et par le *cristallin*.

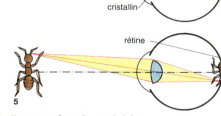

La distance entre le cristallin et la rétine est constante. La distance-image est donc imposée et ne peut être variée comme c'est le cas pour l'appareil photographique.

Malgré cela, nous pouvons régler notre oeil de façon à fournir des images rétiniennes nettes d'objets plus ou moins éloignés. Cette propriété s'appelle *accommodation*.

▶ *Le cristallin est élastique; il se comporte comme une lentille à distance focale variable.*
Pour des objets rapprochés, le muscle ciliaire rend le cristallin plus épais.
La surface du cristallin est fortement courbée (fig. 5). Pour des objets éloignés,
le muscle ciliaire se détend: le cristallin devient plus mince et sa courbure diminue (fig. 4). ◀

La *pupille* fonctionne comme un diaphragme qui s'agrandit et se rétracte automatiquement selon le flux lumineux entrant dans l'oeil. Elle ne laisse passer que la quantité de lumière nécessaire aux cellules visuelles de la rétine.

La *vision spatiale* est due aux images rétiniennes légèrement différentes fournies par les deux yeux. Le cerveau combine ces images rétiniennes et nous fournit une impression de profondeur.

Les principaux défauts de l'oeil et leur correction

Les défauts de l'oeil (amétropies) conduisent à des images rétiniennes qui ne sont pas nettes. Pour redresser ces défauts, on a recours à des lentilles.

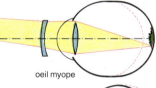

Pour corriger la **myopie**, on utilise des **lentilles divergentes**. Leur propriété de rendre les faisceaux lumineux plus divergents permet d'obtenir des images nettes malgré le globe oculaire trop allongé.

Pour corriger l'**hypermétropie**, on utilise des **lentilles convergentes**, qui permettent d'obtenir des images nettes malgré le globe oculaire trop court.

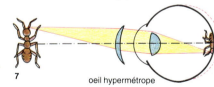

Les loupes augmentent l'angle de vision

Les lentilles convergentes peuvent aussi augmenter l'*angle de vision*. La taille de l'image rétinienne étant quasiment proportionnelle à la valeur de l'angle de vision, elle augmente avec la valeur de l'angle de vision.

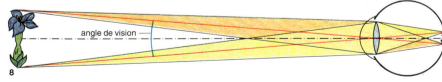

▶ *Une loupe est une lentille convergente*
qui permet d'observer
des objets à faible distance.
Puisqu'on rapproche l'objet de l'oeil,
on augmente l'angle de vision et l'image rétinienne. ◀

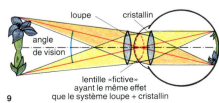

Voir l'invisible …

1 Le microscope et la longue-vue augmentent l'angle de vision

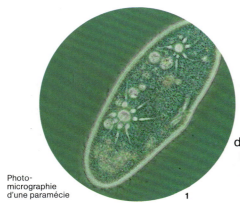

Photomicrographie d'une paramécie

Grâce au microscope et à la longue-vue, qui sont des instruments simples, deux mondes s'ouvrent à nous: le monde de l'infiniment petit et celui de l'infiniment grand.

Téléphotographie de la planète Jupiter

E1 La figure 3 montre le principe du **microscope:**

a) Place une lentille convergente de distance focale 5 cm à proximité de ce texte. Eloigne-toi jusqu'à ce que tu en voies une image renversée et agrandie. Ce que tu observes est l'image réelle du texte qui «flotte» dans l'espace entre la lentille et ton oeil.

b) Observe cette *image intermédiaire* à l'aide d'une seconde lentille convergente ($f = 5$ cm) utilisée comme loupe. Les deux lentilles étant alignées, déplace la loupe verticalement jusqu'à ce que tu observes une image nette et agrandie.

La lentille qui produit l'image intermédiaire est l'*objectif* de l'instrument, celle qui fait office de loupe constitue l'*oculaire*.

c) Comment évolue la taille de l'image lorsque tu rapproches l'objectif du texte?

E2 Voici le principe d'une **lunette astronomique (lunette de Kepler)**:

a) Fixe sur un rail optique une lentille convergente de distance focale comprise entre 30 et 50 cm, c'est l'*objectif*. Positionne sur le même rail un écran dépoli de façon à obtenir une image nette d'objets éloignés (maisons, arbres …).

b) Une seconde lentille convergente de distance focale 10 cm placée derrière l'écran fera office d'*oculaire*. Observe l'image sur l'écran à travers cette lentille convergente utilisée comme loupe (fig. 4).

Retire l'écran et regarde à travers l'oculaire en direction de l'objectif. Etudie l'influence de la distance focale de l'oculaire sur le grossissement de la lunette.

d) Utilise ensuite des lentilles de différentes distances focales comme objectif. Quelle relation y a-t-il entre la distance focale de l'objectif et la taille de l'image intermédiaire?

e) Quelle est l'influence des distances focales de l'objectif et de l'oculaire sur la longueur de la lunette?

E3 En utilisant une *lentille divergente* comme oculaire, on obtient une **lunette de Galilée**:

a) Prends comme objectif une lentille convergente de distance focale comprise entre 30 et 50 cm. Tiens-la à une certaine distance des yeux et fixe un objet lointain. Tiens une lentille divergente de distance focale 10 cm entre l'objectif et ton oeil (fig. 5). Règle la distance entre les deux lentilles de façon à obtenir une image nette et agrandie de l'objet.

b) Compare l'orientation de l'image à travers une lunette de Galilée et à travers une lunette de Kepler.

c) Compare la distance entre l'objectif et l'oculaire, à grossissement constant, pour les deux types de longues-vues.

Info: Le microscope

Un microscope est constitué de deux lentilles ou systèmes de lentilles: l'**objectif** et l'**oculaire**. (Un système de lentilles améliore la qualité de l'image.)

La figure 6 montre le fonctionnement d'un microscope.

L'objectif fournit une image réelle, agrandie et renversée de l'objet. Cette image intermédiaire n'est toutefois pas captée sur un écran.

L'oculaire, faisant fonction de loupe, agrandit l'image intermédiaire qui «flotte» dans l'espace. L'ensemble des deux lentilles fournit une image virtuelle fortement agrandie et renversée.

L'accroissement de l'angle de vision se fait en deux étapes:

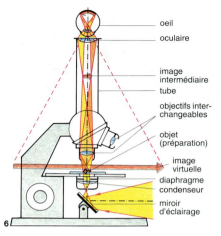

1. Le grandissement de l'objet à travers l'objectif nous est donné par la loi de grandissement des lentilles:

$$G_{ob} = \frac{i}{o} = \frac{q}{p}$$

2. L'oculaire permet à l'utilisateur d'observer l'image intermédiaire à faible distance en augmentant l'angle de vision. Son grossissement est donné par:

$$G_{oc} = \frac{d}{f_{oc}}$$

où d est la distance minimale de vision distincte.

Le **grossissement** du microscope est le produit du grandissement de l'objectif par le grossissement de l'oculaire:
$G = G_{ob} \cdot G_{oc}$.

Info: La lunette de Kepler et la lunette de Galilée

Afin de voir les objets dans leurs plus petits détails, il faut les observer sous un *angle de vision aussi grand que possible*. Vous savez qu'un angle de vision important entraîne de grandes images rétiniennes.

La manière la plus simple d'augmenter l'angle de vision est de rapprocher l'objet des yeux. A l'aide d'une loupe, on voit avec netteté un objet très rapproché. Mais lorsqu'il s'agit de contempler un paysage lunaire ou d'observer le vol des oiseaux, il est impossible de réduire la distance entre l'oeil et l'objet.

Une **longue-vue** augmente l'angle de vision de la manière suivante:

Au lieu de regarder directement le paysage lunaire, on observe son image obtenue à travers un objectif (→ *E2*). L'objet étant très éloigné, cette image se trouve pratiquement dans le plan focal de l'objectif et est très réduite. Mais cela importe peu, car on peut rapprocher l'oeil de cette image et utiliser une loupe afin d'agrandir l'image rétinienne. Dans le cas de la longue-vue, c'est l'oculaire qui fait office de loupe (fig. 7) et qui permet de rapprocher l'oeil jusqu'à quelques centimètres de l'image intermédiaire, augmentant ainsi l'angle de vision et la taille de l'image rétinienne.

La fig. 7 te montre le principe d'une lunette astronomique ou lunette de Kepler. Elle fut élaborée par Johannes Kepler (1571-1630) et utilisée pour des observations astronomiques. La lunette de Kepler a un inconvénient: les images qu'elle fournit sont renversées (haut et bas) et inversées (gauche et droite).

Un autre type de longue-vue, qui fournit des images droites, fut inventé par des lunetiers hollandais et affiné par *Galileo Galilei* (1562-1642). Dans cette **lunette hollandaise** ou **lunette de Galilée,** l'oculaire est constitué d'une *lentille divergente*.

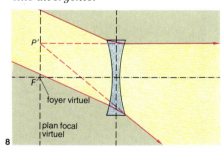

On a vu qu'une lentille divergente réfracte des rayons incidents parallèles de telle manière qu'ils semblent issus d'un point P' du plan focal virtuel (fig. 8). La loi du retour inverse de la lumière permet de déduire qu'un faisceau convergeant vers un point du plan focal virtuel sera parallèle à la sortie de la lentille.

C'est ainsi que fonctionne la lunette de Galilée (fig. 9). Un faisceau (presque) parallèle provenant d'un objet lointain devient convergent à la sortie de l'objectif. Avant que les rayons puissent se réunir dans le plan focal, ils viennent frapper la lentille divergente qui les rend à nouveau parallèles.

De cette manière, la lunette de Galilée augmente l'angle de vision et la taille de l'image rétinienne.

Chacun de ces deux types de lunettes a ses avantages et désavantages. La lunette de Galilée qui donne des images droites est plus courte que la distance focale de l'objectif; son champ de vision est très restreint. La lunette de Kepler, plus longue, fournit des images renversées et ne peut être utilisée que pour des observations astronomiques, mais elle offre un champ de vision plus large.

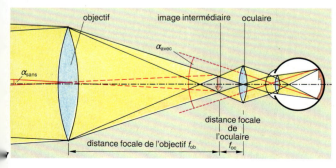

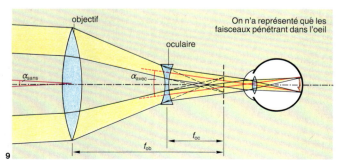

Technique: Des longues-vues à usages différents

Les photos 1 à 3 montrent les possibilités d'application de diverses longues-vues.

La **lunette astronomique** ne possède qu'une lentille convergente comme objectif (lorsque cette lentille est remplacée par un miroir concave, l'appareil est un télescope) et une lentille convergente comme oculaire. Pour éviter des pertes, on renonce à utiliser des verres correcteurs: ceux-ci risqueraient d'absorber une partie de la faible lumière qui nous provient des étoiles lointaines.

Les objets contemplés à travers ce type de longue-vue sont inversés de 180° par rapport à l'observation directe. La lunette astronomique fournit des images renversées (haut et bas) et inversées (gauche et droite).

Si l'on veut observer des phénomènes terrestres, il est avantageux d'avoir des images droites. On a alors recours à des **lunettes terrestres**, qui sont le plus souvent des lunettes à double tube (jumelles) permettant une vision spatiale.

Les plus répandues sont les **jumelles à prismes**. Chaque tube dispose d'un système de prismes Porro dans lesquels les rayons subissent des réflexions totales. Le premier prisme inverse le haut et le bas, le second la gauche et la droite (fig. 4). Ainsi l'image vue par l'utilisateur est droite et dans le bon sens.

La popularité des jumelles à prismes est due à leurs dimensions réduites. La longueur l du chemin optique à l'intérieur de l'instrument est donnée par les distances focales de l'objectif et de l'oculaire: $l = f_{ob} + f_{oc}$.

A cause des réflexions multiples dans les prismes, la longueur des jumelles est inférieure à la longueur du chemin optique effectif. En plus, la disposition des prismes augmente la distance entre les objectifs et améliore la vision spatiale.

Pour observer des objets très éloignés, il faut utiliser des longues-vues à grossissement important. Afin de redresser l'image, on utilise une lentille convergente supplémentaire placée à la double distance focale de l'image intermédiaire (fig. 5). Ainsi la longueur déjà importante de l'instrument est augmentée de $4 \cdot f_r$, où f_r est la distance focale de la lentille de redressement.

Cette longue-vue peut être rendue plus maniable lorsqu'on décompose le tube en plusieurs morceaux de diamètres décroissants qui se laissent glisser les uns dans les autres **(lunette à tirages)**.

Le principe des **jumelles de spectacle** est très simple: elles sont constituées de deux lunettes de Galilée, et ont donc des lentilles convergentes comme objectifs et des lentilles divergentes comme oculaires. Leur longueur est plus petite que la distance focale de l'objectif: $l = f_{ob} - f_{oc}$. Du fait de leur faible encombrement, on peut facilement les transporter dans une poche.

Les lunettes de Galilée ne sont construites que pour de faibles grossissements. Il faut de surcroît les déplacer devant les yeux pour parcourir la totalité du champ visuel, ce qui est fatigant en cas d'observation prolongée, mais suffisant pour jeter un coup d'oeil sur un acteur ou une chanteuse.

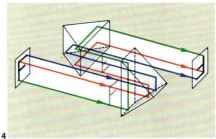

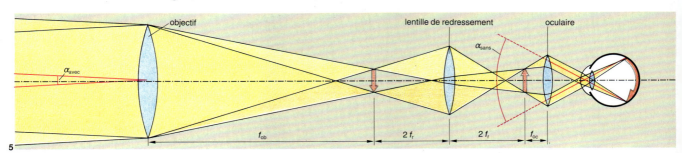

Un peu d'histoire: Comment la longue-vue a changé notre vision du monde

Au Moyen Age, il est généralement admis que la **Terre** se trouve au centre de l'Univers. Le Soleil, les planètes et les étoiles tournent autour de la Terre suivant des trajectoires assez complexes. Ce système cosmologique élaboré par Ptolémée au IIe siècle avant Jésus Christ constitue alors la doctrine officielle et infaillible de l'Eglise. Il ne serait d'ailleurs pas venu à l'esprit de la majorité des gens que la Terre ne puisse être qu'un astre quelconque parmi des milliards d'autres.

Pourtant, dès cette époque, des astronomes ébauchent d'autres théories pour expliquer le mouvement des astres. L'un d'eux, *Nicolas Copernic* (1473–1543) est d'avis que la Terre et toutes les autres planètes tournent autour du **Soleil** et qu'en plus la Terre tourne sur elle-même (fig. 6). Il n'a malheureusement aucune preuve pour confirmer sa théorie.

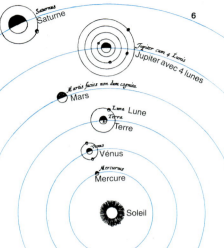

Ces preuves seront apportées par les longues-vues. En l'année 1610, l'astronome italien *Galileo Galilei* (1562-1642, fig. 7) découvre, à l'aide d'une lunette venue de Hollande, que la planète Jupiter est accompagnée de lunes qui tournent autour d'elle. Cela laisse supposer que tout ne tourne pas obligatoirement autour de la Terre comme l'entendaient Ptolémée – et l'Eglise.

A l'aide de la longue-vue, Galilée découvre aussi les phases de Vénus: alternativement cette planète lui apparaît comme disque, puis comme croissant. Pour ce phénomène, semblable à celui de la Lune, Galilée propose l'explication suivante: Vénus tournant autour du Soleil, on n'aperçoit que la face éclairée par ce dernier.

Bien d'autres observations sont venues confirmer le modèle de Copernic. En 1632, Galilée résume ses observations dans un livre en forme de dialogue où Simplicio, le défenseur malheureux de la théorie ptoléméenne, est ridiculisé.

La doctrine officielle de l'Eglise étant mise en cause, le Pape convoque Galilée à Rome où il est jugé devant le tribunal de l'Inquisition. Pour sauver sa peau, Galilée doit prononcer à genoux l'abjuration de sa doctrine (voir texte ci-après). Son livre est interdit et l'astronome termine ses jours en résidence surveillée près de Florence.

Toutefois, malgré l'opposition de l'Eglise, la **vision du monde copernicienne** s'est imposée au cours des décennies suivantes. Ce n'est cependant qu'après plus de trois siècles, le 31 octobre 1992 que le Vatican reconnaît son erreur …

Petites questions

1 Décris les différences entre les visions du monde copernicienne et ptoléméenne, doctrine répandue par l'Eglise.

2 Galilée détecta à l'aide de la longue-vue des lunes autour de Jupiter. En quoi cette découverte ébranla-t-elle le modèle de Ptolémée?

L'abjuration de Galilée devant le tribunal d'Inquisition

Je, Galileo Galilei de Florence, âgé de 70 ans, comparu en personne au jugement et agenouillé devant vous Eminentissimes et Révérendissimes Cardinaux, Inquisiteurs généraux de toute la République Chrétienne contre la dépravation hérétique, ayant devant mes yeux les sacro-saints Evangiles que je touche de mes mains propres, je jure que j'ai toujours cru, que je crois actuellement, et qu'avec l'aide de Dieu je croirai à l'avenir tout ce qu'affirme, prêche et enseigne la Sainte Eglise Catholique et Apostolique.

Mais parce que par ce Saint Office (…), j'ai été jugé véhémentement suspect d'hérésie, à savoir d'avoir prétendu et cru que le Soleil est le centre du monde et immobile, et que la Terre n'est pas le centre du monde et bouge;

Pour cela, souhaitant enlever des esprits de vos Eminences (…) cette véhémente suspicion qui m'est justement destinée, de coeur sincère et avec une foi non feinte, j'abjure, maudis et déteste les erreurs et hérésies citées ci-avant (…), et je jure qu'à l'avenir je ne dirai ni n'affirmerai plus jamais, par la voix ou par l'écrit, des choses à cause desquelles on peut avoir contre moi de telles suspicions. …

Je, Galileo Galilei, ai abjuré, juré, promis et me suis engagé (…), et dans la foi de la vérité, de ma main propre j'ai signé le présent écrit de mon abjuration et je l'ai récité mot par mot en parole, à Rome, au couvent de la Minerve, ce 22 juin 1633.

Extrait des actes
du procès contre Galilée

Voir l'invisible ...

Un peu d'histoire: Le microscope a contribué à vaincre des épidémies

A l'origine de bien des maladies contagieuses, comme la diphtérie et le tétanos, on trouve des bactéries. Pour pouvoir vaincre ces maladies, il est primordial de connaître les microorganismes qui en sont la cause.

Les bactéries ont été découvertes par le Hollandais *Anton van Leeuwenhoek* (1632-1723). C'est dans les loisirs que lui laisse son petit magasin de tissus qu'il commence à tailler des lentilles dont certaines ont des distances focales inférieures à 1 mm.

Son «microscope» est réduit à une lentille (fig. 1). A l'aide de vis, on parvient à placer l'objet à analyser en son foyer. Grâce à cette loupe, van Leeuwenhoek produit des grossissements de l'ordre de 200, ce qui lui permet de déceler sur une dent humaine plus de micro-organismes «qu'il y a de sujets dans un royaume».

Il décrit et dessine diverses formes de bactéries (fig. 2).

Van Leeuwenhoek communique ses observations à la Royal Society à Londres. Ce qu'il rapporte paraît si insolite qu'on ne le prend pas au sérieux. Mais finalement – après que van Leeuwenhoek leur a fait parvenir 26 loupes – les scientifiques se laissent convaincre.

Les découvertes de van Leeuwenhoek n'auront pas d'impact immédiat sur la médecine. Il semble inimaginable que ces «petites bêtes» puissent avoir une quelconque influence sur la santé des hommes.

Mais au cours des années, la qualité des microscopes augmentant, les scientifiques apprendront à connaître de mieux en mieux le monde des microorganismes. Près de 200 ans après la découverte de la bactérie, le chimiste français *Louis Pasteur* (1822-1895) s'aperçoit que certains types de bactéries peuvent provoquer des maladies contagieuses.

Les découvertes et les méthodes de Pasteur sont à l'origine d'une nouvelle branche de la recherche médicale: la bactériologie. Ses travaux ont été poursuivis et approfondis par le médecin allemand *Robert Koch* (1843-1910). Koch parvient à colorer les bactéries transparentes afin de mieux les distinguer (fig. 3).

Il réussit ainsi à détecter les bactéries à l'origine de la tuberculose et du choléra et développe les méthodes de traitement de ces maladies.

Mais toutes les bactéries ne provoquent pas des maladies. Nombreuses sont celles qui ont des effets utiles: certaines servent à la production de fromages, d'autres sont indispensables au système digestif.

1

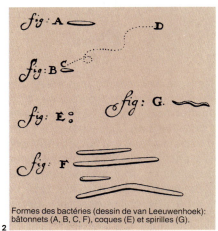

Formes des bactéries (dessin de van Leeuwenhoek): bâtonnets (A, B, C, F), coques (E) et spirilles (G).
2

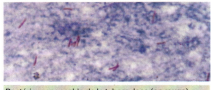

3 Bactérie responsable de la tuberculose (en rouge)

Exercices

1 Quelle lentille (quel système de lentilles) du microscope produit une image virtuelle, respectivement une image réelle?

2 Compare le microscope et le projecteur de diapositives. Quelles sont les similitudes, quelles sont les différences entre les deux instruments?

3 Les microscopes disposent généralement d'objectifs interchangeables de différentes distances focales, mais l'image doit toujours se trouver à la même distance de l'objectif.

On remplace l'objectif initial par un objectif de distance focale double.

a) Doit-on rapprocher ou éloigner l'objectif de l'objet?

b) La nouvelle image intermédiaire sera-t-elle plus grande ou plus petite qu'avec l'objectif initial?

c) Quelle est l'influence de la taille de l'image intermédiaire sur sa luminosité?

4 Une lunette de Kepler et une lunette de Galilée ont la même lentille convergente comme objectif. Elles se distinguent pourtant dans leur aspect extérieur. Pourquoi?

5 Montre à l'aide d'une figure que l'image intermédiaire dans une longue-vue est d'autant plus grande que la distance focale de l'objectif est plus grande. (*Suggestion*: Les faisceaux lumineux issus d'un objet très éloigné et qui arrivent sur l'objectif sont parallèles.)

6 Lorsqu'on utilise des jumelles dans le sens inverse (on regarde à travers les objectifs), notre entourage nous apparaît de façon réduite. Pourquoi?

7 Comment varie le grossissement d'une lunette de Kepler, lorsqu'on remplace l'oculaire par un autre de distance focale plus élevée? Explique!

2 Performances chiffrées des longues-vues

	8 x 30	10 x 25
grossissement	8 x	10 x
diamètre objectif	30 mm	25 mm
champ de vision (1000 m)	110 m	96 m
pupille de sortie	3,75 mm	2,5 mm
poids	600 g	200 g

4

Quelles informations ces chiffres donnent-ils au sujet des propriétés des jumelles?

Info: Voici comment les longues-vues augmentent l'angle de vision

Les objets que nous contemplons à travers une longue-vue, une tour par exemple, nous apparaissent plus proches. Tu as vu que cet effet est basé sur l'accroissement de l'angle de vision.

Sur la figure 5, on a représenté le faisceau parallèle issu du sommet de la tour très éloignée. Le pied de cette tour se trouve sur l'axe optique (l'image aussi repose sur l'axe optique).

Vue à l'oeil nu, cette tour nous apparaît sous un angle α_{sans}. A travers l'oculaire, on observe l'image intermédiaire (réelle) sous un angle α_{avec}.

Comme pour la loupe, on définit le grossissement par:

$$G = \frac{\alpha_{avec}}{\alpha_{sans}}.$$

Les angles de vision étant quasiment proportionnels aux tailles des images rétiniennes (→ l'oeil et la vision), on a:

$$G = \frac{\alpha_{avec}}{\alpha_{sans}} = \frac{i_{avec}}{i_{sans}}.$$

Comme on ne peut mesurer directement ni les angles de vision ni les images rétiniennes, on a recours à des grandeurs mesurables pour déterminer le grossissement (fig. 6 et 7).

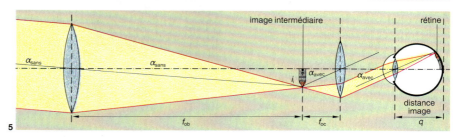

5

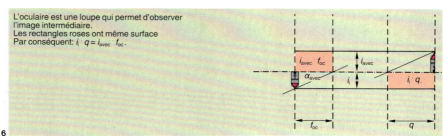

L'oculaire est une loupe qui permet d'observer l'image intermédiaire.
Les rectangles roses ont même surface
Par conséquent: $i_i \cdot q = i_{avec} \cdot f_{oc}$.

6

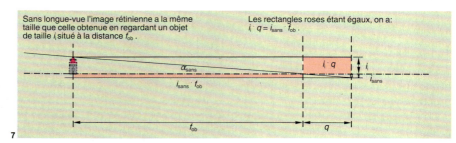

Sans longue-vue l'image rétinienne a la même taille que celle obtenue en regardant un objet de taille i_i situé à la distance f_{ob}.

Les rectangles roses étant égaux, on a:
$i_i \cdot q = i_{sans} \cdot f_{ob}$.

7

Les membres de gauche des équations (fig. 6 et 7) étant égaux, les membres droits le sont aussi:

$i_{avec} \cdot f_{oc} = i_{sans} \cdot f_{ob}$ soit

$$G = \frac{i_{avec}}{i_{sans}} = \frac{f_{ob}}{f_{oc}}.$$

Ainsi, le grossissement d'une longue-vue est le rapport entre la distance focale de l'objectif et la distance focale de l'oculaire:

$$G = \frac{f_{ob}}{f_{oc}}.$$

Exemple: L'objectif d'une lunette a une distance focale de 25 cm. La distance focale de l'oculaire vaut 2,5 cm. On obtient le grossissement:

$$G = \frac{25 \text{ cm}}{2,5 \text{ cm}} = 10.$$

Grâce à cette lunette, des objets éloignés nous apparaissent sous un angle 10 fois plus grand qu'à l'oeil nu.

Dans les descriptifs des jumelles, on indique le champ de vision, qui est la largeur du paysage embrassée par les jumelles à une distance de 1000 m. Mais des grossissements trop forts ne sont pas souhaités pour les raisons suivantes:

○ Pour des jumelles de même type, le champ de vision est d'autant plus petit que le grossissement est plus important.

○ Un grossissement trop important entraîne une image instable, à moins que l'on dispose d'un trépied.

○ Plus l'image est agrandie, moins il y a de lumière qui pénètre dans l'instrument: l'image perd en clarté.

Technique: Lunettes de jour et lunettes de nuit

Les chasseurs et gardes forestiers utilisent souvent des jumelles très lourdes (masse > 1 kg) ayant des objectifs de diamètre important. Ces «jumelles de nuit» permettent d'obtenir des images *plus claires* que les jumelles usuelles et peuvent donc être utilisées au crépuscule ou au clair de lune.

La clarté de l'image dépend de la quantité de lumière qui après avoir traversé *la longue-vue* pénètre dans l'oeil.

Pour accroître le flux lumineux qui entre dans la longue-vue, il suffit d'augmenter le diamètre de l'objectif. A l'exception des pertes par absorption et par réflexion à l'intérieur de l'instrument, la totalité de la lumière incidente sortira à nouveau par l'oculaire.

Un grand objectif n'a toutefois d'utilité que si toute la lumière pénètre *dans l'oeil*. Sur la figure 1, un faisceau de lumière parallèle tombe sur l'objectif d'une lunette astronomique. Pour qu'il n'y ait pas de perte, il faut que le faisceau sortant de l'oculaire ne soit pas plus large que le diamètre de la pupille de l'oeil. Le *diamètre du faisceau émergent* joue donc un rôle important.

Pour mesurer ce diamètre, on peut orienter l'objectif de la longue-vue sur un objet, une fenêtre par exemple, et placer une feuille ou un écran à sa sortie. On observe une tache circulaire blanche: **la pupille de sortie** de la lunette (fig. 2).

La pupille de sortie est une image réelle et réduite de l'ouverture de l'objectif, qui est produite par l'oculaire. Sur la figure 1, cette image a été obtenue à l'aide de rayons passant par le centre optique et de rayons passant par le foyer de l'oculaire. Tu t'aperçois que le diamètre d_p de la pupille de sortie correspond au diamètre du faisceau sortant de l'instrument.

A l'aide de la figure 3, nous allons calculer ce diamètre d_p:

$$G = \frac{i_{avec}}{i_{sans}} = \frac{d_{ob}}{d_p} \quad \text{d'où:} \quad d_p = \frac{d_{ob}}{G}.$$

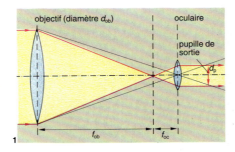

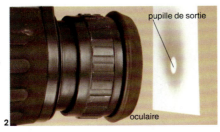

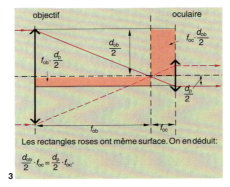

Les rectangles roses ont même surface. On en déduit:

$$\frac{d_{ob}}{2} \cdot f_{oc} = \frac{d_p}{2} \cdot f_{oc}.$$

Pour un grossissement donné, il suffit de choisir le diamètre de l'objectif d_{ob} de façon à ce que d_p soit égal au diamètre de la pupille de l'oeil. Le fait d'augmenter le diamètre de l'objectif n'augmente alors plus la quantité de lumière qui pénètre dans l'oeil.

Toutefois, notre pupille n'a pas toujours la même ouverture. Celle-ci varie de 2 mm (au soleil) à 7 mm (la nuit). Des jumelles de nuit devraient donc avoir une pupille de sortie de 7 mm ce qui, pour un grossissement de 8, entraîne un diamètre de

$$d_{ob} = G \cdot d_p = 8 \cdot 7 = 56 \text{ mm}$$

pour l'objectif. De telles jumelles porteront l'inscription «8x56».

Pour des observations de jour, on peut se contenter de jumelles «10x25», dont la pupille de sortie a un diamètre $d_p = 2{,}5$ mm, ce qui correspond au diamètre de la pupille de l'oeil à la lumière du jour.

Etant donné que les faisceaux lumineux se rétrécissent lors du passage par une longue-vue, on serait tenté de supposer qu'un objet (par exemple une tour) nous apparaîtra plus clair à travers une lunette qu'à l'oeil nu.

Or il n'en est rien. Suppose que tu observes de jour une tour à travers des jumelles «10x25». Tu recevras évidemment plus de lumière provenant de cette tour à travers les jumelles que si tu l'observais à l'oeil nu, car le diamètre de l'objectif est 10 fois plus grand que le diamètre de la pupille de sortie. Mais comme l'image rétinienne est elle aussi 10 fois plus grande que lors d'une observation sans jumelles, la lumière supplémentaire est répartie sur une surface plus grande. A travers les jumelles, on verra donc la tour au mieux avec la même clarté que sans.

Le fait que la luminosité perçue ne dépend pas de l'angle de vision reste vrai lorsqu'on n'utilise pas de longue-vue: à mesure qu'on s'éloigne d'un objet, celui-ci devient plus petit, mais il ne devient pas plus sombre.

Ces considérations au sujet de la luminosité de l'image ne sont pas valables lorsqu'on parle des étoiles, car celles-ci sont perçues en tant que points lumineux.

Petites questions

1 Le grossissement d'une lunette est facile à déterminer si on mesure le diamètre de l'objectif et de la pupille de sortie.

Quel est le grossissement d'une lunette astronomique qui a un objectif de diamètre 20 mm et une pupille de sortie de diamètre 4 mm?

2 Que veut dire l'inscription «8x30» sur des jumelles à prismes?

3 La pupille de sortie de jumelles de poche a un diamètre de 2,5 mm.
a) Pour quelles observations ces jumelles ne sont-elles pas indiquées?
b) Quel est en revanche leur avantage?
c) Quel est le diamètre de l'objectif, sachant que le grossissement vaut 8?
d) La distance focale de l'oculaire vaut 2 cm. Quelle est la distance focale de l'objectif?

Voir l'invisible …

As-tu compris ?

1 Une lunette astronomique a un objectif de distance focale 60 cm et dispose d'oculaires amovibles. Quelle doit être leur distance focale pour que la lunette produise un grossissement de 10, 20 ou 30 ?

2 Dans un microscope, l'image intermédiaire est beaucoup plus grande que l'objet. Dans la longue-vue en revanche elle est plus petite. Pourquoi ?

3 Pour observer un objet à travers un microscope, il faut l'éclairer. Mais une longue-vue permet de bien voir, même au crépuscule. Explique !

4 Les jumelles de la figure 4 ont toutes deux un grossissement de 8. Le chemin optique à l'intérieur est en principe le même. Qu'est-ce qui les distingue alors ? Pourquoi les jumelles de droite sont-elles si longues ? (Suggestion : les lentilles de l'objectif ne doivent pas être trop lourdes.)

5 Tu as à ta disposition des jumelles ayant les caractéristiques suivantes :
8x30 ; 10x25 ; 7x42 .
Lesquelles emporteras-tu pour une randonnée de nuit ?

4

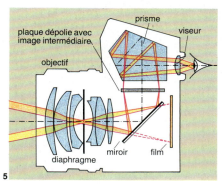
5

6 La figure 5 montre d'une façon simplifiée le chemin emprunté par la lumière pour aller de l'objectif à l'oculaire à l'intérieur d'un appareil photographique réflex.

a) Compare ce chemin à celui de la lumière traversant les jumelles dans le cas où on vise un objet très éloigné.

b) L'objectif de l'appareil photo a une distance focale de 50 mm. Lorsqu'on regarde à travers le viseur, l'angle de vision n'est pas agrandi. Quelle est alors la distance focale de l'oculaire ?

c) Quelle doit être la distance focale d'un téléobjectif pour que l'angle de vision soit multiplié par 4 ?

7 L'objectif d'une lunette astronomique a un diamètre de 10 cm. Sa distance focale vaut 50 cm. Quelle doit être la distance focale de l'oculaire, si l'on veut obtenir une image de la lune ? Quel est alors le grossissement de la lunette ?

8 Les étoiles fixes sont tellement éloignées de nous que nous ne les percevons qu'en tant que points lumineux. Même à travers une lunette astronomique, la taille de ces points n'augmente pas. Avec ou sans lunette, les images rétiniennes des étoiles sont en effet plus petites que les cellules visuelles de nos yeux.

Et pourtant nous utilisons des longues-vues pour scruter le ciel étoilé. Pourquoi ?

Résumé

Le microscope

L'objectif d'un microscope produit une image réelle et agrandie d'un objet. Cette image est observée à travers une loupe (l'oculaire).

L'oculaire augmente l'angle de vision sous lequel on observe l'image intermédiaire agrandie. Le grossissement G du microscope est le produit du grandissement G_{ob} de l'objectif par le grossissement G_{oc} de l'oculaire :

$$G = G_{ob} \cdot G_{oc}.$$

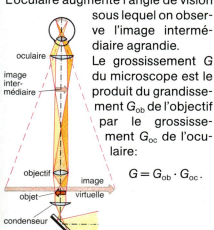

La longue-vue

Des faisceaux issus d'objets lointains et qui tombent sur l'objectif de la longue-vue sont quasiment parallèles.

L'objectif produit une image réelle et réduite dans son plan focal.

Cette image intermédiaire est observée à travers l'oculaire qui fait fonction de loupe.

La longue-vue permet d'augmenter l'angle de vision et d'accroître ainsi la taille de l'image rétinienne, ce qui nous fait apparaître les objets plus proches qu'ils le sont en réalité.

Le grossissement G de la longue-vue s'obtient comme quotient des distances focales de l'objectif et de l'oculaire et vaut :

$$G = \frac{f_{ob}}{f_{oc}}.$$

Les images à travers une longue-vue ont une clarté maximale si l'intégralité de la lumière qui entre par l'objectif atteint notre oeil. Par conséquent, les faisceaux sortant par l'oculaire doivent avoir autant que possible le même diamètre que la pupille de l'oeil.

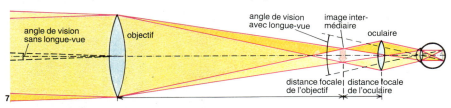
7

Les couleurs

1 Lumière et couleurs

Lumière du Soleil et eau claire – d'où proviennent les **couleurs** de l'image par réflexion du crayon?

E1 Oriente le miroir (fig. 1) de manière que tu puisses y voir la fenêtre quand tu regardes obliquement sur la surface de l'eau.

E2 Sur la figure 1, la lumière traverse un «prisme d'eau». Fais maintenant tomber la lumière du Soleil sur und *prisme en verre* (fig. 2).

Fais basculer le prisme: dans quelle position la bande colorée a-t-elle le plus d'éclat?

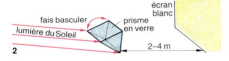

E3 Réglons le projecteur de la figure 3 de façon à obtenir une image nette de la fente sur l'écran, lorsqu'il se trouve dans la position 1.

a) La bande colorée obtenue sur l'écran, lorsqu'il se trouve dans la position 2, est appelée *spectre*. Note les *couleurs du spectre* dans l'ordre.

b) Est-ce le prisme qui «colore» la lumière? Tiens une feuille de papier blanc derrière le prisme, puis rapproche-la de l'écran.

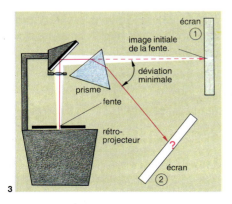

c) Remplace la fente par un trou circulaire. Explique la forme du spectre obtenu par une fente et par un trou.

d) Plaçons un second prisme sur le trajet de la lumière, à 50 cm de l'écran. Orientons-le de façon à ce qu'une couleur soit déviée hors du spectre. Cette couleur subit-elle une nouvelle «décomposition»?

E4 Est-ce que le spectre s'arrête au rouge, respectivement au violet?

Répétons l'expérience 3 en remplaçant l'écran blanc par du papier non blanchi. A travers tout le spectre et au-delà du violet, traçons un trait au marqueur vert-fluorescent …

Déplaçons une photopile dans le spectre et au-delà du rouge. Que déduis-tu de l'indication d'un voltmètre branché aux bornes de la photopile?

E5 Nous avons produit un spectre à partir de la lumière blanche. Est-il possible de produire de la lumière blanche en recombinant les couleurs du spectre? (Nous parlons de lumière blanche quand une feuille de papier éclairée par celle-ci apparaît blanche comme éclairée par la lumière du Soleil.)

A l'aide du montage de la figure 4, produisons sur l'écran (1) un spectre, dont les dimensions sont inférieures à celles de la lentille convergente L_2.

Reculons l'écran dans la position (2) et mettons à sa place initiale la lentille L_2. Explique le résultat.

E6 Regarde à travers un prisme en verre placé à la hauteur des sourcils (fig. 5). Tu vois des bords irisés.

Observe des objets de ton entourage à travers le prisme. Essaie de trouver ces objets du premier coup, bien qu'ils t'apparaissent décalés par rapport à leur position réelle. Où l'irisation des bords est-elle particulièrement intense?

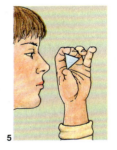 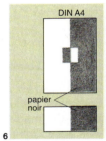

E7 Reproduis le modèle de la figure 6. Observe le rectangle clair sur fond obscur, puis le rectangle obscur sur fond clair. Compare la succession des couleurs.

Fais maintenant glisser la bande de papier noir et blanc au-dessus des rectangles, en commençant par le bas, de façon à les rendre de plus en plus petits. Quand vois-tu apparaître les couleurs pourpre et verte?

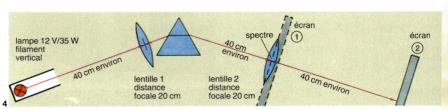

Info: Décomposition de la lumière blanche

Un faisceau de lumière blanche qui traverse un prisme subit deux réfractions successives. Il en résulte une déviation du faisceau.

D'autre part, le faisceau s'élargit. A la sortie du prisme, seulement les bords du faisceau sont colorés. La largeur des bords colorés augmente et la bande médiane blanche se rétrécit, à mesure qu'on s'éloigne du prisme.

Sur l'écran apparaît une bande colorée qu'on appelle **spectre**; les couleurs de cette bande sont appelées **couleurs du spectre**. Cette décomposition de la lumière blanche est appelée **dispersion**.

La figure 7 montre le spectre de la lumière du Soleil qui ne s'arrête ni au rouge ni au violet: il se prolonge par l'infrarouge et par l'ultraviolet (lat. *infra*: en deçà; lat. *ultra*: au-delà). Ces deux radiations sont d'ailleurs invisibles.

La superposition de toutes les couleurs du spectre redonne de la lumière blanche.

Isaac Newton (1643-1727) fut le premier à analyser de façon systématique l'origine des couleurs du spectre; il adopta les idées de plusieurs de ses prédécesseurs. Son explication de l'origine

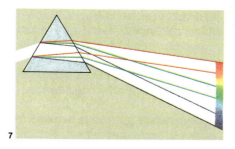

7

des couleurs a fait ses preuves jusqu'à nos jours. Voici les conclusions que Newton tira de ses expériences:

○ Ce n'est pas le prisme (incolore) qui donne de la couleur à la lumière, mais la lumière colorée est déjà «cachée» dans la lumière blanche. La lumière blanche est un mélange de lumières colorées.

○ Le prisme sépare les différentes couleurs en les réfractant différemment; voilà l'origine du spectre. A la traversée du prisme, la lumière violette subit la plus grande déviation, la lumière rouge la plus petite déviation (fig. 8).

La figure 9 montre comment l'angle de réfraction β dépend de l'angle d'incidence α et de la couleur de la lumière, dans le cas d'un verre très réfringent.

L'idée que la lumière blanche se compose de lumières colorées était très contestée du temps de Newton. Le blanc était symbole de pureté et de perfection et l'idée que les couleurs «moins pures» et même «sombres» comme le violet étaient contenues dans la lumière blanche était difficile à accepter. A cette époque, les sciences subissaient encore l'influence d'Aristote, qui disait que les couleurs résultaient du concours du clair et de l'obscur, de la lumière et de l'obscurité. 100 ans plus tard encore, *Johann Wolfgang von Goethe* combattit avec violence les idées de Newton.

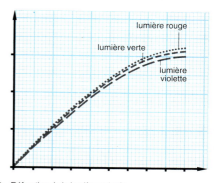

9 Réfraction de la lumière colorée

8

Info: Des bords irisés

Observés à travers un prisme, les objets ont des bords irisés. Cette irisation est très prononcée aux frontières entre surfaces claires et obscures (fig. 10).

La naissance d'un bord bleu-violet le long d'une surface noire sur fond blanc s'explique ainsi: décompose la surface blanche en bandes étroites S_1, S_2, S_3 … (fig. 11). L'oeil reçoit de la lumière provenant de chacune de ces bandes. La lumière est déviée par le prisme et semble provenir de la direction obtenue en prolongeant vers l'arrière les rayons réfractés.

D'autre part, la lumière issue de chaque bande est décomposée en un spectre. Comme le violet subit la plus grande déviation, tous les spectres sont violets en bas.

Le violet de la bande S_1 est le plus bas. Voilà pourquoi on l'observe au contact direct avec la surface obscure. Au-delà de la bande violette, les spectres de S_1 et S_2 se superposent.

Une surface blanche succède aux bords colorés. Elle est due au fait que l'oeil reçoit toutes les couleurs provenant des autres bandes; le mélange de ces couleurs donne du blanc.

On peut expliquer de même pourquoi en dessous de la surface obscure, on aperçoit un bord rouge-jaune: le rouge subit la plus faible déviation, c'est pourquoi tu observes le rouge à

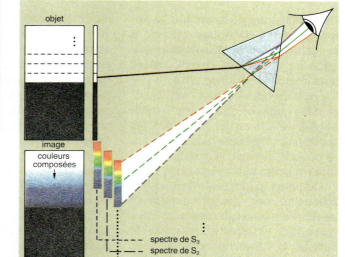

11

la limite de le surface obscure. Le rouge n'est pas caché par les spectres des bandes situées plus bas. L'orange, le jaune et le blanc succèdent au rouge.

Exercices

1 Quand la lumière du Soleil tombe sur un prisme, on voit sur un écran, placé immédiatement derrière le prisme, une surface blanche bordée de couleurs. Explique!

2 Justifie l'affirmation que ce n'est pas le prisme qui donne de la couleur à la lumière.

3 En 1670, *Isaac Newton* écrivit:
«La plus magnifique composition de couleurs est celle du blanc. Car le blanc est toujours composé ... J'ai souvent observé avec étonnement que les couleurs du spectre, lorsqu'on les réunit et les mélange dans les proportions dans lesquelles elles étaient mélangées avant la traversée du prisme, reconstituent une lumière parfaitement blanche et pure.»

Décris des expériences qui confirment cette déclaration de Newton.

4 Comment s'appelle la lumière invisible qui prolonge le spectre du côté du rouge, du côté du violet?

Décris les expériences qui démontrent l'existence de ces 2 sortes de «lumière».

5 Pour «mélanger» les couleurs du spectre produit par un prisme, on tient un miroir dans le chemin de la lumière. On bouge ce miroir pour imprimer un mouvement de va-et-vient rapide au spectre sur l'écran. De cette façon les couleurs se mélangent dans l'oeil.

Explique pourquoi la bande médiane apparaît blanche, tandis que les bords sont irisés.

6 La figure 11 de la page précédente explique le bord bleu-violet le long de la ligne de séparation entre un rectangle sombre et le fond clair.

Au moyen d'un dessin analogue, explique la naissance du bord rouge-jaune, qui apparaît le long du côté opposé du rectangle.

Technique: La lumière invisible

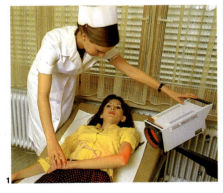  

Dans le spectre de la lumière du Soleil, la **lumière infrarouge** précède le rouge et la **lumière ultraviolette** succède au violet. Ces deux couleurs sont invisibles pour nos yeux.

Pourtant nous percevons la lumière infrarouge, et cela grâce à notre sensibilité à la chaleur: en effet, les radiations infrarouges, absorbées par la couche cutanée supérieure, produisent un échauffement de la peau.

On utilise la lumière infrarouge en médecine car, en réchauffant la peau, elle favorise la circulation sanguine (fig. 1). Comme beaucoup de lampes à infrarouge émettent, en plus le rouge voisin, la lumière qu'elles produisent apparaît rouge.

La *lumière ultraviolette* provoque rapidement des brûlures (coups de soleil) de la peau non protégée. Même si l'atmosphère terrestre absorbe la majeure partie des radiations ultraviolettes émises par le Soleil, à la montagne et par temps clair, il reste beaucoup de lumière ultraviolette. Si cette lumière est réfléchie par la neige, il est indispensable de protéger les yeux par des lunettes solaires, sinon on risque l'*ophtalmie des neiges* (aveuglement par la neige). L'exposition prolongée aux radiations ultraviolettes peut provoquer le cancer de la peau.

La lumière ultraviolette provoque la luminescence de certains matériaux qui la transforment en lumière visible. Ce phénomène est appelé **fluorescence**. L'éclairage fantomatique à la «lumière noire» (fig. 2) est dû à la lumière ultraviolette émise par ces lampes.

A vrai dire ce ne sont pas les vêtements qui rayonnent, mais des additifs chimiques ajoutés à la lessive pour déjaunir le linge. Ces substances transforment la lumière ultraviolette en lumière bleu-violet. Elles font ainsi apparaître le linge blanc «plus blanc que blanc». En effet, si à la couleur du linge jauni, on mélange du bleu-violet, il en résulte du blanc.

Petites questions

1 Pour photographier des animaux nocturnes timides on utilise souvent des *films infrarouges*. Quelle est la propriété de ces films?

2 Pour souder, les artisans protègent leurs yeux au moyen d'un verre noir (fig. 3). Quelle en est la raison?

Environnement: La formation d'un arc-en-ciel

Quelquefois, pendant une averse, quand le Soleil est bas sur l'horizon et que tu lui tournes le dos, tu vois un **arc-en-ciel** (fig. 4). Quelle est l'origine de ce phénomène splendide?

Quand un rayon lumineux, provenant du Soleil, rencontre une goutte d'eau, une partie de la lumière est réfléchie à la surface de séparation entre l'air et l'eau, le reste subit la réfraction et continue son chemin à l'intérieur de la goutte (fig. 5).

La réfraction est particulièrement intense lorsque l'angle d'incidence est grand. C'est le cas lorsque les rayons pénètrent par le bord supérieur ou par le bord inférieur de la goutte (1).

A côté de la réfraction, la lumière du Soleil subit la dispersion (elle est décomposée en couleurs). La lumière bleue est déviée davantage que la lumière rouge.

A la face postérieure de la goutte, (2) une partie de la lumière sort en subissant une seconde réfraction, le reste est réfléchi et ne sort pas de la goutte. Ce phénomène peut se répéter plusieurs fois (3 et 4).

Les faisceaux colorés qui sortent de la goutte en (3) se propagent vers la Terre et sont visibles pour nous. Ils forment avec la direction du Soleil un angle de 40 à 42°. Toutes les gouttes que nous pouvons voir sous cet angle se trouvent sur un arc de cercle.

De chaque goutte isolée, notre oeil ne reçoit que la couleur déviée en sa direction; ainsi l'oeil voit le rouge provenant d'une goutte et le bleu provenant d'une autre. De cette façon nous percevons un arc-en-ciel multicolore.

La figure 6 montre une expérience à ce sujet: tiens le ballon plus haut que tes yeux, regarde-le obliquement et modifie la hauteur. Tu aperçois successivement les différentes couleurs de l'arc-en-ciel.

La figure 4 montre au-dessus de l'**arc-en-ciel principal**, appelé arc-en-ciel primaire, un second arc-en-ciel moins intense, appelé **arc-en-ciel secondaire**.

Sa formation est expliquée par la figure 7: un deuxième rayon de lumière pénètre dans la goutte près du bord inférieur. Le trajet de ce rayon est symétrique à celui de la figure 5. Une partie de ce rayon sort de la goutte après avoir subi une réflexion unique (3). Cette lumière se propage vers le ciel et ne peut pas être observée à partir de la Terre.

Une autre partie de la lumière sort de la goutte après avoir subi deux réflexions à l'intérieur de la goutte (4). Cette lumière se propage en direction de la Terre et nous la percevons comme arc-en-ciel secondaire.

L'arc-en-ciel secondaire apparaît dans une direction faisant avec la lumière provenant du Soleil un angle d'environ 52°. L'ordre dans lequel les couleurs se suivent dans cet arc-en-ciel est inversé par rapport à l'arc-en-ciel primaire, à cause de la deuxième réflexion à l'intérieur de la goutte.

En fait, notre oeil ne reçoit qu'une faible partie de la lumière solaire incidente. Voilà pourquoi on ne voit les couleurs de l'arc-en-ciel que devant un fond sombre, p. ex. un nuage.

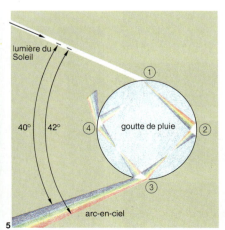

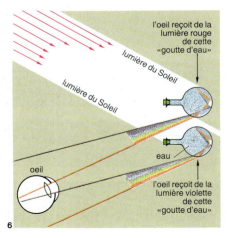

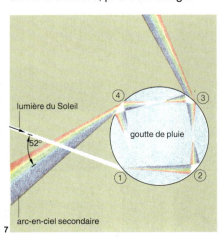

Un peu d'histoire: **Les raies spectrales – «empreintes digitales» des matériaux**

Joseph Fraunhofer (1787-1826) naquit à Straubing en Bavière comme fils d'un tailleur de verre. Il exerça le métier de son père avec beaucoup de succès; ses excellents instruments optiques le rendirent célèbre.

Mais c'est également comme scientifique que Fraunhofer s'occupa d'optique. Une de ses découvertes conduisit à un procédé très important pour déterminer la composition chimique des matériaux.

C'est en étudiant différentes sortes de verre qu'il fit cette découverte. Il voulut comparer la dispersion de la lumière par diverses sortes de verre. A cet effet, il analysa au moyen d'un prisme la lumière provenant d'une fente éclairée par une lampe à huile. Il fut frappé par une raie lumineuse jaune qui traversait le spectre parallèlement à la fente. Ses analyses ultérieures lui révélèrent beaucoup de raies dans tous les domaines du spectre.

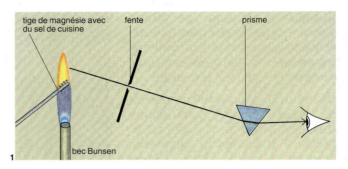

Une expérience simple nous permet d'observer de telles raies: éclairons une fente avec différentes sources lumineuses et observons la fente à travers un prisme comme l'indique la figure 1.

Utilisons d'abord une lampe à incandescence usuelle: nous observons alors un *spectre continu* (fig. 2) ou ininterrompu.

Remplaçons ensuite la lampe à incandescence par une source lumineuse différente: dans la flamme (incolore) d'un bec Bunsen, introduisons une tige de magnésie (oxyde de magnésium) que nous avons trempée préalablement dans une solution de sel. Le sel s'évapore dans la flamme tout en la colorant. La teinte de la flamme dépend du sel utilisé (fig. 3 et 4).

Le spectre d'une flamme, dans laquelle on a introduit du sel de cuisine, ne présente qu'une seule raie jaune. C'est exactement cette raie que Fraunhofer observa dans la flamme de la lampe à pétrole. Cette lumière jaune est émise par l'élément sodium, un des composants du sel de cuisine (fig. 5).

Lorsqu'on introduit d'autres matériaux dans la flamme, le spectre de la flamme présente plusieurs raies colorées (fig. 6 et 7). On parle d'un *spectre de raies*.

Les spectres de la lumière émise par les gaz chauds sont en général des spectres de raies. Par contre, les spectres de la lumière émise par les solides incandescents (p. ex. les filaments) et par les liquides (p. ex. les métaux en fusion) sont toujours des spectres continus.

Il n'y a pas deux matériaux dont les spectres de raies sont identiques. Tout comme on peut reconnaître les hommes à leurs empreintes digitales, on peut identifier les matériaux grâce à leurs lignes spectrales. Ce procédé est appelé **analyse spectrale**.

L'analyse spectrale a été mise en évidence par le chimiste *Robert Wilhelm Bunsen* (1811-1899) et le physicien *Gustav Robert Kirchhoff* (1824-1887). Ils améliorèrent les appareils d'analyse à tel point que même des traces d'un élément chimique pouvaient encore être détectées. Ils réussirent par exemple à déceler moins d'un milliardième de gramme de sodium dans un échantillon de matière.

En 1860, Bunsen et Kirchhoff découvrirent des raies bleues inconnues dans un spectre. Ils supposèrent qu'elles provenaient d'un élément chimique encore inconnu. Ils appelèrent cet élément *Césium* (lat. *caesius*: bleu ciel). Peu de temps après, ils découvrirent de la même façon un autre élément, qui fut appelé *Rubidium* à cause de ses raies rouges (lat. *rubidus*: rouge foncé).

L'analyse spectrale joue un rôle important en astronomie: on photographie le spectre de la lumière émise par une étoile. L'analyse du spectre permet d'identifier les éléments qui composent l'étoile.

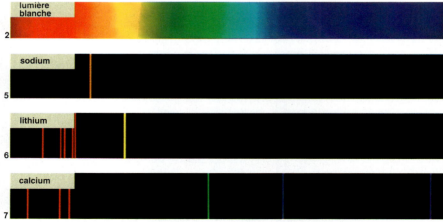

2 Synthèse des couleurs

Les couleurs des ombres sont différentes de celles des lampes. D'où proviennent-elles?

E8 Trois spots (40 W, dépolis), distants l'un de l'autre d'environ 40 cm (fig. 8), projettent de la lumière colorée sur un écran se trouvant à la distance de 2,5 m.

a) Quelle est la couleur du mur éclairé uniformément?

b) Quelqu'un se place entre les spots et le mur. Allumons d'abord un, puis deux, puis les trois spots. Combien de couleurs différentes peux-tu distinguer dans les ombres dans les trois cas? Explique l'origine de toutes ces couleurs.

E9 Réalisons le spectre de la lumière d'une lampe à incandescence (voir E3). Le spectre se formera sur une lentille convergente; sa largeur ne devra pas dépasser la largeur de la lentille.

Au moyen de la lentille convergente, formons sur un écran l'image de la face d'entrée du prisme.

Interposons dans le spectre une bande étroite de papier (ou un prisme de faibles dimensions) de façon à supprimer certaines couleurs. Quelles sont les couleurs qui apparaissent sur l'écran? Note les couples de couleurs correspondantes.

E10 Décomposons en couleurs la lumière issue d'un rétroprojecteur. Interposons sur le trajet de la lumière des verres colorés bleu-vert, pourpre et jaune. Quelles sont les parties du spectre absorbées à chaque fois?

E11 Disposons les verres colorés de E10 sur le projecteur, de façon qu'ils se chevauchent partiellement. Quelles couleurs apparaissent quand la lumière blanche traverse deux de ces filtres? Explique la formation des couleurs observées.

Que se passe-t-il lorsque les trois filtres se recouvrent?

Info: Mélange et séparation de lumières colorées

Lorsqu'on élimine du spectre de la lumière blanche une couleur particulière, et qu'on mélange les couleurs qui restent, on obtient des résultats différents (fig. 9). La couleur éliminée et la couleur qui résulte de ce mélange forment un couple de **couleurs complémentaires**.

L'une de deux couleurs complémentaires est donc toujours une couleur simple du spectre, l'autre est une lumière composée. Ainsi la couleur jaune du spectre et la couleur bleue, résultant du mélange du reste du spectre, sont deux couleurs complémentaires.

L'observation à l'œil nu d'une couleur ne permet pas de décider s'il s'agit d'une couleur simple ou d'une couleur composée. A cet effet, il faut essayer de décomposer la lumière en couleurs.

Le mélange de lumières colorées s'appelle **synthèse additive**. Si nous mélangeons deux couleurs assez voisines du spectre, la couleur du mélange se trouve entre les deux couleurs composantes.

○ l'addition de lumière rouge et verte donne de la lumière composée jaune;

○ l'addition de lumière rouge et jaune donne de la lumière composée orangée;

○ l'addition de lumière jaune et bleue donne de la lumière composée verte.

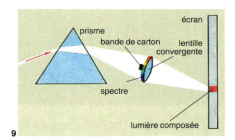

Le mélange des couleurs extrêmes du spectre visible (le rouge et le violet) donne une couleur qui n'est pas présente dans le spectre: le pourpre. Afin de pouvoir ranger le pourpre entre le rouge et le violet, on dispose les couleurs du spectre en secteurs circulaires (fig. 10). Cette configuration, appelée **«disque de Newton»**, est due à *Isaac Newton*.

Chaque couleur du disque de Newton est le composé des deux couleurs voisines. Deux couleurs opposées apparaissent comme couleurs complémentaires.

Les verres colorés transparents ou filtres absorbent une partie des couleurs du spectre. La lumière blanche ayant traversé un verre coloré, les couleurs absorbées manquent dans le spectre. Ce phénomène est la **synthèse soustractive**.

Les filtres ont la couleur qui résulte de la superposition des différentes lu-

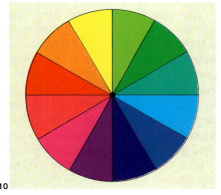

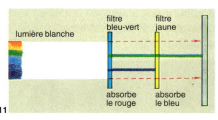

mières colorées transmises. Un filtre jaune, par exemple, peut transmettre le rouge, le jaune et le vert; leur «addition» donne de la lumière composée jaune.

Lorsque la lumière traverse plusieurs filtres, plusieurs couleurs sont absorbées successivement (fig. 11).

Les couleurs

Exercices

1 Quelle est la couleur, inexistante dans le spectre, qu'on peut produire par synthèse additive?

2 On élimine la lumière rouge du spectre de la lumière du Soleil; quelle est la couleur qui résulte du mélange de la lumière résiduelle?

3 Explique les mots: *synthèse additive* et *synthèse soustractive*.

4 Que sais-tu des couleurs résultant du mélange de plusieurs lumières colorées? Cite quelques exemples.

5 Explique ce qu'on entend par *couleurs complémentaires*.
Quelle est la couleur qui résulte de la superposition de deux couleurs complémentaires?

6 Les diapositives et les négatifs couleur sont transparents; les plages colorées agissent comme des filtres.
Compare les différentes fleurs sur la diapositive et sur le négatif (fig. 1 et 2). Qu'est-ce qui te frappe?

Vie quotidienne: L'image de la télévision en couleur

Observée à la loupe, on constate que l'image sur le téléviseur couleur se compose de petites pastilles fluorescentes rouges, vertes et bleues comme le montre la figure 3. L'ensemble de trois pastilles, une de chaque couleur, s'appelle un *triplet*.

Les pastilles colorées sont les points lumineux qui composent l'image télévisée. Ces pastilles sont tellement serrées que, vues d'une certaine distance, on ne peut plus reconnaître ni les différentes pastilles, ni les différents triplets. Nous voyons plutôt le mélange de la lumière émise par les différents triplets, ce qui crée les nuances les plus diverses.

Si les trois pastilles d'un triplet s'illuminent avec la même intensité, l'écran nous paraît blanc. D'autres couleurs apparaissent si seulement deux des pastilles d'un triplet s'illuminent (fig. 4-6).

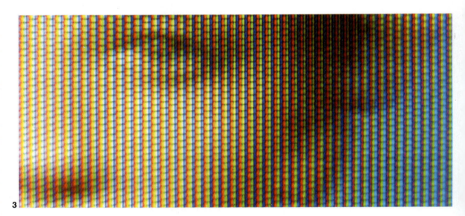

On peut bien sûr «allumer et éteindre» les différentes pastilles, mais on peut également régler leur luminosité. De cette façon, une multitude de nuances peuvent être créées. En outre, les pastilles non illuminées, situées entre les pastilles illuminées, ont elles aussi une influence sur la couleur perçue.

L'image télévisée est composée de 1,5 millions de pastilles environ, dont chacune s'illumine 25 fois par seconde avec une intensité différente. De cette façon, apparaissent sur l'écran 25 images par seconde. Il en résulte une impression de mouvement, car l'œil humain peut distinguer tout au plus 16 images par seconde.

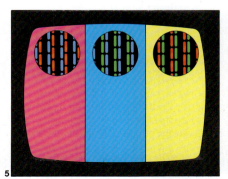
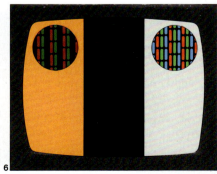

Info: Couleurs fondamentales de la synthèse des couleurs

Tu sais qu'un téléviseur couleur crée le blanc à partir de trois couleurs: le rouge, le vert et le bleu. De même sur la figure 7, on crée du blanc à partir du rouge, du vert et du bleu. Dans les deux cas, les lumières colorées sont mélangées ou *ajoutées*; c'est-à-dire qu'on les superpose à un endroit.

Les couleurs rouge, verte et bleue sont appelées **couleurs fondamentales de la synthèse additive**. A partir de ces couleurs fondamentales, on peut produire par *synthèse additive* toutes les nuances du spectre et le magenta (pourpre).

On peut utiliser comme couleurs fondamentales les couleurs simples correspondantes du spectre. Les couleurs fondamentales de la synthèse additive occupent trois sommets de l'hexagone des couleurs (fig. 8).

On peut également reproduire toutes les couleurs par *synthèse soustractive* à partir de *trois couleurs fondamentales*, à savoir le bleu-vert (cyan), le pourpre (magenta) et le jaune.

Ces couleurs fondamentales de la synthèse soustractive sont obligatoirement des couleurs composées – contrairement aux couleurs fondamentales de la synthèse additive. On les crée en *retranchant* certaines couleurs de la lumière blanche (fig. 9-11).

Ainsi le filtre pourpre enlève les nuances vertes et jaunes de la lumière blanche comme le montre la figure 10. Il ne laisse passer que les nuances bleues et rouges du spectre. Le mélange de ces lumières bleues et rouges donne du pourpre.

Si la lumière blanche traverse successivement deux des filtres bleu-vert, pourpre et jaune, il reste de la lumière bleue, verte ou rouge (fig. 12-14).

Si on dispose l'un derrière l'autre trois filtres ayant les couleurs fondamentales de la synthèse soustractive, toutes les couleurs sont absorbées. Utilisés ensemble, ces filtres sont donc opaques.

L'hexagone des couleurs (fig. 8) montre la correspondance entre les couleurs fondamentales de la synthèse additive et les couleurs fondamentales de la synthèse soustractive:

○ Entre deux couleurs fondamentales de la synthèse additive se trouve une couleur fondamentale de la synthèse soustractive. Cette dernière s'obtient par mélange des deux couleurs voisines.

○ Entre deux couleurs fondamentales de la synthèse soustractive se trouve une couleur fondamentale de la synthèse additive. Cette dernière est la couleur qui reste quand la lumière blanche a traversé successivement deux filtres ayant les couleurs voisines.

○ Deux couleurs opposées sont des couleurs complémentaires.

Petite question

Quelles sont les couleurs complémentaires du rouge, de l'orange, du bleu-vert et du jaune?

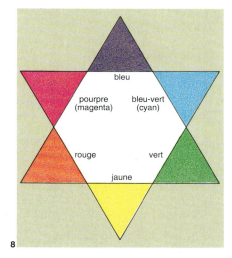
7

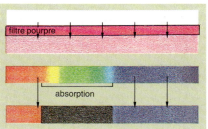
8

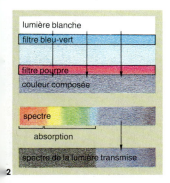
9

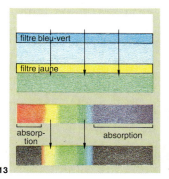
10

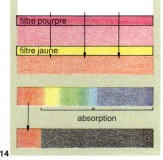
11

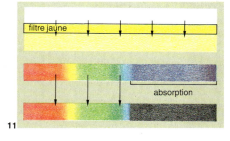

12

13

14

15

Technique: Comment les diapositives prennent de la couleur

Une diapositive en couleur est une superposition de plusieurs filtres colorés de formes irrégulières.

Lors de la projection, la diapositive est traversée par la lumière. La partie de la diapositive où on peut voir une fleur rouge ou une prairie verte, ne transmet que de la lumière rouge ou verte.

C'est lors de l'exposition du film à la lumière que des filtres différents se forment sur le film.

Le film lui-même ne contient pas encore de couleurs; il est composé d'une matière plastique transparente, recouverte de couches sensibles à la lumière (fig. 1).

Chacune de ces couches est sensible à une seule couleur. La couche, en absorbant soit le bleu, le vert ou le rouge subit une modification chimique: le film est «exposé».

Le rôle du filtre jaune est d'absorber la lumière résiduelle bleue qui a encore traversé la couche sensible au bleu.

La figure 2 explique les différentes étapes de l'exposition du film à la projection de la diapositive.

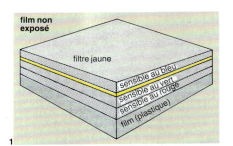

Lors du développement du film, le filtre jaune et les parties non colorées des autres couches sont éliminés.

Lors de la prise de vue, un endroit du film reçoit p. ex. de la lumière rouge émise par un objet (fig. 2). Cette lumière est absorbée par la couche sensible au rouge. Les couches sensibles au bleu et au vert ne sont pas impressionnées à cet endroit. Lors du développement en noir et blanc, des coupleurs de couleur se déposent aux endroits non impressionnés; lors du développement consécutif en couleurs, ces coupleurs fixent les colorants. La couche sensible au bleu se transforme ainsi en filtre jaune, celle sensible au vert devient filtre pourpre.

Lors de la projection, la couche jaune absorbe le bleu contenu dans la lumière blanche, le pourpre absorbe le vert. Seule la lumière rouge traverse la diapositive; à l'endroit où elle frappe l'écran, l'image de l'objet rouge est visible.

Petites questions

1 On photographie un objet vert ensemble avec un objet blanc. Qu'est-ce qui se passe successivement aux endroits correspondants du film? Utilise la figure 2 pour expliquer.

Pourquoi voit-on les objets respectivement en vert et blanc lors de la projection?

Pourquoi les objets noirs sont-ils vus en noir?

2 Voici comment naissent les négatifs couleur (fig. 3). Contrairement à ce qui se passe dans le cas de la diapositive, les coupleurs de couleurs sont déposés aux endroits exposés.

Quelles sont les couleurs que prend le film à l'endroit correspondant à un objet rouge, vert ou blanc?

Comment pourrait-on «renverser» les couleurs du négatif?

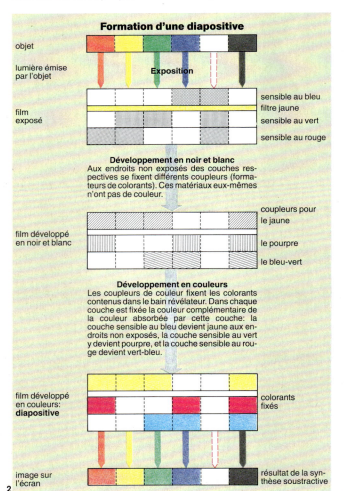

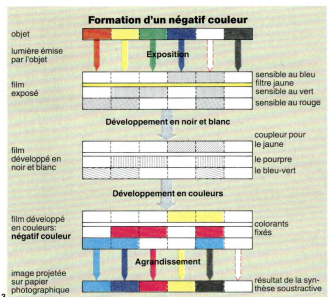

Technique: **Les filtres colorés d'une diapositive**

Une diapositive se compose de trois filtres colorés superposés: d'un filtre bleu-vert, d'un filtre pourpre et d'un filtre jaune. L'image finale est réalisée par synthèse soustractive répétée.

De grandes parties des filtres pourpre et jaune ne reçoivent pas de lumière blanche, mais de la lumière bleu-vert ou pourpre. Voilà pourquoi ces filtres ne sont pas représentés en pourpre et jaune sur la figure, mais dans la couleur dans laquelle ils apparaissent lors de la projection.

A côté des filtres colorés, les grains noirs en argent contenus dans le film sont très importants pour la réalisation de certaines nuances; ils transforment le rouge en brun et le vert en olive (→ *couleurs des corps*).

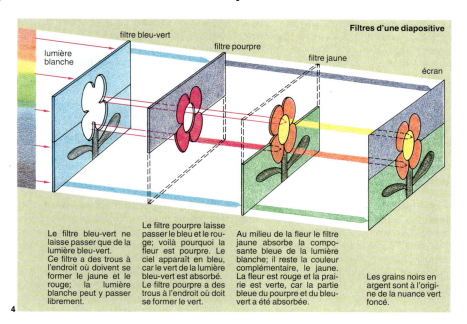

Le filtre bleu-vert ne laisse passer que de la lumière bleu-vert. Ce filtre a des trous à l'endroit où doivent se former le jaune et le rouge; la lumière blanche peut y passer librement.

Le filtre pourpre laisse passer le bleu et le rouge; voilà pourquoi la fleur est pourpre. Le ciel apparaît en bleu, car le vert de la lumière bleu-vert est absorbé. Le filtre pourpre a des trous à l'endroit où doit se former le vert.

Au milieu de la fleur le filtre jaune absorbe la composante bleue de la lumière blanche; il reste la couleur complémentaire, le jaune. La fleur est rouge et la prairie est verte, car la partie bleue du pourpre et du bleu-vert a été absorbée.

Les grains noirs en argent sont à l'origine de la nuance vert foncé.

4

3 Une faculté étonnante de l'oeil

Vie quotidienne: **Voir des couleurs là où il n'y en a pas ...**

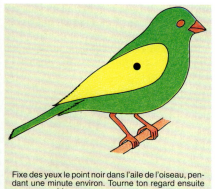

Fixe des yeux le point noir dans l'aile de l'oiseau, pendant une minute environ. Tourne ton regard ensuite vers un mur blanc.

L'expérience de la figure 5 montre quelque chose d'étonnant: tu continues à percevoir des couleurs quand l'objet coloré a disparu!

La *théorie des 3 couleurs* (→ info page suivante) en donne l'explication. Lors de l'observation de l'oiseau, les cônes rétiniens sensibles au rouge et au vert sont fortement excités. Simultanément des substances chimiques contenues dans les cônes sont modifiées. Ces substances sont renouvelées constamment, mais ce renouvellement dure quelques secondes. Si pendant ce temps la rétine reçoit de la lumière blanche, les cônes qui n'ont pas été excités précédemment envoient au cerveau des signaux plus forts que les cônes «fatigués»: il se forme une image ayant les couleurs complémentaires; c'est l'*image secondaire*.

De temps en temps, notre cerveau «invente» même des teintes qu'on ne peut pas expliquer par l'excitation de récepteurs photosensibles. Il est possible de faire à ce sujet une *expérience* simple; la figure 6 en montre le résultat:

Les deux bougies sont à l'origine de deux ombres portées par le crayon. Une ombre (A) est rouge; à cet endroit, de la lumière rouge, issue de l'autre bougie, tombe dans l'ombre due à la première.

La deuxième ombre (B) aussi apparaît colorée, mais en vert. Or à cet endroit, l'écran ne diffuse que la lumière blanche issue de la bougie non masquée!

Comment l'ombre verte s'explique-t-elle? Observons d'abord la couleur de l'écran. Par expérience, nous savons que l'écran est blanc. Notre cerveau essaie de maintenir cette impression quelle que soit la couleur de la lumière diffusée par l'écran.

L'écran de la figure 6 est éclairé par un mélange de lumière blanche et rouge: il devrait apparaître en rouge. Or le cerveau compense la teinte rouge en ajoutant la couleur complémentaire verte et l'écran apparaît en blanc.

A l'endroit où se forme l'ombre (B) – l'écran n'y reçoit que de la lumière blanche – le vert ajouté subsiste; il n'est pas compensé par la teinte rougeâtre.

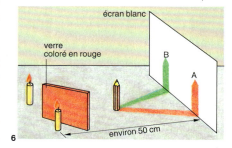

6

Info: La «théorie des trois couleurs»

La **vision des couleurs** est une chose étrange: lorsqu'un corps émet les couleurs rouge et verte, nous voyons du jaune - bien que notre oeil ne reçoive aucune lumière jaune!

De même la sensation de jaune peut provenir indifféremment de la *couleur pure du spectre* ou de la lumière blanche dont on a retranché la partie bleue. Et lorsque les couleurs pures rouge, verte et bleue sont mélangées, nous percevons le même blanc que lorsque notre oeil reçoit un mélange de toutes les couleurs du spectre.

Des processus se déroulant dans l'**oeil** et dans le **cerveau** jouent un grand rôle dans la vision des couleurs. A vrai dire, il n'existe à ce jour aucune théorie universellement reconnue pour expliquer en détail la vision des couleurs.

Déjà *Isaac Newton* (1643-1727) se posait des questions sur l'origine de la sensation des couleurs dans notre cerveau. Il imaginait une analogie entre la sensation d'une couleur et la perception d'un son, qui lui est le mélange de plusieurs tons. Il s'est avéré plus tard que cette théorie simple était insuffisante pour expliquer la vision des couleurs.

La «**théorie des 3 couleurs**» du médecin anglais *Thomas Young* (1773-1829) constituait un énorme progrès. Young savait que l'homme peut distinguer bien plus de cent teintes différentes. Il pensait qu'il ne peut exister sur la rétine des récepteurs photosensibles spécifiques pour chacune de ces teintes. Dans le cas contraire, les récepteurs sensibles à une teinte déterminée, par exemple les récepteurs sensibles à une certaine nuance de rouge, seraient assez éloignés les uns des autres. Un objet coloré, observé à travers un filtre rouge, apparaîtrait alors beaucoup plus flou qu'observé sans filtre, car le filtre a pour effet que seuls les récepteurs sensibles au rouge sont excités. Or en faisant des expériences appropriées Young ne constatait aucune altération de l'acuité visuelle.

Young en concluait qu'il ne peut exister qu'un nombre limité de récepteurs photosensibles différents. Il prétendait même qu'il suffisait de trois types de récepteurs, sensibles chacun à une couleur différente. D'abord il supposait que les récepteurs étaient sensibles respectivement au bleu, au rouge et au jaune; plus tard il corrigeait sa théorie et admettait que les récepteurs étaient sensibles au rouge, au vert et au violet.

D'abord cette théorie des 3 couleurs ne suscitait pas beaucoup d'intérêt. Ce n'est que 50 ans plus tard qu'elle fut reprise et développée par des physiciens comme *James Clerk Maxwell* (1831-1879) et *Hermann von Helmholtz* (1821-1894).

Aujourd'hui nous savons qu'il existe effectivement trois types de récepteurs photosensibles sur la rétine de l'oeil. Ces récepteurs sont appelés **cônes**. Chaque type de cône est sensible non

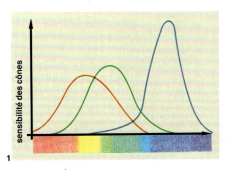

seulement à une couleur pure déterminée, mais à tout un domaine du spectre comme indiqué sur la figure 1.

Un type de cônes est particulièrement sensible à l'orange, l'autre au vert et le troisième au bleu. Les cônes sensibles au rouge et au vert réagissent aussi au jaune.

Ainsi la lumière jaune excite les cônes rouges et les cônes verts (figure 2). Ces deux types de cônes sont aussi excités par un mélange de lumières rouge et verte (fig. 3). Dans les deux cas, nous avons la sensation de la même couleur; nous voyons le même jaune, bien que le mélange rouge-vert ne contienne aucun jaune!

Un raisonnement semblable peut être fait pour la lumière bleu-vert du spectre et le mélange des lumières bleue et verte (fig. 4 et 5).

Nous percevons du blanc lorsque les trois types de cônes sont excités de la même façon (fig. 6 et 7).

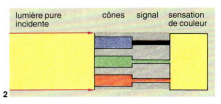
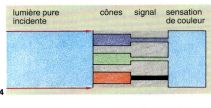
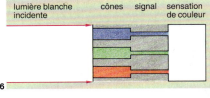
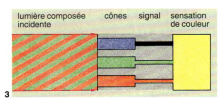
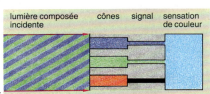
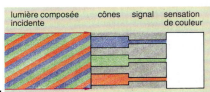

Petites questions

1 Quels sont les cônes excités par la lumière jaune du spectre?

Pourquoi a-t-on la même sensation de couleur lorsque la rétine reçoit simultanément de la lumière rouge et verte ?

2 Lorsque l'oeil reçoit un mélange des deux lumières spectrales pures jaune et bleue, on a la sensation de blanc. Explique ce phénomène.

3 Pourquoi ne peut-on pas distinguer la couleur bleu-vert du spectre de la couleur obtenue par mélange du bleu et du vert?

4 Ferme les deux yeux, recouvre en plus un oeil par la main, tourne alors le visage vers une source lumineuse intense pendant une minute.

Si tu observes ensuite ton entourage alternativement avec un oeil, puis avec l'autre, tu le perçois de façon différente avec chaque oeil …

Explique tes observations.

Suggestion: la paupière n'est pas complètement opaque.

4   Les couleurs des corps

Eclairé par ces réverbères jaune-orange, tout paraît assez incolore. Quelle peut en être la raison?...

E12 On peut reproduire la lumière jaune émise par ce réverbère dans la salle de physique. A cet effet chaque groupe d'élèves a besoin d'un bec Bunsen (avec flamme incolore) et d'une tige de magnésie, humidifiée préalablement, puis trempée dans du sel de cuisine.

Dans la salle obscurcie, toutes les tiges de magnésie sont introduites simultanément dans la flamme. Quel est alors l'aspect des objets colorés? Observe aussi le visage de ton voisin ou de ta voisine.

E13 Pourquoi voyons-nous des corps (opaques) dans des couleurs différentes?

Produisons le spectre de la lumière blanche sur un écran blanc, comme dans l'expérience E3. Plaçons ensuite des cartons colorés contre l'écran, de façon que toutes les couleurs du spectre tombent partiellement sur le carton et partiellement sur l'écran.

E14 Construis une toupie en couleurs (tu trouves un guide pour la construction dans l'appendice). Fais le réglage de façon à voir un gris clair lorsque la toupie tourne à la lumière du jour.

Donne ensuite aux secteurs colorés des grandeurs différentes; quelles sont les couleurs que tu peux ainsi produire? Explique leur formation.

Eclaire la toupie ensuite par la lumière jaune d'une flamme colorée par du sel de cuisine. Compare les couleurs à celles observées à la lumière du jour.

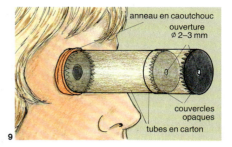

E15 Quelle est la couleur de la lumière envoyée dans l'oeil par un objet brun?

Une personne tient un tube devant un oeil, comme le montre la figure 9; l'autre oeil reste fermé.

On place devant le tube divers objets bruns bien éclairés. On demande à la personne de dire quelles sont les couleurs de ces objets qu'elle n'a pas vus antérieurement.

E16 «Le rouge transformé en brun.»

Enfile un disque en carton noir sur une allumette. Une tache rouge, dont le diamètre est compris entre 5 et 10 mm, est collée sur le carton.

Quelle couleur vois-tu quand la «toupie» tourne? Tu peux éclaircir la couleur observée en ajoutant sur le disque une fine bande jaune.

Répète l'expérience avec des taches ayant d'autres couleurs.

Exercices

1 Pourquoi les corps éclairés par une flamme colorée au sel de cuisine n'apparaissent-ils pas colorés?

2 «Quel vilain rouge» soupire Madame Dupont en regardant sa nouvelle robe à la lumière du jour. Dire que sa couleur lui plaisait au magasin la veille! On dirait que la couleur a changé pendant la nuit …

3 Explique la production du vert lors du mélange des deux encres bleue et jaune (fig. 10).

4 Compare l'origine de la couleur des corps opaques à celle des corps transparents.

5 «Les corps ne sont pas colorés, c'est la lumière qui est colorée.» Discute cette affirmation.

6 Quelles sont les couleurs particulièrement intenses lorsque le spectre de la lumière blanche tombe sur un corps vert, puis bleu, puis orange, puis brun?

7 Le mélange de la lumière rouge et de la lumière verte donne la sensation de jaune. Quand tu mélanges des encres rouge et verte, tu obtiens un brun sale. Comment cette teinte prend-elle naissance?

Suggestion: pour produire du brun, il faut en outre des lumières colorées, aussi du noir.

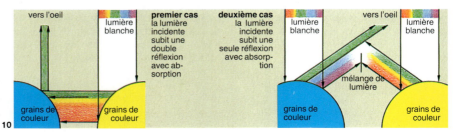

Vie quotidienne: **Des couleurs qui n'existent pas**

Pour que nous puissions voir un corps opaque, il faut qu'il envoie de la lumière vers nos yeux. Le corps lui-même ne produit pas cette lumière, mais il diffuse de la lumière incidente. Cependant il n'y a que certaines couleurs qui sont diffusées, toutes les autres sont absorbées. La couleur du corps résulte du mélange de toutes les couleurs diffusées; elle est donc le résultat d'une synthèse soustractive.

Ce n'est que rarement qu'on voit des corps ayant les couleurs éclatantes du spectre. Ainsi le rouge d'un pull-over est toujours plus terne que le rouge du spectre. D'ailleurs les vêtements, les meubles et les papiers peints ont souvent des couleurs qui n'existent pas dans le spectre: brun, rose, vert-olive, ocre…

Nos yeux ne peuvent percevoir que de la *lumière*. Or il n'existe pas de lumière brune ou vert-olive - on ne peut même pas la produire par mélange. Pourtant il y a des corps qui nous apparaissent dans ces couleurs!

La figure 1 aide à expliquer comment ces couleurs prennent naissance: l'image est composée de points colorés pourpres, jaunes et bleu-vert (cyans). Ceux-ci se recouvrent partiellement et donnent ainsi les couleurs rouge, verte et bleue. Il y a en outre des points noirs. Mais tu ne trouveras pas un seul point *brun*. Là où l'image 1 paraît brune, on remarque surtout des points pourpres et jaunes mélangés à des points noirs. Les surfaces que nous voyons brunes ne peuvent donc émettre que du *rouge*, car la synthèse (additive et soustractive) de pourpre et de jaune donne du rouge.

Les points noirs n'émettent pas de lumière, ils absorbent au contraire toute lumière incidente. Leur unique fonction est de faire apparaître les surfaces contenant du noir et du rouge moins lumineuses! Et cet effet est suffisant, car, chose curieuse, nous percevons les surfaces rouges «encastrées» dans du noir non pas comme du rouge terne ou «sale», mais comme du *brun*!

La figure 2 montre comment l'adjonction de plus en plus de points noirs transforme le rouge en brun de plus en plus foncé. De la même façon, on peut transformer le vert en vert-olive.

En «encastrant» des points colorés dans des points noirs, on peut ainsi obtenir une multitude de nuances différentes. On parle de couleurs *«voilées de noir»*.

Le blanc aussi peut modifier les couleurs. Plus la lumière est blanche, moins les couleurs apparaissent saturées (fig. 3).

Dans notre perception des couleurs, les contrastes jouent un rôle important. Ainsi voit-on par exemple des ombres colorées, sans que ces couleurs soient vraiment présentes (→ *Voir des couleurs là où il n'y en a pas*). D'autre part, il est impossible de voir du brun sans contrastes.

L'image télévisée montre comment la sensation d'une couleur dépend de l'entourage: un vêtement te paraît «vraiment noir» même si l'écran est éclairé par la lumière du jour. Or l'écran du téléviseur non branché est gris-verdâtre - et c'est exactement cette couleur que tu perçois comme noire, à condition que l'entourage soit assez clair.

1   2   3

Les couleurs

As-tu compris?

1 En observant un plafond blanc à travers un prisme, il paraît blanc - malgré la double réfraction par les faces du prisme. On observe uniquement des bords colorés.

Pourquoi ne voit-on pas de couleurs au milieu du plafond? Donne une explication physique.

2 On peut produire les couleurs fondamentales de la synthèse soustractive *(jaune, bleu-vert et pourpre)* à partir des couleurs fondamentales de la synthèse additive *(rouge, vert et bleu)*. Explique la procédure.

Comment peut-on produire les couleurs fondamentales de la synthèse additive à partir des couleurs fondamentales de la synthèse soustractive?

3 *Aristote* écrivit : «Ainsi naît la couleur du vin lorsque des rayons lumineux se combinent avec du noir pur et lumineux.»

Cette conception est-elle en accord avec la physique actuelle? Explique.

Les couleurs

4 Entre 25 et 50 km d'altitude, une partie de l'oxygène de l'atmosphère terrestre se présente sous forme d'ozone. Après avoir traversé cette couche, la lumière solaire ne contient plus que quelques pour-cent de la lumière ultraviolette initiale.

A quoi peut-on comparer cette couche de l'atmosphère?

Des gaz produits industriellement réduisent la teneur en ozone de cette couche de la haute atmosphère.

Quelles conséquences néfastes pour l'homme sont à craindre?

5 Quelles sont les couleurs des différents points de l'image 1?

Observe l'image à une certaine distance. Explique comment naissent les différentes nuances que tu peux voir.

6 Quels sont les récepteurs rétiniens excités quand nous voyons le bleu-vert?

Quelles lumières colorées produisent cette sensation de couleur?

Résumé

Lumières colorées

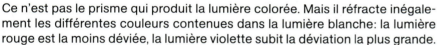

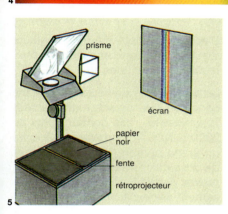

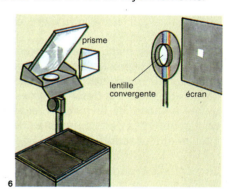

Lorsque la lumière blanche tombe sur un prisme, elle subit une double réfraction. Simultanément le faisceau s'élargit et, sur un écran placé derrière le prisme, on peut observer une bande colorée, appelée **spectre**. Les lumières colorées qui la composent sont appelées **couleurs du spectre**.

Le spectre de la lumière solaire ne se termine pas au rouge et au violet. D'un côté il se prolonge par la lumière *infrarouge*, de l'autre côté par la lumière *ultraviolette*. Nos yeux sont insensibles à ces deux sortes de rayonnements.

La superposition, c.-à-d. le mélange, de toutes les couleurs du spectre redonne de la lumière blanche.

▶ *La lumière blanche se compose de toutes les couleurs du spectre.* ◀

Ce n'est pas le prisme qui produit la lumière colorée. Mais il réfracte inégalement les différentes couleurs contenues dans la lumière blanche: la lumière rouge est la moins déviée, la lumière violette subit la déviation la plus grande.

On peut aussi mélanger plusieurs couleurs du spectre: par exemple le mélange des lumières rouge et verte donne la lumière composée jaune. Le mélange de lumières colorées s'appelle **synthèse additive**.

Corps colorés

Lorsque la lumière blanche traverse un verre coloré (filtre), certaines couleurs du spectre sont absorbées. La lumière transmise n'est plus blanche, mais colorée. Comme des couleurs ont été retranchées de la lumière blanche, on parle de **synthèse soustractive**.

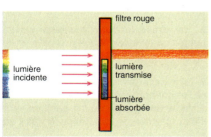

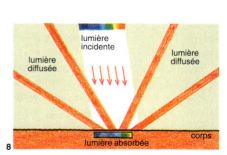

Les **couleurs des corps** opaques sont produites par *synthèse soustractive*. Ainsi un tissu rouge absorbe toutes les couleurs, sauf le rouge, l'orange et le jaune. Le tissu diffuse ces couleurs et elles provoquent dans l'oeil la sensation d'une certaine nuance de rouge.

Beaucoup de corps nous apparaissent bruns, ocres, roses. Or, il n'existe ni lumière brune, ni lumière ocre ou rose.

Ces couleurs prennent naissance dans notre cerveau, lorsqu'à la sensation d'une couleur s'ajoute la sensation de noir ou de blanc.

La théorie des couleurs de Johann Wolfgang von Goethe

Une autre explication de l'origine des couleurs

Un peu d'histoire: Le «phénomène primitif» des couleurs

Johann Wolfgang von Goethe (1749-1832), que tu connais sans doute comme poète remarquable, a écrit les phrases suivantes qui vont peut-être te surprendre:

«*Je ne suis pas fier du tout de ce que j'ai réalisé comme poète… Mais d'être le seul à connaître la vérité sur le difficile sujet de la théorie des couleurs, voilà ce dont je tire vanité, et c'est sur ce point que je suis conscient de ma supériorité.*»

Goethe a travaillé dans de nombreux domaines des sciences. La théorie des couleurs l'a préoccupé pendant plusieurs décennies.

D'après Goethe, la nature est marquée de contrastes. La lumière et l'obscurité constituent une paire de contrastes. Pour Goethe, les phénomènes colorés résultent du «combat» qui se fait entre la lumière et l'obscurité.

Il désigne le blanc et le noir comme étant les représentants de la lumière et de l'obscurité. Les couleurs se situent entre ces deux extrêmes, entre le blanc et le noir, et elles contiennent des parts différentes de lumière et d'obscurité.

Le rouge du soleil couchant et le bleu du ciel (fig. 1 et 2) ont une signification fondamentale dans la théorie des couleurs de Goethe. De telles apparitions, que nous pouvons percevoir par nos sens, sont appelées *phénomènes*.

Goethe était convaincu qu'on peut expliquer la nature à partir de quelques *«phénomènes primitifs»* (Urphänomene) simples. Il était d'avis que les phénomènes les plus complexes de la nature peuvent tous être ramenés à ces phénomènes primitifs.

Il pensait avoir découvert la «plante primitive» dont la structure se retrouve dans toutes les plantes. Dans la théorie des couleurs, c'est le rouge du soleil couchant et le bleu du ciel qui permettent de mettre en évidence le «phénomène primitif».

1

2

Goethe expliquait l'origine des couleurs de la façon suivante:

Quand la *lumière blanche* passe à travers un milieu légèrement trouble, la lumière s'assombrit légèrement et jaunit. Plus le milieu est trouble, plus le jaune devient foncé; de cette façon prennent naissance l'orange et le rouge.

Tu peux le vérifier en plaçant devant une lampe à incandescence une pile de feuilles de papier. De même, un fond blanc observé à travers de la fumée paraît jaunâtre.

Lorsque le milieu trouble éclairé se trouve devant un *fond obscur*, il tire sur le bleu. Moins le milieu est trouble et plus le fond est obscur, plus la teinte observée devient bleu foncé, jusqu'à devenir violet.

Il en est ainsi pour le bleu du ciel; comme le fond - l'Univers - est noir, le ciel apparaît bleu, et même bleu foncé ou violet à haute altitude. De même la fumée, observée devant un fond obscur, apparaît bleuâtre.

D'après Goethe, le jaune et le bleu sont les couleurs fondamentales; le rouge et le violet sont leurs gradations.

On pourrait décrire le «phénomène primitif» des couleurs de la façon suivante:

○ *Du sombre sur fond clair nous apparaît jaune. Plus le sombre est mis en valeur, plus le jaune vire au rouge.*

○ *Du clair sur fond sombre nous apparaît bleu. Si l'obscurité n'est qu'un peu atténuée, le bleu vire au violet.*

D'après Goethe, les autres couleurs résultent du concours de ces couleurs fondamentales.

La théorie des couleurs de Goethe constitue une oeuvre extrêmement volumineuse - elle contient plus de 2000 pages. Nous devons à Goethe un grand nombre d'*observations* et de *descriptions* détaillées de phénomènes naturels colorés. Malheureusement ses *explications* ne sont pas toujours compatibles avec la physique moderne.

Petites questions

1 Qu'est-ce qu'on désigne par «fumée bleue»?

Quelle est l'origine de ce bleu d'après Goethe?

Dans quelles conditions cette «fumée bleue» se transformerait-elle en «fumée jaune»?

2 La partie inférieure de la flamme d'une bougie paraît souvent bleue. Quelle en est l'explication d'après Goethe?

3 Une expérience simple met en évidence le «phénomène primitif» des couleurs:

Verse une goutte de lait dans un verre d'eau et remue le tout. Place le verre devant une lampe.

Quelle est la couleur de la lampe observée à travers ce milieu trouble?

Eclaire ensuite le verre par le côté et observe le liquide trouble devant un fond sombre (par exemple devant un papier noir). De quelle couleur le liquide t'apparaît-il?

Un peu d'histoire: **Goethe et le prisme**

«Il n'y a rien de plus simple, de plus entier, de plus homogène que la lumière. Elle n'est pas composée, et surtout, elle n'est pas composée de lumières colorées.»

C'est par ces paroles que Goethe protestait contre l'opinion dominante sur la nature de la lumière. Il était d'avis que les hommes de science violent la nature par leur «décomposition», leur «division», leur «arithmétique»; qu'ils forcent la nature à se montrer sous une forme qui n'est pas sa forme naturelle.

Il pensait que la nature ne révélait ses principes les plus simples qu'à ceux qui l'étudiaient sans instruments et sans mathématiques. Ainsi Goethe refusait de se servir de lunettes ou d'une longue-vue. Il n'utilisait le prisme que pour réfuter les expériences de Newton et leur «interprétation erronée».

D'après Goethe, les couleurs observées à travers un prisme s'expliquent de la façon suivante: vus à travers un prisme, tous les objets apparaissent décalés par rapport à leur position naturelle. Lorsqu'on regarde une grande surface blanche ou une grande surface noire à travers un prisme, on n'observe pas de couleurs.

Ce n'est qu'à la frontière entre surfaces claires et obscures que les bords deviennent irisés. L'irisation est d'autant plus superbe que le contraste entre clair et obscur est prononcé, donc que le combat entre la lumière et l'obscurité est violent.

D'après Goethe, le décalage de l'image est à l'origine du phénomène primitif, c'est-à-dire de l'apparition des couleurs jaune-rougeâtre et bleu-violet: comme l'image s'oppose en quelque sorte à ce décalage, il en résulte une «image secondaire» qui devance l'image proprement dite.

Lorsqu'on observe le rectangle obscur de la figure 3 à travers un prisme, on le voit plus bas qu'en réalité à cause de la réfraction des rayons lumineux. A son bord inférieur, l'image secondaire du rectangle noir se glisse sur le papier blanc. Or, du sombre

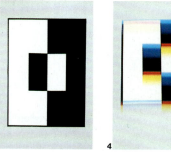  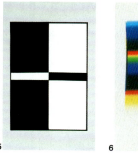 

3 4 5 6

sur fond clair nous apparaît jaune, d'où l'apparition du bord jaune. Là où le sombre est le plus profond, le jaune se transforme en rouge (fig. 4).

Le long du bord supérieur, l'image secondaire de la surface claire se glisse sur l'image principale noire. Or du clair sur fond sombre nous apparaît comme bleu. Si le sombre est presque noir, le bleu se transforme en violet.

De manière analogue, des bords irisés apparaissent le long du rectangle blanc; les couleurs y sont inversées.

Pour Goethe, les couleurs verte et pourpre constituaient une «complication»: lorsqu'un objet clair sur fond obscur est très étroit, les bords jaune et bleu se superposent; leur mélange donne du vert. Si l'objet est obscur sur fond clair, ce sont les bords violet et rouge qui se glissent l'un sur l'autre; il apparaît du pourpre.

Les deux spectres ainsi produits illustrent l'antagonisme entre la lumière et l'obscurité. *Le pourpre et le vert apparaissent comme deux couleurs composées opposées.*

Le vert – une couleur composée? Peut-être es-tu d'avis que maintenant on peut prouver que Goethe a tort; car l'expérience montre que la lumière verte du spectre est indécomposable. Mais la réponse à la question n'est pas si simple! Dans les expériences de Newton, le spectre apparaît toujours comme l'image d'une fente éclairée, observée sur fond sombre. Si, par contre, la lumière verte du spectre se présente sur fond clair, alors ses bords se colorent respectivement en bleu et jaune

(fig. 7). La lumière verte paraît donc néanmoins être décomposable.

Est-ce la théorie de Goethe qu'il faut accepter ou celle de Newton? La question est en fait mal posée.

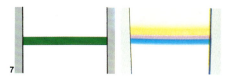

7

En effet, la physique moderne a pour but d'élaborer des théories qui nous permettent de maîtriser les phénomènes naturels et de les rendre calculables. A cet effet, la physique crée des modèles, formule des lois mathématiques et utilise des appareils beaucoup plus puissants que nos sens.

C'est exactement cette approche de la nature que Goethe refusait. Il tenait à saisir la nature comme unité et à la vivre comme telle. Son attitude vis-à-vis des laboratoires et des appareils sophistiqués se manifeste très clairement dans le poème suivant:

Amis, fuyez ces chambres obscures où l'on vous déforme la lumière et où – ô quelle misère! – on fait des courbettes devant des images bizarres.
De tels admirateurs superstitieux n'ont jamais fait défaut!
Laissez dans la tête de vos maîtres ces spectres, folies et fausses illusions.

La théorie des couleurs de Goethe ne constitue pas une théorie physique au sens moderne du terme, mais plutôt une théorie esthétique (*esthétique*: théorie du beau).

Le Magnétisme

1 Propriétés des aimants

Des plateaux de serrage à aimants tiennent la pièce à usiner en place pour qu'on puisse la travailler.

Ces plateaux contiennent comme pièce centrale deux armatures magnétiques.

Pour enlever la pièce usinée ou les copeaux de métal, on neutralise l'effet magnétique.

E1 Quels sont les matériaux attirés par un aimant?

E2 «Un barreau aimanté et une tige de fer s'attirent réciproquement.» Montre par une expérience que chacun des deux corps subit une force d'attraction.

E3 Les propriétés magnétiques d'un aimant se concentrent en certains points qu'on appelle *pôles* de l'aimant.

a) Etudie l'emplacement des pôles sur des aimants de formes différentes. Où l'attraction est-elle la plus faible?

b) Chaque aimant a un *pôle nord* et un *pôle sud*. Montre par une expérience que les deux pôles d'un aimant ne sont pas identiques.

E4 Est-ce que l'attraction d'un aimant se fait sentir à travers le verre, à travers du carton, du bois ou de l'eau ...?

Place une tôle de fer épaisse entre l'aimant et le corps à attirer. Qu'observes-tu?

E5 Attache un clou en fer à un aimant. Vérifie si ce clou attire d'autres corps en fer.

Retire ensuite l'aimant, tout en maintenant le clou en place. Qu'observes-tu?

E6 Nous allons fabriquer un aimant:

a) Frotte un clou en fer, puis une aiguille à coudre en acier à l'aide d'*un* pôle d'aimant, en ayant soin de frotter toujours dans le même sens comme l'indique la figure 2.

Lequel des deux corps a acquis la plus forte aimantation?

b) Prends une petite aiguille aimantée mobile autour d'un axe. (Tu reconnais son pôle nord à la coloration rouge.) Etudie maintenant l'emplacement du pôle nord et du pôle sud

de chacun des aimants que tu viens de fabriquer.

c) Vérifie après 10 minutes, après une heure, puis après un jour si l'aimantation subsiste.

E7 Des boussoles fabrication maison:

a) Perce un capuchon vissé (fig. 3) ou un bouchon à l'aide d'une aiguille à coudre que tu as aimantée préalablement. Fais flotter cet aimant à la surface de l'eau. (Ajoute une goutte de produit vaisselle dans l'eau: cela empêche l'aiguille de se déplacer spontanément vers le bord.)

b) Suspends un petit barreau aimanté horizontalement à l'aide d'un fil. Rallonge l'aimant à l'aide d'un long clou, d'une lame de scie, ou de deux clous collés contre les deux pôles.

E8 Essaie maintenant de supprimer l'aimantation:

a) Chauffe à incandescence une aiguille à tricoter aimantée, puis vérifie ses propriétés magnétiques.

b) Frappe plusieurs coups de marteau sur une aiguille à tricoter aimantée, puis vérifie si elle est toujours aimantée.

c) Que devient l'aimantation d'une aiguille qu'on fait tomber plusieurs fois par terre?

Info: Les aimants et leurs pôles

Un aimant attire une tige de fer. Réciproquement la tige de fer attire aussi l'aimant (voir action et réaction; fig. 4).

Les aimants attirent les corps en fer, en cobalt et en nickel et vice versa. Le fer, le cobalt et le nickel sont des corps dits ferromagnétiques.

L'intensité des forces magnétiques diminue rapidement lorsqu'on éloigne les deux corps l'un de l'autre.

Les propriétés magnétiques d'un barreau aimanté ou d'un aimant en U sont particulièrement importantes aux extrémités appelées pôles magnétiques (fig. 5). Les **pôles** apparaissent toujours par paires et ne sont pas identiques: on distingue le *pôle nord* et le *pôle sud*.

Le pôle nord d'un aimant est souvent peint en rouge, le pôle sud en vert. L'aiguille d'une boussole est aussi un aimant; on reconnaît son pôle nord à la coloration bleue.

Une aiguille aimantée mobile autour d'un axe vertical s'immobilise à peu près suivant la direction Nord-Sud géographique. Le pôle qui pointe vers le Nord est appelé pôle nord de l'aimant.

Deux pôles de même nom se repoussent, deux pôles de noms différents s'attirent.

Un aimant agit à travers des matériaux comme l'air, l'eau, le bois.

Si un corps ferromagnétique, une tôle de fer par exemple, est placé au voisinage d'un aimant, ses bords acquièrent des propriétés magnétiques (fig. 6).

De même un clou en fer s'aimante au voisinage d'un aimant: l'extrémité face au pôle nord de l'aimant devient pôle sud, l'autre devient pôle nord (fig. 7).

Au voisinage d'un aimant des corps en fer, cobalt et nickel s'aimantent et deviennent eux-mêmes des aimants.

Pour certains matériaux, cette aimantation n'est que temporaire et disparaît quand l'aimant qui en est responsable est retiré.

On désaimante un corps aimanté en le portant à haute température ou bien en le soumettant à des chocs assez forts et répétés.

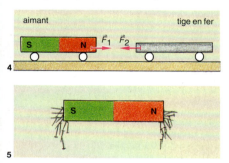

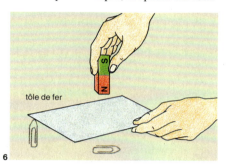

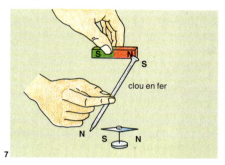

Technique: Les matériaux magnétiques

On peut produire un aimant permanent par frottement, en faisant glisser (plusieurs fois dans le même sens) un pôle d'aimant sur une aiguille à coudre.

Le désavantage de ce petit aimant permanent est que son aimantation s'affaiblit au cours du temps, comme c'est d'ailleurs le cas pour tous les aimants permanents en acier. Voilà pourquoi l'acier est utilisé de moins en moins pour la fabrication d'aimants permanents. Il est remplacé par une série de matériaux modernes tels l'**alnico** et certains **oxydes,** dont les propriétés magnétiques sont pratiquement invariables au cours du temps.

L'alnico est un alliage d'*al*uminium, de *ni*ckel et de *co*balt. Le principal composant d'un aimant en oxydes est l'oxyde de fer. La fabrication de ces deux types d'aimants, qui se fait en plusieurs étapes, est schématisée sur la figure 8.

Les aimants en alnico et en oxydes sont très durs et très cassants; ils s'écaillent en tombant par terre. En ajoutant des matières plastiques ou du caoutchouc lors de la production, on peut obtenir des *aimants permanents flexibles et souples* (fig. 9).

Les matériaux dont sont faits les aimants permanents sont appelés **alliages magnétiques durs**.

Certains matériaux qu'on appelle **alliages magnétiques doux** ont une grande importance pour la fabrication d'aimants temporaires. Il s'agit d'alliages de fer et de nickel qui s'aimantent et se transforment ainsi en aimants au voisinage d'un aimant. Ils perdent cette aimantation presque complètement dès qu'on éloigne l'aimant responsable.

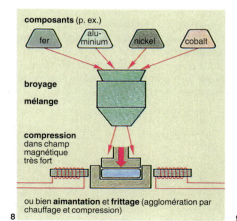

2 Le modèle magnétique

E9 Essayons d'isoler un pôle d'aimant:

a) Prends une aiguille à tricoter aimantée et coupe-la au milieu. Vérifie à l'aide d'une aiguille aimantée si chaque moitié ne contient qu'un pôle, l'une le pôle sud, l'autre le pôle nord.

b) Procède de même après avoir séparé les moitiés en deux.

E10 Est-il possible de construire un grand aimant en associant plusieurs petits aimants?

Empile plusieurs aimants cylindriques et examine où l'action magnétique de l'ensemble est la plus forte.

E11 Etudions l'action simultanée de deux aimants:

a) Le premier aimant de la figure 1 attire un trombone.

Tout en maintenant cet aimant immobile, approche un deuxième aimant de polarité inverse.

b) Associe maintenant deux aimants de même polarité et dispose-les de façon que le trombone soit juste encore attiré par l'ensemble de ces deux aimants. Eloigne alors l'un des deux aimants et dis ce que tu observes.

E12 Remplis une éprouvette de limaille de fer pas trop fine, secoue-la fortement, puis vérifie à l'aide d'un clou ou d'un trombone si la poudre est aimantée ou non.

Fais glisser le pôle d'un aimant le long de la paroi de l'éprouvette comme tu l'as fait dans l'expérience E6. Examine encore une fois l'aimantation de la poudre.

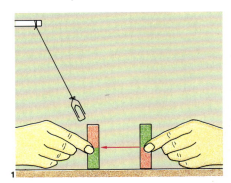

Info: Représentation modélisée d'un aimant

De tout temps les scientifiques ont essayé de comprendre le mode d'action des aimants. Depuis l'Antiquité, on imaginait que lors du phénomène d'aimantation, une sorte de fluide magnétique émanait de l'aimant vers la matière non aimantée.

Cette théorie des «émanations» a été réfutée, puisque l'aimant responsable ne se retrouve pas affaibli après l'aimantation.

D'après les connaissances actuelles, l'aimantation est liée à la structure des matériaux ferromagnétiques.

L'expérience de l'aimant brisé nous aide à comprendre comment un aimant est construit: après avoir aimanté une aiguille à tricoter, nous la coupons en son milieu. Tu penses alors avoir isolé un pôle nord d'un côté et un pôle sud de l'autre? Il n'en est rien! Chacun des deux morceaux est encore un aimant complet avec un pôle nord et un pôle sud. Tu pourras répéter cette expérience en sectionnant une nouvelle fois chacun des fragments obtenus, tu n'arriveras jamais à isoler un pôle d'aimant: tout aimant, si petit soit-il, possède deux pôles de noms différents.

Ces observations sont expliquées par le modèle suivant.

On admet que les atomes de fer possèdent eux-mêmes des propriétés magnétiques: nous appelons ces tout petits aimants des *aimants élémentaires*. Tout corps en fer est subdivisé en *domaines* dans lesquels tous les aimants élémentaires sont orientés parallèlement.

Dans le fer ou l'acier non aimantés, les divers domaines sont orientés au hasard, de façon que leur action globale vers l'extérieur est nulle (fig. 2).

Quand nous approchons un aimant du fer non aimanté, de plus en plus de domaines prennent la même polarité que l'aimant.

Les domaines où l'orientation est «favorable» croissent aux dépens de leurs voisins. **Le fer devient ainsi un aimant** (fig. 3 et 4).

L'expérience montre que les dimensions de ces domaines sont de l'ordre du centième de millimètre.

On doit donc considérer le fer comme étant toujours constitué d'un très grand nombre de domaines.

La croissance des domaines où l'orientation est «favorable» s'arrête finalement à cause d'irrégularités dans la structure atomique.

Dans certaines sortes d'acier, les irrégularités dans la structure atomique sont beaucoup plus fréquentes que dans le fer: l'acier contient à côté du fer une petite quantité de carbone et des traces d'autres éléments. Ces irrégularités compliquent la croissance tout comme la décroissance des domaines d'aimantation. Aussi les aciers sont-ils plus difficiles à aimanter que le fer, par contre, ils conservent leur aimantation plus longtemps.

Lors de la désaimantation (par la chaleur p. ex.), les domaines d'aimantation reprennent leurs dimensions initiales de façon qu'aucune direction n'est privilégiée. Le déplacement des frontières entre les différents domaines est facilité par l'agitation thermique accrue.

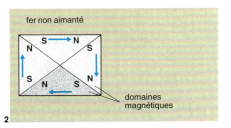

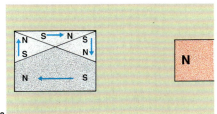

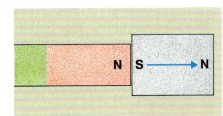

Les figures 5 et 6 montrent ce qui se passe lors de l'aimantation. Sur la figure 5 on reconnaît les différents domaines dans lesquels toutes les aiguilles ont même orientation. Aucune direction n'étant globalement privilégiée, l'action simultanée de toutes les aiguilles aimantées est nulle vers l'extérieur.

Lorsqu'un aimant est approché de l'extérieur, toutes les aiguilles aimantées s'orientent (fig. 6). Leur action simultanée ressemble à celle d'un grand barreau aimanté.

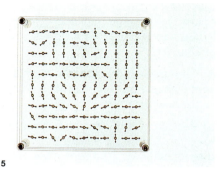
5

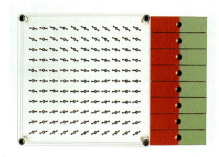
6

Exercices

1 Explique pourquoi on ne peut pas isoler le pôle nord et le pôle sud d'un aimant en coupant l'aimant en son milieu.

2 Parmi les propositions suivantes, il n'y en a que deux qui soient justes. Lesquelles?

a) Dans toute matière ferromagnétique, les atomes sont groupés en domaines magnétiques.

b) Dans tous les corps métalliques, les atomes sont groupés en domaines magnétiques.

c) Les atomes sont groupés en domaines magnétiques dans le fer seulement.

d) Les atomes sont groupés en domaines magnétiques dans les aimants seulement.

e) Les atomes sont groupés en domaines magnétiques dans tous les corps en fer.

3 Pour aimanter un clou, on peut faire glisser sur lui un pôle d'aimant, toujours dans le même sens comme indiqué dans l'expérience E6. Explique comment se créent de cette façon les pôles d'un aimant.

4 Tu disposes d'un barreau aimanté et d'une attrape en fer, ayant exactement les mêmes caractéristiques (dimensions, masse, couleur!). Comment déceler l'aimant sans avoir recours à autre chose?

5 Un trombone est suspendu à un fil au voisinage d'un pôle d'un barreau aimanté.

Explique l'attraction réciproque en utilisant le modèle magnétique.

3 Le champ magnétique

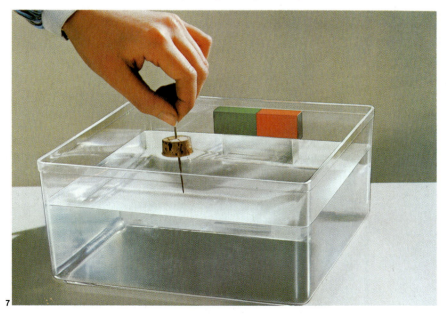
7

Que se passe-t-il quand l'aiguille aimantée est abandonnée au voisinage de l'aimant?

E13 Pose un barreau aimanté sur une feuille de papier et dispose tout autour des petites aiguilles aimantées. Représente sur le papier la direction et le sens des aiguilles par une flèche, dont la pointe est orientée vers le pôle nord de l'aiguille.

E14 Nous explorons la région autour d'un aimant à l'aide de limaille de fer.

Les grains de limaille de fer s'aimantent au voisinage de l'aimant et se disposent en lignes. Ce sont des lignes de champ magnétique, dont l'ensemble est le spectre magnétique.

a) Aimante une lame de scie à découper puis casse-la en trois morceaux (après l'avoir entourée d'un torchon pour éviter de te blesser). Deux morceaux servent de barreaux aimantés, au troisième morceau tu donneras la forme d'un aimant en U.

b) Pose l'aimant en U que tu viens de fabriquer sur une feuille de papier, puis répartis de la limaille de fer autour de l'aimant. Frappe de petits coups légers sur le papier.

Dessine l'allure des lignes de champ.

c) Répète l'expérience en remplaçant l'aimant en U par l'un des deux «barreaux aimantés».

d) Pose les deux «barreaux aimantés» l'un à côté de l'autre de façon que leurs pôles s'attirent. Que devient le spectre?

e) Pose-les maintenant de façon que leurs pôles se repoussent.

E15 Pose une plaque de verre sur un aimant comme le montre la figure 1, puis saupoudre-la de grains de limaille de fer.

Réalise et dessine le spectre magnétique d'un aimant en U, d'un barreau aimanté, ainsi que le spectre obtenu entre deux pôles de barreaux aimantés de même nom et de noms différents.

E16 On peut étudier des spectres magnétiques en utilisant une multitude de petits aimants à la place de la limaille de fer (fig. 2).

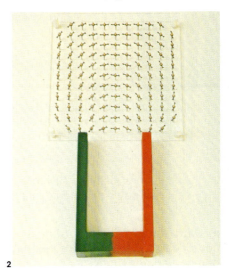

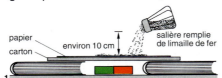

1

2

Info: Champ magnétique et lignes de champ

Si tu veux mettre un corps en mouvement, tu dois le toucher directement ou bien à l'aide d'une tige: tu exerces une force de contact. Un aimant par contre peut agir sur une aiguille aimantée sans la toucher: il exerce une force à distance. **La région autour d'un aimant dans laquelle des actions magnétiques se font sentir est appelée champ magnétique.**

Pour étudier un champ magnétique on peut par exemple observer son action sur un pôle nord magnétique. Comme un pôle nord isolé n'existe pas, voici une astuce: on fait nager une aiguille aimantée à la surface de l'eau comme le montre la figure 3. Le pôle sud de l'aiguille est tellement éloigné du barreau aimanté que la force qu'il subit est négligeable. Lorsqu'on abandonne l'aiguille à un endroit quelconque du bac, elle se met en mouvement vers le pôle sud de l'aimant en suivant une trajectoire curviligne (le frottement de l'eau empêche l'aiguille d'avancer trop rapidement).

La courbe sur laquelle l'aiguille s'est déplacée est appelée **ligne de champ**.

Les lignes de champ constituent un modèle qui permet de décrire le champ magnétique.

En tout point d'un champ magnétique, un pôle magnétique subit une force: un pôle nord est attiré vers le pôle sud de l'aimant qui crée le champ, un pôle sud subit une force de même direction, mais de sens contraire.

Les lignes de champ sont orientées dans le sens de la force subie par un pôle nord, autrement dit elles vont du pôle nord vers le pôle sud de l'aimant.

Par chaque point d'un champ passe une ligne de champ, car un pôle magnétique subit une force en chaque point du champ.

Une aiguille aimantée placée dans un champ magnétique s'oriente toujours dans la direction de la ligne de champ qui passe par son centre (fig. 4).

Des grains de limaille de fer s'aimantent dans un champ magnétique: un pôle nord attire un pôle sud, de façon que les grains voisins se disposent en lignes. Ces lignes matérialisent les lignes de champ.

3

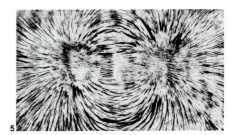

4

5

La force que subit le pôle nord N' dans le champ magnétique d'un aimant peut être considérée comme la résultante de deux forces (fig. 6): N' subit de la part de N une force répulsive $\vec{F}_1$, de la part de S une force attractive $\vec{F}_2$. L'intensité F_1 de la force répulsive est supérieure à l'intensité F_2 de la force attractive, car N' est plus proche de N que de S. La résultante a même direction que la ligne de champ qui passe par ce point.

Petites questions

1 «Un clou placé entre deux lignes de champ ne subit aucune force.»
Donne ton avis!

2 Les photos 7 et 8 montrent les spectres magnétiques entre les pôles de deux barreaux aimantés.
Quelle photo représente les pôles qui s'attirent, les pôles qui se repoussent? Justifie ta réponse.

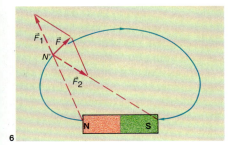
6

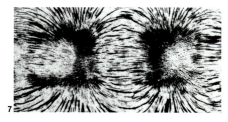
7

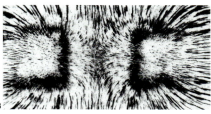
8

Un peu d'histoire: **Etrange magnétisme!**

Le phénomène du magnétisme fascine les hommes déjà depuis l'Antiquité. On attribue à *Thalès de Milet* (5e siècle av. J.-C.) la première description de la magnétite, pierre trouvée en Magnésie (Thessalie) et capable d'attirer le fer ou les pierres de même espèce. *Pline l'Ancien* (23-78 ap. J.-C.), un officier romain qui avait beaucoup lu et beaucoup voyagé, raconte dans son *Histoire naturelle* que Magnès, un berger, avait été retenu dans la montagne Ida à cause des semelles cloutées de ses sandales.

Les contes indo-arabes des *Mille et une Nuits* évoquent une montagne magnétique sur laquelle des bateaux venaient s'échouer.

A maintes reprises, des vertus thérapeutiques ont été attribuées au magnétisme. Il y a 200 ans, le médecin *Franz Anton Mesmer*, originaire du Lac de Constance, parcourait l'Europe comme «guérisseur à pouvoirs magnétiques». Il traitait ses malades dans des cuves remplies d'«eau magnétique» et promenait des aimants sur leurs corps. Il fut démasqué comme escroc à Paris.

Bien connu de nos jours, le magnétisme n'en reste pas moins mystérieux: comment se fait-il que le pôle d'un aimant puisse attirer du fer?

En réalité, la plupart d'entre nous n'en savent guère plus que Faraday, à qui nous devons la notion de lignes de champ. Il y a 170 ans, Faraday écrivait: *Les forces semblent agir à distance. Leur origine physique nous reste inconnue.*

Au 12e siècle, le philosophe et médecin arabe *Averroès* expliquait: *L'aimant modifie les corpuscules de la matière (eau, air) qu'il touche, ceux-ci modifient à leur tour les corpuscules voisins et ainsi de suite, jusqu'à ce que le magnétisme atteigne le fer, dans lequel il provoque une force qui produit le rapprochement.*

Michael Faraday montra que cette explication était erronée et il devina qu'un milieu matériel entre fer et aimant n'est pas indispensable: *La matière n'est pas davantage indispensable pour l'existence des lignes de forces magnétiques qu'elle ne l'est pour un rayon de lumière ou de chaleur... L'espace possède des propriétés magnétiques intrinsèques... Si une nouvelle idée sur l'état ou la constitution de l'espace devait s'imposer un jour, il faudrait qu'elle soit incorporée dans l'image de l'espace que nous nous sommes faite à la suite de nombreuses expériences.*

Phénomène naturel: **Des bactéries avec boussole incorporée**

Certaines bactéries aquatiques se déplacent dans un champ magnétique en suivant les lignes de champ. Des cristaux de magnétite contenus dans ces bactéries leur permettent de s'orienter dans le champ. En se déplaçant à l'aide de cils, la bactérie nage donc toujours le long d'une ligne de champ magnétique (fig. 9).

Ces bactéries vivent au fond des eaux dans des sédiments pauvres en oxygène. C'est leur mouvement le

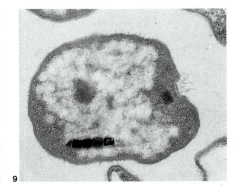
9

long des lignes de champ qui les amène au fond (→ page suivante) - à condition d'admettre qu'elles se déplacent dans le sens des lignes de champ dans l'hémisphère nord, dans le sens inverse des lignes de champ dans l'hémisphère sud. Dans l'hémisphère sud, ces mêmes bactéries possèdent en effet des cristaux de magnétite orientés en sens contraire.

Lors de la reproduction, certains des cristaux aimantés sont transmis.

Phénomène naturel: **Le champ magnétique terrestre**

«*Quand les navigateurs en mer se trouvent noyés dans le brouillard, quand ils ne peuvent plus jouir des bienfaits du Soleil, quand la Terre est plongée dans l'obscurité la plus profonde, alors ils placent une aiguille sur un aimant* (→ expérience 7b). *Elle pivote jusqu'à s'immobiliser en pointant vers le Nord. ... Voilà comment les navigateurs trouvent leur chemin, même quand la Petite Ourse se cache.*» C'est dans ce texte du savant anglais *Alexandre Neckam* (1157-1217) que la boussole est mentionnée pour la première fois dans la littérature européenne.

Les navigateurs chinois cependant se servaient de la boussole depuis 300 ap. J.-C.

Pendant très longtemps on pensait que c'était l'Etoile Polaire (dans la constellation de la *Petite Ourse*) qui déviait l'aiguille aimantée. A partir du 17e siècle, on imaginait que la Terre entière était un gigantesque aimant.

Aujourd'hui, nous savons que la Terre se comporte comme un grand barreau aimanté avec un pôle nord magnétique et un pôle sud magnétique.

Comme une aiguille aimantée pointe son pôle nord vers le Nord géographique, c'est là qu'est situé le pôle sud magnétique de la Terre. Le pôle nord magnétique est situé dans l'hémisphère Sud.

Si on suivait constamment le nord indiqué par une boussole, on n'aboutirait pas exactement au pôle Nord géographique, mais en un endroit du Canada situé à quelque 1000 km du pôle Nord géographique; c'est là que se situe le pôle sud magnétique.

Il faut donc distinguer entre les pôles *géographiques* et *magnétiques* de la Terre.

La direction de l'aiguille aimantée ne se confond donc pas exactement avec la direction Nord-Sud géographique. On appelle *déclinaison* magnétique l'angle formé par l'aiguille aimantée et le méridien géographique. Elle dépend du lieu (fig. 1).

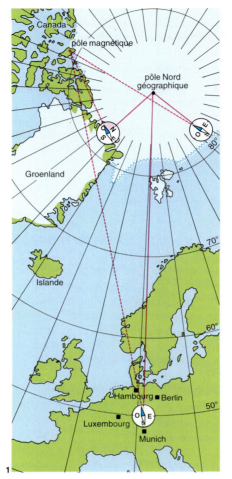
1

La figure 2 représente les lignes de champ du champ magnétique terrestre. Ces lignes sont presque perpendiculaires à la surface terrestre aux pôles, elles sont horizontales à l'équateur. Dans nos régions, elles forment avec la surface terrestre un angle d'environ 65°; cet angle est appelé *inclinaison*. L'inclinaison peut être mesurée à l'aide d'une aiguille aimantée mobile autour d'un axe horizontal (fig. 3).

Les pôles géographiques sont déterminés par l'axe de rotation de la Terre. Leur position peut être considérée comme invariable. Les pôles magnétiques par contre se déplacent au cours du temps.

Il en résulte une variation de la déclinaison au cours du temps. En 1990, la déclinaison à Luxembourg était de 1° ouest; elle diminue de 8' par an.

Petites questions

1 Quelle serait l'orientation d'une aiguille aimantée au pôle Nord géographique?

2 Dans quelle direction faut-il aller chercher le pôle nord magnétique?

3 Voici deux petites expériences au sujet du champ magnétique terrestre:
a) Approche une aiguille aimantée d'un radiateur, en haut, puis en bas. Qu'observes-tu?
b) Prends une tige en fer non aimantée, place-la dans la direction Nord-Sud de façon qu'elle fasse avec l'horizontale un angle de 65° et que l'extrémité dirigée vers le Nord pointe vers le sol.
Frappe d'un coup de marteau sur l'extrémité supérieure. Vérifie ensuite l'aimantation de la tige.
c) Explique tes observations.

4 Tous les matériaux ne se prêtent pas à la fabrication du boîtier d'une boussole. Pourquoi?

5 La rose des vents de certaines boussoles est pourvue d'une marque pour la déclinaison. On fait tourner la rose des vents jusqu'à ce que le pôle nord de l'aiguille coïncide avec cette marque.
Cette marque n'a qu'une signification limitée. Explique pourquoi!

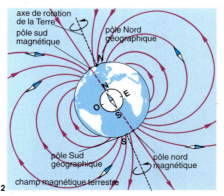
2

3

Le magnétisme

As-tu compris?

1 Les figures 4 et 5 montrent un plateau de serrage à aimants. Explique son fonctionnement. Décris les lignes de champ dans chaque cas.

L'arrangement des pôles est tel que le champ magnétique n'est sensible que dans une couche épaisse de 8 mm environ au-dessus de la plaque. Quel est l'avantage d'un tel champ?

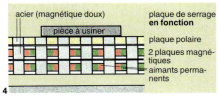

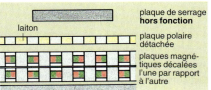

2 Pour s'orienter lors d'une randonnée, on peut utiliser la boussole ensemble avec une carte topographique. Comment faut-il procéder?

3 Un cube en plexiglas a été rempli de limaille de fer dispersée dans de l'huile de silicone (fig. 6). Le cube est traversé par un tube, dans lequel on a enfoncé le pôle sud d'un aimant.
a) Décris la disposition des grains de limaille de fer.
b) «Le terme de *champ* est mal choisi.» Justifie cette critique.

4 Il existe des points qui sont équidistants des deux pôles d'un barreau aimanté. Montre par une construction qu'en un tel point un pôle d'aimant subit une force parallèle à l'axe du barreau.

6

5 Des bateaux en fer s'aimantent dans le champ magnétique terrestre, ce qui cause une déviation du compas de route.

On peut alors la «compenser». Cette opération consiste à placer dans les environs de la boussole des petits aimants. Quelle est leur fonction?

Résumé

Propriétés des aimants

Fer, nickel et cobalt sont des *matériaux ferromagnétiques*.

▶ *Aimants et corps ferromagnétiques s'attirent réciproquement.* ◀

Les propriétés magnétiques d'un aimant se concentrent aux extrémités appelées **pôles**.

Une aiguille aimantée libre de s'orienter au voisinage de la Terre s'immobilise dans la direction Nord-Sud. Le pôle qui pointe vers le Nord est appelé **pôle nord** de l'aimant.

▶ *Des pôles de mêmes noms se repoussent, des pôles de noms différents s'attirent.* ◀

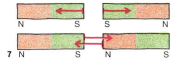

Lorsqu'on associe deux aimants de façon que les pôles de même nom sont voisins, l'action magnétique s'en trouve renforcée. Si deux pôles de noms différents sont voisins, l'action magnétique est affaiblie.

Les corps ferromagnétiques acquièrent des propriétés magnétiques au voisinage d'un aimant (*aimantation*). Chez certains corps, ces propriétés disparaissent si on enlève l'aimant, chez d'autres elles se conservent.

Un aimant peut être *désaimanté* par échauffement ou bien par chocs répétés.

Modèle magnétique

▶ *On explique le magnétisme en imaginant l'existence de domaines magnétiques.* ◀

Dans le fer non aimanté, les différents domaines sont orientés de façon que leur action globale vers l'extérieur est nulle. Quand nous approchons un aimant du corps, les domaines où l'orientation est «favorable» croissent aux dépens de ceux où elle est «défavorable».

Le champ magnétique

▶ *On appelle* **champ magnétique** *toute région de l'espace où des actions magnétiques se font sentir.* ◀

On représente les champs magnétiques à l'aide de leurs *lignes de champ*: en tout point la force magnétique subie par un pôle a la direction de la ligne de champ qui passe par ce point, de façon qu'un pôle mobile se déplace le long de la ligne de champ.

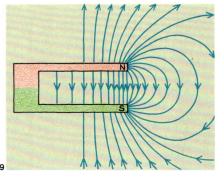

Températures et thermomètres

La mesure d'une température

Répète l'expérience relative à notre perception de la température, illustrée sur la figure 1:
Trempe une main dans l'eau chaude et l'autre dans l'eau froide. Plonge ensuite tes deux mains dans l'eau tiède.
Que ressens-tu?

E1 Notre sensation du chaud et du froid est trompeuse. En plus, elle est limitée à un intervalle de température restreint. Pour juger les **températures**, nous avons besoin d'un instrument de mesure: c'est le **thermomètre**.

a) De quelles parties se compose un thermomètre (à liquide)?

b) Deux étapes de la réalisation d'une *échelle de température* sont illustrées par les figures 2 et 3.
Décris et réalise les deux expériences.
Attention aux projections d'eau chaude; mets quelques cailloux dans l'eau…

c) Quelle propriété physique des liquides exploite-t-on dans un thermomètre à liquide?

E2 A l'aide d'un voltmètre et d'un *thermocouple* tu peux construire un thermomètre électrique (fig. 4).

a) Plonge l'une des deux soudures dans l'eau bouillante, l'autre dans de la glace fondante.
Observe l'indication du voltmètre pendant que l'eau chaude se refroidit.

b) Qu'indique le voltmètre lorsque les deux soudures sont trempées simultanément dans la glace fondante ou simultanément dans l'eau bouillante?

c) Transforme l'échelle du voltmètre en échelle de température.

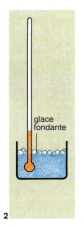
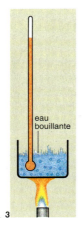
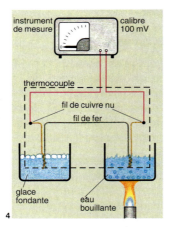

Info: L'échelle Celsius

Dans tous les Etats européens, les températures sont exprimées actuellement en degrés Celsius (°C).

L'**échelle Celsius** satisfait aux conventions suivantes:
0 °C correspond à la *température de la glace fondante*; 100 °C correspond à la *température de l'eau bouillante*. Etant donné que ces températures sont (sous certaines conditions) fixes et invariables, on les appelle les **points fixes** (du latin *fixus:* fixe, invariable) de l'échelle Celsius.

La distance entre les points de l'échelle thermométrique qui correspondent à 0 °C et à 100 °C est appelée **intervalle fondamental**. Cet intervalle est divisé en 100 parties égales. 1 °C correspond donc à la 100e partie de l'intervalle fondamental.

Pour repérer des températures en dehors de l'intervalle fondamental, on prolonge la graduation au-dessus de 100 °C et en-dessous de 0 °C avec le même pas. Les températures en-dessous de 0 °C sont représentées par des nombres négatifs. (*Exemple:* dans la région du pôle Sud, la température de l'air est déjà descendue jusqu'à -94,5 °C.)

La température en degrés Celsius est représentée par la lettre grecque ϑ (thêta).

En ce qui concerne les indications de l'heure, on fait la distinction entre l'*instant* (12.30 heures) et l'*intervalle de temps* (12 heures et 30 minutes). Il en est de même pour les indications de température: on distingue entre *température* et *différence de température*.

Une **différence de température** est exprimée en degrés Celsius ou en unités **Kelvin (K)**. Ainsi, on désigne une différence de température de 1 °C aussi par 1 K. (Tu verras plus tard des détails sur l'*échelle Kelvin*.)

Exemple: Si la température de l'air est $\vartheta_1 = 8$ °C le matin et $\vartheta_2 = 20$ °C à midi, alors la différence de température vaut $\vartheta_2 - \vartheta_1 = 12$ °C ou 12 K.

Au lieu de $\vartheta_2 - \vartheta_1$ on écrit souvent $\Delta \vartheta$ (delta thêta).

Technique: Les thermomètres usuels

Un **thermomètre à liquide** renferme le plus souvent du mercure ou de l'alcool. Son domaine de mesure est limité du côté des basses températures par le point de congélation du liquide (-39 °C pour le mercure), du côté des hautes températures par la stabilité du tube. En effet, lorsque la température est trop élevée, le liquide qui s'évapore fait exploser le tube.

En employant des thermomètres à liquides spéciaux, on arrive à mesurer des températures de -200 °C à environ 1000 °C.

Le liquide qui s'écoule d'un thermomètre à mercure cassé doit être soigneusement recueilli, car les vapeurs de mercure sont extrêmement toxiques.

Le thermomètre à maximum et minimum (fig. 5) permet de relever la température la plus basse et la température la plus élevée de l'air pendant un intervalle de temps déterminé, et cela à l'aide d'une seule lecture.

Il est constitué d'un tube en U qui s'évase à ses deux extrémités pour former deux réservoirs. Le réservoir de gauche est rempli d'alcool qui descend dans la branche gauche du tube en U. Dans le réservoir de droite on a fait le vide. Le tube en U lui-même est rempli de mercure.

L'alcool dans le réservoir gauche fait office de liquide thermométrique. Quand la température s'élève, il se dilate et pousse le piston de mercure: dans la branche droite du tube, un petit index en fer est soulevé.

Quand la température baisse, l'alcool se contracte et le mercure redescend dans la branche droite du tube. A cause des frottements, l'index est retenu dans sa position la plus haute. Il indique donc la température maximale atteinte lors de la mesure.

En même temps, le mercure monte dans la branche gauche du tube et entraîne l'index qui indique la température minimale atteinte.

Après avoir lu les deux températures, on ramène les deux index en contact avec le mercure à l'aide d'un aimant.

Un bilame en forme de spirale est l'élément essentiel d'un **thermomètre à bilame** (fig. 6). Celui-ci se compose de deux métaux différents soudés sur toute leur longueur et il est fixé à une de ses extrémités. Comme les deux métaux se dilatent différemment pour une même élévation de température, le bilame se déforme. Son extrémité libre se déplace et entraîne une aiguille qui indique la température sur une échelle.

Les **thermocouples** (fig. 7) permettent de relever rapidement des températures dans un large champ de mesure.

Un thermocouple est une source de tension telle qu'une pile ou une dynamo de vélo.

Les thermocouples sont faciles à réaliser: deux fils, formés de métaux différents, sont noués ou soudés en leurs extrémités. On coupe l'un des fils et on branche les deux bouts ainsi obtenus aux bornes d'un voltmètre. La tension indiquée par l'instrument de mesure dépend de la différence de température qui existe entre les deux noeuds. Si l'un des deux noeuds est donc à une température connue (par exemple 0 °C), on peut déterminer la température de l'autre.

Certains matériaux changent de couleur quand leur température dépasse une valeur donnée. Ces **substances thermochromes** sont utilisées dans la recherche automobile et aéronautique pour la mesure et le contrôle des températures en certains points (fig. 8 et 9).

Les **thermomètres à cristaux liquides** indiquent les changements de température également par un virage de couleur (fig. 10).

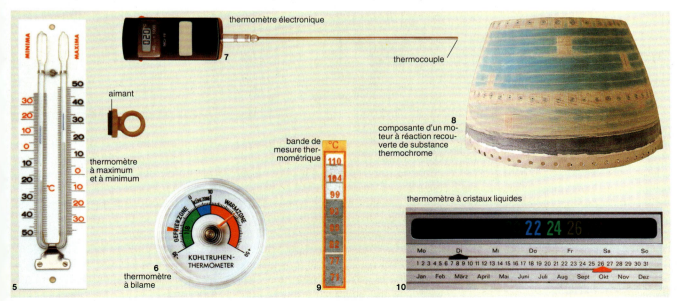

5 thermomètre à maximum et à minimum
aimant
7 thermomètre électronique / thermocouple
6 thermomètre à bilame
9 bande de mesure thermométrique
8 composante d'un moteur à réaction recouverte de substance thermochrome
10 thermomètre à cristaux liquides

Exercices

1 Associe aux phrases suivantes les intervalles de température appropriés: «Il fait très chaud aujourd'hui.» – «L'eau du bain est chaude.» – «La soupe est tiède.»

Pourquoi savons-nous d'emblée ce qu'on entend par ces formulations?

2 Le thermomètre à mercure ne peut indiquer la température exacte qu'après quelques minutes. Explique pourquoi.

3 Un thermomètre est gradué de -10 °C à 110 °C sur une longueur de 24 cm. A quel déplacement du niveau de mercure correspond une variation de température de 0,5 °C?

4 Le diagramme de la figure 1 montre l'évolution de la moyenne annuelle des températures en Europe centrale depuis la dernière époque glaciaire. Que peux-tu en conclure?

5 Représente l'évolution de la température dans l'auditoire de physique au cours d'une matinée.

6 Décris les différentes étapes de la construction d'un thermomètre gradué en degrés Celsius.

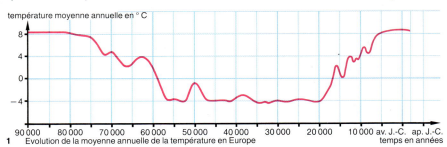

1 Evolution de la moyenne annuelle de la température en Europe

Un peu d'histoire: **Les premiers «thermomètres»**

Dans l'Antiquité, on ne connaît pas le thermomètre tel que nous l'utilisons aujourd'hui, mais plutôt le thermoscope. Cet appareil sert à apprécier un échauffement, sans toutefois le chiffrer.

L'ingénieur grec *Philon de Byzance* (vers 230 av. J.-C.) construit un thermoscope constitué d'un ballon en plomb rempli d'air et muni d'un tube.

L'embout libre de ce tube est plongé dans l'eau (fig. 2). Philon décrit le fonctionnement de l'appareil: «Je dis que si vous exposez le ballon au Soleil, une partie de l'air enfermé dans le tube sort: ce fait est visible parce que l'air tombe du tube dans l'eau, l'agite et produit de nombreuses bulles. Si vous replacez le ballon à l'abri des rayons du Soleil, l'eau remonte par le tube…»

Un autre précurseur remarquable du thermomètre est conçu par *Otto von Guericke* (1602 - 1686): un tube de cuivre en U est rempli à moitié d'alcool (fig. 3). L'une des branches du tube communique avec un ballon de cuivre contenant de l'air. Soumis à une augmentation de température, l'air dans le ballon se dilate, ce qui entraîne une baisse du liquide dans la branche droite et une hausse dans la branche gauche du thermoscope.

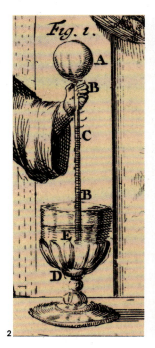

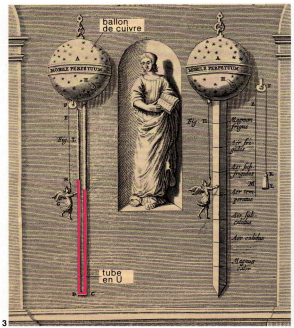

Un minuscule corps creux en tôle de laiton nage à la surface du liquide contenu dans la branche gauche du tube. Ce «flotteur» est relié au moyen d'un fil passant sur une poulie à une figurine qui montre de la main une échelle. (L'échelle est gravée dans une plaque de métal recouvrant le tube en U.)

«L'échelle thermométrique» de Guericke est subdivisée assez arbitrairement en sept intervalles: *magnum frigus* (grand froid), *aer frigidus* (air froid), *aer subfrigidus* (air assez froid), *aer temperatus* (air tempéré), *aer subcalidus* (air assez chaud), *aer calidus* (air chaud) et *magnus calor* (grande chaleur).

Cette échelle ne se prête évidemment pas à la *mesure* de la température ambiante au sens de la physique moderne.

Un peu d'histoire: **L'évolution des échelles thermométriques**

Dès 1640, l'Academia del Cimento à Florence se voue en particulier au développement de thermomètres. La figure 4 montre un thermomètre à alcool conçu par les savants de cette académie. Une boule de verre, décorée avec art, fait office de réservoir pour le liquide thermométrique. Elle est munie d'un mince tube long d'environ un mètre. L'échelle thermométrique est formée de 420 perles de verre fondues sur le tube. Le zéro de la graduation correspond probablement au plus bas niveau de la colonne d'alcool lors d'une nuit particulièrement froide d'hiver; son sommet correspond au niveau atteint par l'alcool lors des plus chaudes journées d'été.

On a d'ailleurs très vite l'idée de rendre ce thermomètre plus maniable en «enroulant» le tube en forme de spirale (fig. 5).

Comme les diamètres et graduations des tubes varient d'un instrument à l'autre, les températures indiquées par les différents thermomètres en un même lieu à une même date ne concordent pas en général.

La thermométrie ne se précise qu'aux environs de 1700, lorsque l'astronome danois *Olaf Römer* (1644 - 1710) propose de marquer sur toutes les échelles de température le niveau du liquide thermométrique lorsque l'eau commence à se congeler, ainsi que le niveau correspondant à la température de l'eau bouillante.

L'astronome suédois *Anders Celsius* (1701-1744) s'inspire de cette idée et construit en 1742 un thermomètre dont la division 0 coïncide avec la température d'ébullition de l'eau et la division 100 avec sa température de congélation. L'intervalle fondamental entre 0 et 100 est partagé en 100 parties égales. Cet instrument est l'ancêtre de notre thermomètre à mercure: il suffit d'en intervertir les points 0 et 100.

L'échelle Réaumur est due au scientifique français *René-Antoine Réaumur* (1683–1757). Son intervalle fondamental qui s'étend de 0 °R (degré Réaumur) à 80 °R est partagé en 80 parties égales. En usage en France jusqu'à la fin du 19e siècle, elle est complètement abandonnée aujourd'hui.

L'*échelle Fahrenheit*, aujourd'hui encore en usage en Amérique, est conçue en 1714 – c'est-à-dire bien avant l'échelle Celsius – par l'Allemand *Daniel Gabriel Fahrenheit* (1686 - 1736). La forme des thermomètres qu'il a développés ressemble déjà à celle des instruments modernes; les uns sont remplis de mercure, les autres d'alcool. Inspiré par Olaf Römer auquel il rend visite en 1708 et 1709, il commence à chercher deux points fixes pour son échelle thermométrique. Un premier point fixe – le point zéro de son échelle – correspond à la température d'un mélange réfrigérant composé de glace, de sel ammoniac et d'eau. Apparemment, cette température est celle de la nuit la plus froide de l'hiver glacial de l'année 1709. Par son choix, Fahrenheit espère éviter des températures négatives. Le deuxième point fixe de son échelle de mesure correspond probablement à la température de son propre corps.

Fahrenheit partage lui aussi l'intervalle fondamental en 100 parties égales. Dans son échelle, la température de congélation de l'eau s'élève à 32 °F (degrés Fahrenheit) et sa température d'ébullition est de 212 °F.

Les différentes échelles sont juxtaposées sur la figure 6.

Petites questions

1 C'est dans le Sahara qu'une température de l'air de 59,4 °C, la plus élevée jamais enregistrée sur terre, a été mesurée.

Exprime cette température en °F et °R en utilisant la figure 6. Essaie de trouver une formule qui te permet de faire la transformation.

2 En combien de parties égales les intervalles fondamentaux de l'échelle Fahrenheit et de l'échelle Réaumur sont-ils divisés?

3 Comment doit-on choisir le tube d'un thermomètre à liquide pour pouvoir mesurer des variations de température très faibles?

Les variations de température et leurs conséquences

1 Les liquides et les variations de température

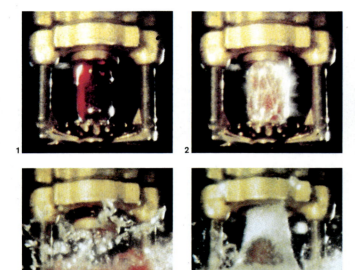

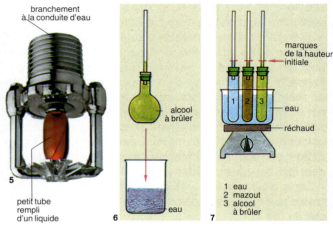

Un incendie dans une grande surface - l'eau jaillit instantanément des têtes d'extinction au plafond (fig. 1 - 5).

Les deux expériences des figures 6 et 7 t'aident à comprendre le fonctionnement d'une installation d'arrosage.

○ Quel est le point commun entre le dispositif expérimental de la figure 6 et une tête d'extinction?
○ Que montre l'expérience de la figure 7?
○ Comment fonctionne une installation d'arrosage?

Exercices

1 Décris le fonctionnement d'un thermomètre à liquide.
Qu'arrive-t-il lorsqu'on «surchauffe» un thermomètre à liquide?

2 La figure 8 montre les variations de volume de différents liquides dont on porte la température de 20 °C à 21 °C. Tous les échantillons ont le même volume initial (1 litre) à 20 °C.
Détermine l'augmentation de volume dans l'expérience de la figure 7. Suppose que chaque fois 100 cm³ de liquide sont chauffés de 20 °C à 60 °C.

Que dois-tu présumer pour faire ce calcul?

3 La figure 9 montre les variations de volume d'un échantillon d'eau, lorsqu'on élève sa température à partir de 0 °C. Qu'y a-t-il d'anormal au comportement de l'eau?

4 Observe la figure 10. Lorsque les élèves ne bougent que très peu, ils réussissent à rester à l'intérieur du carré dessiné sur le sol de l'auditoire. Qu'arrive-t-il lorsqu'ils s'agitent et se heurtent?
La réponse à cette question t'aidera à expliquer le comportement des corpuscules d'un liquide qu'on chauffe.

5 Pourquoi ne faut-il pas remplir le réservoir d'essence d'une voiture à ras bord en été?
Justifie ta réponse par un calcul! Suppose que le réservoir a un volume de 70 l (température dans le réservoir enterré de la station: 12 °C; température ambiante: 27 °C); utilise les données de la figure 8.

6 Une citerne à mazout de 5000 l est remplie aux trois quarts à 10 °C. Quel est le volume occupé par le mazout à 25 °C?

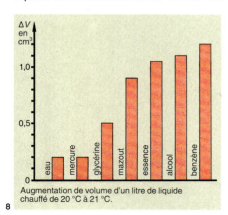

Augmentation de volume d'un litre de liquide chauffé de 20 °C à 21 °C.

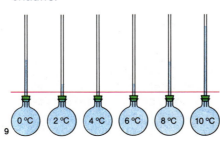

Phénomène naturel: Les anomalies de l'eau

Par temps très froid, les eaux stagnantes se couvrent de glace (fig. 11). Au contact de l'air froid, l'eau se solidifie à la surface mais la glace ne descend pas au fond.

Alors que les flaques peu profondes gèlent jusqu'au fond, l'eau des lacs reste liquide sous une couche de glace qui s'épaissit au cours de l'hiver et qui empêche un rapide refroidissement de l'eau. Dans les lacs (fig. 12), l'eau est disposée par couches de températures différentes: au contact immédiat de la glace, l'eau a une température de 0 °C; au fur et à mesure que la profondeur augmente, la température s'élève pour atteindre 4 °C au bout de quelques mètres.

A première vue, il n'est pas étonnant que la glace nage à la surface de l'eau et que l'eau des lacs soit disposée par couches. Mais l'analyse de ces phénomènes naturels montre que l'eau ne se comporte pas comme les liquides «normaux».

La plupart des liquides se contractent à mesure qu'on baisse leur température. Cela veut donc dire que, chaque fois qu'on réduit la température d'un liquide de 1 K, son volume diminue d'une certaine valeur. En même temps, la masse volumique du liquide augmente.

L'eau chaude ne fait pas exception. Toutefois, lorsqu'on baisse sa température en-dessous de 20 °C, elle se contracte de moins en moins. A 4 °C, le volume d'un échantillon d'eau atteint son minimum. Si l'on continue à la refroidir, l'eau se dilate de nouveau!

Par conséquent, la masse volumique de l'eau est maximale à 4 °C. En passant de 4 °C à 0 °C, la masse volumique de l'eau devient donc plus faible.

Vu que ce comportement de l'eau est différent du comportement «normal» des liquides, on parle d'une **anomalie de l'eau** (préfixe grec *a-: ne ... pas; nomos: loi*).

Un litre d'eau à 4 °C a donc une masse plus grande qu'un litre d'eau à

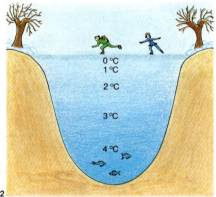

6 °C ou à 2 °C. Voilà pourquoi l'eau plus chaude tout comme l'eau plus froide peut «nager» pour ainsi dire à la surface de l'eau à 4 °C.

C'est ce phénomène qui permet d'expliquer la formation des couches de différentes températures dans un lac. Lorsque la température de l'air décroît en début d'hiver, l'eau superficielle des lacs se refroidit.

Au moment où l'eau de surface atteint une température inférieure à celle des couches plus profondes, elle descend vers le fond, tandis que l'eau du fond - plus chaude et de masse volumique moins élevée - remonte en surface. Ce brassage de l'eau continue jusqu'à ce que tout le lac ait atteint la température de 4 °C.

Si l'eau de surface continue à se refroidir (à 3 °C ou à 2 °C), sa masse volumique diminue, et cette eau plus froide ne descend plus vers le fond. Elle flotte pour ainsi dire sur l'eau de 4 °C. La température de l'eau diminue donc seulement dans les couches supérieures et à la surface où se forme la glace. Un lac gèle donc toujours de haut en bas et c'est au fond du lac que la vie aquatique peut subsister sous une couche superficielle de glace.

Une **deuxième anomalie** de l'eau se manifeste lors de sa solidification. Contrairement aux autres liquides qui se contractent en se solidifiant, l'eau se dilate en se congelant à 0 °C. Un litre d'eau donne en effet 1,1 l de glace. (Cette variation discontinue du volume lors de la solidification s'effectue sans changement de température.) La glace a donc une masse volumique plus petite que l'eau. Voilà pourquoi elle peut nager à la surface de l'eau.

Cette anomalie a des conséquences importantes. Elle contribue p. ex. à la désagrégation des roches. Chaque pierre est parsemée de minuscules crevasses dans lesquelles pénètre l'eau de pluie. En hiver, l'eau gèle et se dilate; les crevasses s'élargissent. C'est ainsi qu'au cours des millénaires, les eaux pluviales - en se solidifiant - contribuent à séparer les rochers en petites pierres.

Petites questions

1 Un grand récipient est rempli d'eau. A sa surface nagent des morceaux de glace (de largeur approximative 5 cm). Mesure la température de l'eau à différentes profondeurs.

Que montre cette expérience?

2 Voici une autre expérience en relation avec l'anomalie de l'eau: un ballon de verre surmonté d'un mince tube vertical est rempli d'eau pure. Un thermomètre indique la température de l'eau. Le ballon est refroidi à l'aide d'un mélange frigorifique composé de glace concassée et de sel de cuisine. (On remue le mélange à l'aide d'un agitateur magnétique.)

Mesure la variation de volume ΔV de l'eau lorsque la température ϑ descend de 10 °C jusqu'à 0 °C. Représente ensuite les valeurs mesurées sur un diagramme en portant en abscisse la température ϑ et la variation de volume ΔV en ordonnée.

3 Explique pourquoi il n'est pas judicieux de mettre une bouteille de boisson dans le congélateur.

2 Les solides et les variations de température

Un peu d'histoire: Compensation thermique des horloges

De nos jours, les montres à quartz indiquent l'heure à la seconde près.

Quel progrès, si l'on considère que les premières montres mécaniques, conçues au 13e siècle, avançaient ou retardaient de deux heures par jour au moins. Ces montres à roues dentées ont été perfectionnées, mais leur précision ne dépassait guère plusieurs minutes par jour.

La chronométrie gagne beaucoup en précision, lorsqu'en 1673, le physicien néerlandais *Christiaan Huygens* (1629-1695) tire profit du fait qu'un balancier met le même temps pour chacune de ses oscillations.

On continue à perfectionner ces pendules qui restent l'instrument le plus précis pour prendre l'heure jusqu'au début du 20e siècle.

En 1725 déjà, l'horloger anglais *John Harrison* construit une pendule qui avance ou retarde de moins d'un dixième de seconde par jour – précision surprenante pour l'époque.

L'innovation due à Harrison est la conception du balancier dont la lentille est suspendue à plusieurs tiges métalliques (fig. 1).

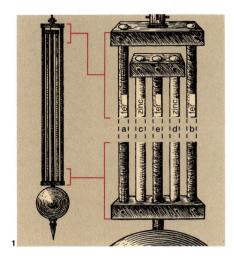

Dans un manuel de physique de 1847, on lit sur la pendule à compensation thermique:

«Les pendules sont sensibles aux variations de température. Toutes les parties de l'instrument, en particulier le balancier, se dilatent sous l'effet de la chaleur. Toutefois, lorsqu'on allonge la tige du balancier, les oscillations ralentissent; lorsqu'on la raccourcit, les oscillations s'accélèrent. La pendule retarde donc en été et avance en hiver. Ces variations, qui ne se chiffrent qu'à quelques secondes par jour, n'ont pratiquement aucune influence sur la vie quotidienne.

Dans les pendules à usage scientifique pourtant il faut éliminer cette imprécision. Voilà pourquoi elles sont équipées d'un mécanisme sophistiqué, capable de corriger la dilatation thermique du balancier.

Un balancier à compensation thermique est formé de deux tiges de fer solidaires d'une barre transversale à leurs extrémités inférieures. Les deux tiges de zinc portées par cette barre sont reliées à l'extrémité supérieure par une deuxième barre transversale qui sert de suspension à une autre tige de fer. Celle-ci passe à travers une ouverture située au milieu de la barre transversale inférieure et supporte la lentille du balancier.

Le rapport des longueurs des tiges étant bien choisi, la position de la lentille du balancier reste indépendante de la température. En effet, si la dilatation des tiges de fer abaisse la lentille, la dilatation des tiges de zinc la soulève d'une longueur égale.»

E1 Le dispositif de la figure 2 permet d'étudier la dilatation d'un tube en fonction de la température. Nous comparons l'allongement d'un tube de laiton et d'un tube de fer de même longueur.

a) Serrons une extrémité du tube de longueur initiale l_0 sur le support et ajustons l'aiguille au milieu du cadran. Le passage d'eau chaude ou de vapeur d'eau à travers le tube porte sa température de ϑ_0 à ϑ (mesure la température de l'eau à l'entrée et à la sortie du tube et prends la moyenne de ces valeurs).

Détermine chaque fois la déviation x de l'aiguille, la température initiale ϑ_0 et la différence de température $\Delta\vartheta = \vartheta - \vartheta_0$.

b) L'allongement $\Delta l = l - l_0$ du tube est déterminé à partir de la déviation

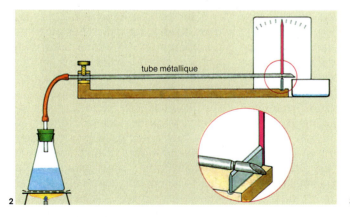

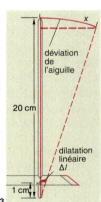

x de l'aiguille. En effet, Δl est proportionnel à cette déviation.

La géométrie du dispositif de la figure 3 donne:
$\Delta l = \frac{1}{20} x$.

Fais la représentation graphique de l'allongement Δl en fonction de l'élévation de température $\Delta\vartheta$.

E2 Peux-tu prévoir le résultat de l'expérience illustrée par la figure 4?

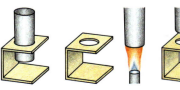

E3 Un bilame est formé de deux lames de métaux différents, soudées sur toute leur longueur.

Qu'arrive-t-il lorsque tu chauffes le bilame comme l'indiquent les figures 5 et 6? Justifie ta prévision et vérifie-la!

E4 (Expérience réservée au professeur!) Un tube de laiton solidaire d'un goujon en fonte est serré sur un support à l'aide d'un coin en métal (fig. 7). On chauffe le tube, puis on vérifie si le coin est bien coincé. Avant de faire l'expérience, réfléchis sur les effets de l'échauffement et du refroidissement subséquent du tube.

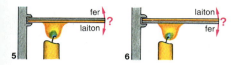

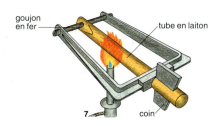

Info: La dilatation des corps solides

Chaque fois qu'on veut assembler des matériaux différents, il est indispensable de connaître leur réponse à des variations de température. Des dilatations différentes donnent lieu à des forces qui peuvent conduire même à la destruction de l'assemblage.

Le *béton armé* - un mélange de mortier et de gravier coulé autour d'une armature métallique - est un assemblage bien connu de deux matériaux. Le béton armé peut-il subir des dégâts à cause de la dilatation du béton et du fer?

Pour répondre à une telle question, il faut connaître les facteurs qui influencent la dilatation et il faut savoir comment elle en dépend.

Lorsqu'un corps est chauffé, son volume augmente. Dans le cas d'un solide de forme allongée tel qu'une tige, la dilatation se manifeste essentiellement par une augmentation de longueur.

Cette **dilatation linéaire** dépend du *matériau*, de la *variation de température* et de la *longueur initiale* l_0 du corps.

Si nous augmentons la température d'une tige de fer ($l_0 = 1$ m) de $\Delta\vartheta = 10$ K, sa longueur devient $l = 1,00012$ m. Sa variation de longueur $\Delta l = l - l_0$ vaut donc 0,12 mm. Pour une élévation de température de 20 K, respectivement de 30 K, l'allongement sera deux, respectivement trois fois plus grand (fig. 8). *L'allongement Δl est donc proportionnel à la variation de température $\Delta\vartheta$*:
$$\Delta l \sim \Delta\vartheta.$$
Si nous doublons (triplons) la longueur initiale de la tige, alors chaque «portion de tige» de longueur 1 m s'allonge de 0,12 mm lorsque la température s'élève de 10 K (fig. 9): la tige de 2 m s'allonge donc de 0,24 mm, celle de 3 m de 0,36 mm. *L'allongement est proportionnel à la longueur initiale l_0*:
$$\Delta l \sim l_0.$$
Comme l'allongement est proportionnel à la fois à $\Delta\vartheta$ et à l_0, il est aussi proportionnel au produit $l_0 \cdot \Delta\vartheta$ (→info ci-dessous).
$$\Delta l \sim l_0 \cdot \Delta\vartheta.$$
Δl et $l_0 \cdot \Delta\vartheta$ étant proportionnels, leur quotient α est constant. Ce facteur de proportionnalité porte le nom de **coefficient de dilatation linéaire**.
$$\alpha = \frac{\Delta l}{l_0 \cdot \Delta\vartheta}.$$
Pour le fer on trouve: $\alpha = 0,012 \; \frac{\text{mm}}{\text{m} \cdot \text{K}}$.

Une tige de 1 m s'allonge donc de 0,012 mm si sa température s'élève de 1 K.

L'allongement d'un solide est donné par:
$$\Delta l = \alpha \cdot l_0 \cdot \Delta\vartheta.$$

La figure 10 représente les allongements de deux tiges de même longueur formées de matériaux différents. Elles s'allongent différemment pour une même variation de température. Le coefficient de dilatation linéaire dépend donc du matériau (→tableau dans l'appendice).

Ce tableau montre que le béton et le fer ont le même coefficient de dilatation linéaire. Cette propriété permet d'employer le béton armé comme matériau de construction.

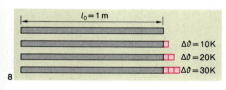

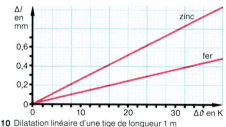

10 Dilatation linéaire d'une tige de longueur 1 m

Info: Les proportionnalités multiples

Il arrive souvent qu'une grandeur dépend de plusieurs variables. *Exemple:* l'allongement Δl d'une tige qu'on chauffe dépend de sa longueur initiale l_0 et de la variation de température $\Delta\vartheta$.

Afin de mettre en relation la grandeur étudiée et les variables, on réalise plusieurs séries de mesures où chaque fois l'*une* des variables change tandis que les autres sont maintenues constantes.

Souvent la grandeur étudiée est proportionnelle à deux variables. Alors *la grandeur étudiée est aussi proportionnelle au produit des deux variables* (pourvu qu'elles soient indépendantes).

Exemple: pour l'allongement d'une tige on trouve $\Delta l \sim \Delta\vartheta$ (l_0 = const.) et $\Delta l \sim l_0$ ($\Delta\vartheta$ = const.). Ces deux relations se résument en une seule: $\Delta l \sim l_0 \cdot \Delta\vartheta$.

Pour expliquer cette relation mathématique, on admet qu'une tige de longueur 1 m s'allonge de 0,1 mm si tu élèves sa température de 10 K. Une deuxième tige formée du même matériau, longue de 3 m, s'allonge $3 \cdot 0,1$ mm quand sa température augmente de 10K. Si tu augmentes sa température de 20 K, son allongement est aussi deux fois plus grand: $2 \cdot (3 \cdot 0,1$ mm$)$.

Pour une longueur triple et une élévation de température double, l'allongement devient donc six fois plus grand.

Quant au produit $l_0 \cdot \Delta\vartheta$, il prend dans le premier cas la valeur 1 m · 10 K; dans le second cas, il est six fois plus grand et vaut 3 m · 20 K.

Le produit $l_0 \cdot \Delta\vartheta$ est donc multiplié par le même facteur que Δl, ce qui veut dire que: $\Delta l \sim l_0 \cdot \Delta\vartheta$.

Exercices

1 Une tige métallique chauffée s'allonge. Devient-elle plus grosse ou plus mince (pense au ruban élastique qu'on étire) ou est-ce que son diamètre reste constant? Justifie ta réponse.

2 On chauffe une plaque métallique perforée au milieu.
Le diamètre du trou devient-il plus grand ou plus petit?

3 Tout comme la roue de voiture a un pneu, la roue de chemin de fer est munie d'un bandage en acier particulièrement dur. Le bandage n'est ni vissé ni soudé sur le corps de roue. Il est chauffé et posé à chaud (fig. 1). Explique pourquoi le bandage peut adhérer à la roue.

4 Lorsqu'on chauffe un thermomètre à liquide, le réservoir en verre se dilate aussi.
Qu'arriverait-il, si le verre se dilatait plus que le liquide?

5 Un tube de chauffage en cuivre a une longueur de 6 m à 20 °C. L'eau chaude porte sa température à 70 °C. Détermine l'allongement du tube?

6 Les figures 2 et 3 montrent le joint de dilatation d'un pont en béton armé: une première fois en été, à 30 °C (largeur du joint: 48 mm), une autre fois en hiver, à -10 °C (largeur du joint: 72 mm). Quelle est la longueur de ce pont?

7 La pendule à compensation thermique (fig. 11, page 176):

a) Utilise un trousseau de clés accroché à un fil pour vérifier que la durée d'une oscillation dépend de la longueur du fil.

b) Pourquoi une pendule ordinaire va-t-elle plus vite dans une chambre froide que dans une pièce chaude?

c) Comment parvient-on à compenser la dilatation des tiges de fer lorsque la température s'élève?

d) A 0 °C les tiges de fer a et b ont une longueur de 32 cm, la tige de fer e mesure 31 cm. Quelle doit être la longueur des tiges de zinc c et d pour que la longueur du balancier soit indépendante de la température?

8 Explique le fonctionnement du thermostat d'un fer à repasser (fig. 4).

1

2 été

3 hiver

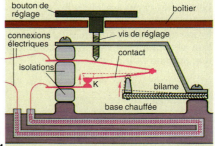
4

Technique: **Les rails de chemin de fer – jadis et aujourd'hui**

5

«Tac tac – tac tac –...» Plusieurs coups secs bien rythmés, quelques secondes de répit, et de nouveau les coups – ce bruit saccadé et régulier risquait d'endormir plus d'un voyageur d'antan. Quelle en était l'origine?

Le bruit caractéristique des trains se formait chaque fois qu'une paire de roues passait sur un joint de rail. Pour permettre aux rails de se dilater, on ménageait, lors de la pose des rails, un petit intervalle entre deux rails consécutifs.

Malgré cette précaution, il y avait des déraillements dus à des rails mal posés qui se déformaient lors d'un échauffement (fig. 5).

De nos jours, les voyages en train sont plus confortables et plus silencieux. En effet, depuis 20 ans environ, on pose des rails qui sont raccordés par soudage.

Quel est le comportement de ces rails lorsque leur température s'élève? Pour répondre à cette question nous considérons des rails de longueur 1 km chacun.

En été, sous l'effet du Soleil, la température des rails augmente de 20 °C à 50 °C. Libre de se déplacer longitudinalement, un rail de 1 km de longueur s'allongerait de 35 cm!

Or les rails sont vissés sur des traverses qui reposent sur un lit de pierraille: les extrémités des rails ne peuvent donc pas bouger. Il en résulte des forces de compression énormes aux extrémités du rail.

En effet, le rail de longueur 1 km peut être comparé à un ressort gigantesque. Pour le comprimer de 35 cm, on doit appliquer à chacune de ses extrémités une force de 450 kN (loi de Hooke); cette force correspond au poids de 45 voitures à peu près.

Lorsque deux rails de longueur 1 km sont raccordés et que leur température s'élève à 50 °C, ils exercent l'un sur l'autre des forces de grandeur 450 kN au niveau du joint. Les forces de compression qui s'exercent aux extrémités libres de la file ont même grandeur que celles qui agissent au niveau du joint. Ainsi la grandeur des forces qui agissent sur les rails est indépendante de leur longueur. (Seulement au niveau des 50 derniers mètres d'une voie ferrée, les forces de compression ne sont plus assez grandes pour empêcher la dilatation.)

A haute et à basse température, les rails raccordés par soudage se trouvent dans un état de contrainte d'une extrémité à l'autre. Ils peuvent être comparés à un ressort comprimé ou tendu. Il incombe au ballastage de voie d'empêcher que les rails ne cèdent ni vers le haut, ni latéralement. Surtout dans les virages, les rails doivent être posés avec un soin particulier.

Aujourd'hui, les procédés de pose de voie ont évolué à tel point que les déraillements et accidents dus à des instabilités thermiques du réseau ferroviaire peuvent pratiquement être exclus.

3 Les gaz et les variations de température

Sur les figures 6 et 7, tu peux voir le thermomètre médical conçu par le médecin italien *Sanctorius,* il y a un peu moins de 400 ans.

La manipulation de cet instrument était loin d'être facile. Avant de prendre la température du malade, le médecin devait porter le réservoir du thermomètre à sa propre bouche et noter ensuite le niveau du liquide…

Comment fonctionnait un tel thermomètre?

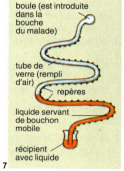

E5 Mouille l'orifice d'une bouteille vide et recouvre-le d'une pièce de monnaie. Chauffe la bouteille ensuite de tes deux mains.

E6 Compte les bulles d'air qui s'échappent du ballon (fig. 8) lorsque tu le chauffes de la main.

Répète l'expérience avec une éprouvette de 25 ml.

E7 On veut étudier (fig. 9) les variations de **volume** de plusieurs gaz (air, gaz carbonique, gaz naturel, butane).

a) Les différents gaz contenus dans des ballons identiques sont réchauffés de 10 K au bain-marie. Qu'observes-tu?

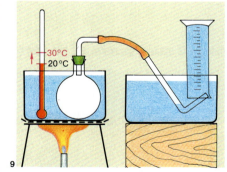

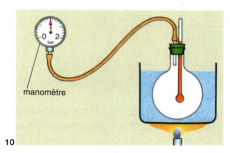

b) Compare les variations de volume de l'air lorsque la température augmente de 5 K, 10 K, 15 K et 20 K.

E8 L'air enfermé dans un ballon est chauffé sans que son volume puisse varier. Nous mesurons la **pression** du gaz (→ *mécanique des gaz* et info).

a) Comment varie la pression lorsque la température augmente? Représente graphiquement la pression en fonction de la température.

b) Fais la représentation graphique des variations de pression en fonction des variations de température.

c) Desserrons le bouchon sans retirer le ballon de l'eau. Refermons ensuite le ballon et mesurons la pression et la température lorsqu'il se refroidit.

Info: Les variations de volume et de pression des gaz

Un gaz occupe toujours tout l'espace qui lui est offert. Lorsqu'on chauffe le gaz contenu dans un récipient ouvert, une partie du gaz s'échappe. Le volume de l'échantillon gazeux devient donc plus grand.

Toutefois, lorsqu'on chauffe le gaz enfermé dans un récipient clos, il ne peut se dilater. Le gaz «veut» s'échapper de tous les côtés, et les particules gazeuses se heurtent contre les parois du récipient. Il en résulte une force pressante sur chaque élément de surface du récipient (fig. 1).

La grandeur de cette force pressante est proportionnelle à l'aire de l'élément de surface sur lequel elle agit (un bouchon p. ex.). Suppose qu'une surface d'aire S est soumise à la force F, alors une surface d'aire $2 \cdot S$ est soumise à la force $2 \cdot F$, une surface d'aire $3 \cdot S$ à une force $3 \cdot F$ etc. F et S étant proportionnelles, leur quotient

$$p = \frac{F}{S}$$

est constant; p est la **pression** exercée par le gaz.

L'unité de pression est le pascal (Pa) ou le bar:

$1\ \text{Pa} = 1\ \dfrac{\text{N}}{\text{m}^2}$,

$100\ 000\ \text{Pa} = 1\ \text{bar}$.

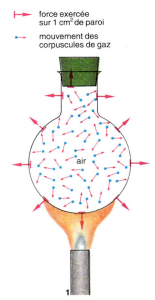

→ force exercée sur 1 cm² de paroi
→ mouvement des corpuscules de gaz

A pression constante, la variation de volume ΔV d'un gaz est proportionnelle à la variation de température $\Delta \vartheta$ et au volume initial V_0.
$$\Delta V \sim V_0 \cdot \Delta \vartheta.$$

A volume constant, la variation de pression Δp d'un gaz est proportionnelle à la variation de température $\Delta \vartheta$ et à la pression initiale p_0.
$$\Delta p \sim p_0 \cdot \Delta \vartheta.$$

Contrairement aux solides et aux liquides, la variation de volume d'un gaz ne dépend pas de sa nature. Il en est de même de la variation de pression d'un gaz. Pour un gaz quelconque dont la température initiale mesure 0 °C:

la variation de volume est égale à 1/273 du volume initial V_0 lorsque la température augmente de 1 K:

$$\Delta V = \frac{1}{273\ \text{K}} V_0 \cdot \Delta \vartheta.$$

la variation de pression est égale à 1/273 de la pression initiale p_0 lorsque la température augmente de 1K:

$$\Delta p = \frac{1}{273\ \text{K}} p_0 \cdot \Delta \vartheta.$$

Ces deux **lois des gaz** ont été établies par les physiciens français *Joseph Gay-Lussac* (1778-1850) et *Jacques-Alexandre Charles* (1746-1822).

Le modèle corpusculaire nous permet de comprendre l'augmentation de la pression avec la température: en effet, plus la température est élevée, plus la vitesse des corpuscules est grande, plus les chocs contre les parois du récipient sont violents.

Par contre, pour maintenir la pression constante, il faut mettre un plus grand espace à la disposition du gaz chauffé. Certes, la violence des chocs reste la même, mais il y a moins de corpuscules par centimètre cube, donc moins de chocs sur chaque centimètre carré de la paroi du récipient.

Petites questions

1 Pourquoi n'est-il pas raisonnable de vérifier la pression des pneus immédiatement après un long voyage en voiture?

2 Une bouteille fermée contient 2 l d'air. Sa température est portée de 0 °C à 70 °C. Détermine le volume de l'air qui s'échappe de la bouteille lorsqu'on l'ouvre à 70 °C.

3 A quelle température faut-il porter un échantillon d'air à 0 °C, pour doubler son volume à pression constante?

4 Si l'on refroidit un gaz à volume constant, sa pression diminue. Quelle serait la pression du gaz à -273 °C? Imagine le comportement des corpuscules à cette température.

Un peu d'histoire: Un portail qui s'ouvre et se ferme automatiquement

Presque tous les grands magasins modernes sont équipés de portes qui s'ouvrent et se ferment automatiquement. Il est pourtant surprenant de lire qu'au 1er siècle après J.-C., le physicien et ingénieur *Héron d'Alexandrie* avait déjà construit une pareille installation.

La figure 2 montre le schéma du dispositif qui est destiné à ouvrir et à fermer des portails de temple: la patène qui se trouve devant le temple est reliée à la sphère métallique creuse A par une barre métallique. Cette sphère, située en-dessous de la patène, est remplie d'eau et d'air.

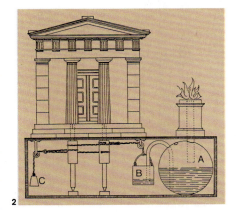

Une fois le feu du sacrifice allumé, la barre se réchauffe. Il en est de même de l'air emprisonné dans la sphère A.

Comme la sphère est fermée d'une façon étanche, la pression de l'air à l'intérieur augmente, ce qui déclenche l'écoulement d'une partie de l'eau vers le récipient B. Celui-ci s'alourdit, descend et fait ainsi tourner les jambages. Le portail s'ouvre en même temps que le «contrepoids» C est soulevé.

Une fois le feu du sacrifice éteint, l'air dans la sphère creuse A se refroidit. Par conséquent, la pression de l'air diminue et l'eau reflue dans la sphère creuse. Le seau B allégé est remonté sous l'action du contrepoids C. Le portail du temple se referme.

Un peu d'histoire: Le premier voyage en montgolfière

Paris, 21 novembre 1783. Il est 13 heures quand, près du bois de Boulogne, deux hommes s'élèvent pour la première fois dans les airs à bord d'une **montgolfière**, c'est-à-dire d'un ballon à air chaud, construit par les frères *Montgolfier*.

Le ballon est formé de bandes d'étoffe reliées par des boutons et doublées intérieurement de papier. Un feu de paille qui brûle sous l'orifice du ballon chauffe l'air qu'il renferme. L'un des passagers rapporte:

… *Nous nous rapprochons dangereusement des toits; en vitesse nous tisonnons le feu et nous remontons sur le pas avec beaucoup de légèreté…*

Comme j'ai peur que nous ne heurtions le clocher que j'aperçois tout

3

droit devant moi, nous montons davantage. Un courant aérien nous saisit et nous détourne direction Sud.

Nous cessons de tisonner le feu. Soudain mon compagnon intrépide, qui se trouve de l'autre côté, m'avertit que nous descendons tout droit sur les moulins.

Aussitôt je jette une autre botte dans le feu que je tisonne ensuite avec beaucoup de vigueur pour qu'il se mette à brûler vivement. Heureusement mes efforts conduisent à une nouvelle ascension du ballon.

Mon compagnon me crie une nouvelle fois: «Attention aux moulins!» Nous les avons cependant survolés depuis longtemps. Voilà pourquoi je lui réponds: «Atterrissons immédiatement!»…

Après plus de 20 minutes et une distance parcourue de 8 km, le premier vol humain prend fin.

Info: Le zéro absolu et l'échelle Kelvin

Les figures 4 et 5 montrent le volume et la pression d'un échantillon de gaz en fonction de la température.

Les deux graphiques représentent les lois des gaz de Gay-Lussac respectivement de Charles: si la température d'un gaz passe de 0 °C à 273 °C, son volume, respectivement sa pression double.

Chacune des deux droites rencontre l'axe des températures en un point correspondant à -273 °C. Il semble que le gaz refroidi à -273 °C occupe un volume égal à 0 cm³ et que sa pression est 0 Pa.

Quelle que soit la nature du gaz, le point d'intersection est toujours le même. La température -273 °C est appelée **zéro absolu**.

Il n'existe pas de température inférieure au zéro absolu. Bien sûr, cela ne résulte pas du fait que, d'après les lois des gaz, le volume, respectivement la pression s'annulent à -273 °C. En effet les lois des gaz perdent leur validité aux basses températures - au plus tard à l'instant où le gaz refroidi se liquéfie.

C'est le modèle corpusculaire qui montre l'existence du zéro absolu. La température nous renseigne en effet sur la vitesse moyenne des corpuscules du corps. Plus la température est basse, plus la vitesse moyenne des corpuscules est faible.

La température d'un corps peut donc baisser jusqu'à ce que tous les corpuscules soient immobiles. Leur vitesse ne pouvant plus diminuer, la température

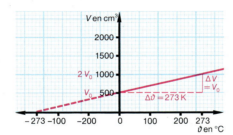

4 Volume et température d'un gaz (*p* = const.)

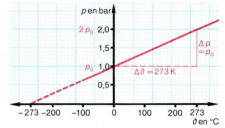

5 Pression et température d'un gaz (*V* = const.)

a atteint sa limite inférieure: le zéro absolu. Dans notre modèle, les corpuscules n'auraient plus besoin d'espace pour leur mouvement. La pression serait nulle, car sans mouvement il n'y a plus de chocs contre les parois du récipient.

Le physicien écossais *William Thomson* (1834-1907), anobli plus tard sous le nom de *Lord Kelvin*, a proposé une nouvelle échelle thermométrique. Dans l'**échelle thermométrique absolue** ou **échelle Kelvin**, on attribue la valeur 0 au zéro absolu -273 °C (plus précisément: -273,15 °C).

L'unité 1 kelvin (1 K) correspond à l'unité de l'échelle Celsius. La température de fusion de la glace (0 °C) est égale à 273 K et la température d'ébullition de l'eau (100 °C) mesure 373 K.

Pour les *températures absolues*, mesurées sur l'échelle Kelvin, on utilise le symbole *T*. La lettre grecque ϑ est réservée aux températures mesurées sur l'échelle Celsius. Dans la suite, nous continuerons à exprimer les températures en °C. On peut toujours les transformer en K, si nécessaire.

Même si les *différences de températures* sont indépendantes de l'échelle choisie, les scientifiques préfèrent les exprimer en K.

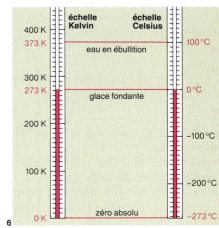

6

Info: La température absolue et les lois des gaz

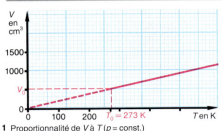

1 Proportionnalité de V à T (p = const.)

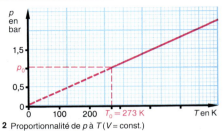

2 Proportionnalité de p à T (V = const.)

Les représentations graphiques des lois des gaz se simplifient considérablement lorsqu'on utilise l'échelle Kelvin!

En effet, si on porte la température absolue T en abscisse et le volume V, respectivement la pression p en ordonnée, on obtient deux droites passant par l'origine (fig. 1 et 2).

La **loi de Gay-Lussac** s'énonce alors:

A pression constante, le volume d'un échantillon de gaz est proportionnel à la température absolue.

$V \sim T$ (si p = const.).

Donc si on double (ou réduit de moitié) la température absolue d'un gaz, son volume devient deux fois plus grand (ou deux fois plus petit), à condition que la pression reste constante.

Exercice modèle:
Une chambre a un volume de 5 m · 4m · 2,5 m = 50 m³. Quel est le volume de l'air qui s'échappe de la chambre lorsque la température ambiante est portée de 10 °C à 25 °C?

Solution: Soit V_1 le volume de l'air enfermé dans la chambre à 10 °C (T_1 = 283 K) et soit V_2 son volume à 25 °C (T_2 = 298 K).

$\frac{V_2}{T_2} = \frac{V_1}{T_1}$ ou $V_2 = \frac{T_2}{T_1} \cdot V_1$,

$\Delta V = V_2 - V_1 = (\frac{T_2}{T_1} - 1) V_1 = \frac{1}{T_1}(T_2 - T_1) V_1$,

$\Delta V = \frac{1}{T_1} \cdot V_1 \cdot \Delta T$,

$\Delta V = \frac{1}{283 \text{ K}} \cdot 50 \text{ m}^3 \cdot 15 \text{ K} = 2,65 \text{ m}^3$.

Il y a donc 2,65 m³ d'air qui s'échappent de la chambre. (Ce volume se rapporte à 25 °C.)

Lorsque, à pression constante, on chauffe ou refroidit un échantillon de gaz de 1 K, la variation de son volume est égale à $\frac{1}{273}$ de son volume à 273 K (0 °C), ou $\frac{1}{300}$ de son volume à 300 K (27 °C), ou $\frac{1}{323}$ de son volume à 323 K (50 °C).

La **loi de Charles** s'énonce:

A volume constant, la pression d'un échantillon de gaz est proportionnelle à la température absolue.

$p \sim T$ (si V = const.).

Donc si on double (ou réduit de moitié) la température absolue d'un gaz, sa pression devient deux fois plus grande (ou deux fois plus petite), à condition que le volume reste constant.

Exercice modèle:
A 5 °C, la pression de l'air enfermé dans un pneu d'automobile est de 2,8 bar ou 2800 hPa. Au cours d'un trajet sur l'autoroute la température du pneu s'élève à 70 °C. De combien augmente la pression?

Solution: Soient p_1 la pression à 5 °C (T_1 = 278 K) et p_2 la pression à 70 °C (T_2 = 343 K).

$\frac{p_2}{T_2} = \frac{p_1}{T_1}$ ou $p_2 = \frac{T_2}{T_1} \cdot p_1$,

$\Delta p = p_2 - p_1 = (\frac{T_2}{T_1} - 1) p_1 = \frac{1}{T_1}(T_2 - T_1) p_1$,

$\Delta p = \frac{1}{T_1} \cdot p_1 \cdot \Delta T$,

$\Delta p = \frac{1}{278 \text{ K}} \cdot 2,8 \text{ bar} \cdot 65 \text{ K} = 0,65 \text{ bar}$.

La pression de l'air à l'intérieur du pneu augmente donc de 0,65 bar. (On a négligé la variation de volume du pneu.)

Lorsque, à volume constant, on chauffe ou refroidit un échantillon de gaz de 1 K, la variation de sa pression est égale à $\frac{1}{273}$ de sa pression à 273 K (0 °C), ou $\frac{1}{300}$ de sa pression à 300 K (27 °C), ou $\frac{1}{323}$ de sa pression à 323 K (50 °C).

Exercices

1 Le modèle corpusculaire permet de comprendre l'existence du zéro absolu. Explique!

2 Une montgolfière plane lorsque sa masse volumique est égale à celle de l'air.

a) Une montgolfière (fig. 3) a un volume de 2700 m³. L'air dans le ballon est chauffé de 0 °C à 36 °C. Quel est le volume de l'air qui s'échappe? Quelle est la masse de l'enveloppe, de la nacelle et de l'aéronaute, si la montgolfière réussit tout juste à s'élever dans l'air (masse volumique de l'air au niveau de la mer: environ 1 g/l)

3

b) Enveloppe, nacelle et aéronaute ont une masse de 500 kg. Quelle différence de température doit exister entre l'air à l'intérieur et à l'extérieur du ballon pour qu'il puisse planer à 5 km d'altitude où la masse volumique de l'air vaut 0,5 g/l?

3 Quelle est la pression dans une bouteille à air comprimé qui, exposée au Soleil, s'échauffe à 50 °C? A 20 °C, la pression était de 200 bar.

Les variations de température et leurs conséquences

As-tu compris?

1 La température de l'air la plus élevée relevée sur terre a été mesurée dans le désert du Sahara: 59,4 °C. La température la plus basse a été mesurée au pôle Sud: -94,5 °C. Exprime ces températures en K!

2 La température d'un viaduc en fer de longueur 684 m peut varier entre -30 °C en hiver et 50 °C en été. Quel jeu faut-il prévoir des deux côtés du pont pour les dilatations?

3 Explique le fonctionnement d'un *thermomètre à gaz* (fig. 4). Le produit desséchant protège l'intérieur du thermomètre contre l'humidité.
Imagine une méthode pour calibrer un tel thermomètre.

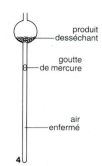

4 Un canot pneumatique est gonflé à 22 °C; la pression mesure 1200 hPa.
Quelle valeur prend la pression lorsque le Soleil fait monter la température à 50 °C (V = const.)?

5 On pose une voie de chemin de fer à 15 °C avec des rails d'acier de longueur 20 m.
Quel est l'espace minimal requis pour le joint de deux rails, si on s'attend à une température maximale de 40 °C?

Résumé

Dilatation des solides et des liquides

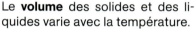

Le **volume** des solides et des liquides varie avec la température.

D'une façon générale, les liquides chauffés se dilatent; ils se contractent quand on les refroidit.

De même, les solides se dilatent *dans toutes les directions* quand on les chauffe; ils se contractent quand on les refroidit.

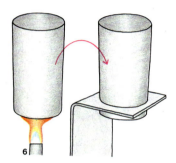

La variation de volume des solides et des liquides dépend
○ de la variation de température,
○ du volume initial et
○ du matériau dont le corps est constitué.

La dilatation des solides de forme allongée se manifeste principalement par une variation de *longueur*: en chauffant une barre de longueur l_0 de $\Delta \vartheta$, son allongement devient:
$$\Delta l = \alpha \cdot l_0 \cdot \Delta \vartheta.$$

Le **coefficient de dilatation linéaire** dépend de la nature du matériau.

Pour le fer, il vaut $\alpha = 0,012 \ \frac{mm}{m \cdot K}$.

Une barre de fer de 1 m chauffée de 1 K s'allonge de 0,012 mm.

Variation de volume et de pression des gaz

Les gaz eux aussi se dilatent quand ils sont chauffés et se contractent quand ils se refroidissent (pourvu qu'ils ne soient pas enfermés dans un récipient clos).

La dilatation d'un gaz est indépendante de sa nature.

Le volume d'un gaz chauffé ou refroidi de 1 K varie de $\frac{1}{273}$ de son volume à 0 °C et à pression constante.

▶ *A pression constante, le volume d'un échantillon de gaz est proportionnel à sa température absolue (loi de Gay-Lussac):*

$V \sim T \quad$ si p = const. ◀

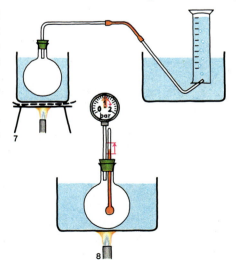

Un gaz enfermé dans un récipient ne peut pas se dilater. Voilà pourquoi sa pression augmente lorsqu'on le chauffe.

La variation de pression d'un gaz est indépendante de sa nature.

Lorsqu'on chauffe ou refroidit un échantillon de gaz de 1 K, la variation de pression est égale à $\frac{1}{273}$ de sa pression à 0 °C à volume constant.

▶ *A volume constant, la pression d'un échantillon de gaz est proportionnelle à sa température absolue (loi de Charles):*

$p \sim T \quad$ si V = const. ◀

Appendice

Marche à suivre: **Détermination expérimentale des diamètres du Soleil et de la Lune**

La figure 1 montre comment tu peux comparer les angles sous lesquels on voit le Soleil et la Lune.

Prends garde à ne jamais regarder tout droit dans le Soleil sans te protéger les yeux! Un morceau de pellicule noircie par l'exposition à la lumière et plié en deux te garantit assez de sécurité.

Ouvre un pied à coulisse que tu tiens à bras tendu devant toi jusqu'à ce que les deux butées encadrent parfaitement le Soleil ou la Lune. L'ouverture du pied à coulisse t'apparaît alors sous le même angle que le corps céleste étudié. Tu peux donc relever le diamètre apparent du Soleil ou de la Lune sur l'instrument de mesure.

Pour déterminer les diamètres réels, tu dois connaître en outre la distance de la Terre au Soleil (150 000 000 km), et celle de la Terre à la Lune (380 000 km).

Quelle est la relation entre les diamètres apparents et réels? La figure 2 montre plusieurs objets placés à des endroits différents et observés sous le même angle. Sur la figure 3, on a représenté graphiquement la taille des objets en fonction de leur distance à l'observateur. Tu constates que ces deux grandeurs sont proportionnelles. Il en résulte que les quotients entre les tailles et les distances qui se correspondent ont même valeur.

Exemple: Suppose que le diamètre virtuel de la Lune mesure 6 mm et la distance entre l'oeil et le pied à coulisse 0,6 m. Le diamètre réel d de la Lune vérifie alors l'équation:

$$\frac{d}{380\,000 \text{ km}} = \frac{0,006 \text{ m}}{0,6 \text{ m}}$$

$$d = \frac{0,006 \text{ m}}{0,6 \text{ m}} \cdot 380\,000 \text{ km} = 3800 \text{ km}$$

La Lune a donc un diamètre de 3800 km. (Des mesures plus précises donnent la valeur de 3476 km.)

1

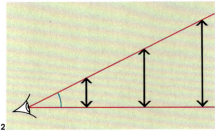
2

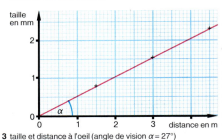
3 taille et distance à l'oeil (angle de vision $\alpha = 27°$)

Guide de construction: **Une chambre noire pour expérimenter**

Tu as besoin de:
- 2 tubes en carton qui s'emboîtent parfaitement (p. ex. des tubes d'emballage);
- 1 feuille de papier parchemin (p. ex. du papier à beurre);
- 2 rubans de papier à dessin (ou carte postale), 2 cm · 15 cm;
- 1 paire de ciseaux;
- 1 cutter aiguisé;
- un peu de colle.

Voici la marche à suivre:
Perce un trou (de diamètre environ 1 cm) au milieu d'un couvercle du tube le plus gros.

Taille ensuite, à même le couvercle, deux fentes dans le tube en carton. Ces deux fentes doivent se faire face afin que, plus tard, tu puisses glisser à travers elles les rubans percés de trous (fig. 4).

Dans le premier ruban, tu coupes des *trous carrés* (arêtes de longueur 1 mm à 5 mm; fig. 5), dans le second, tu perces des *trous circulaires* de même taille. Ces trous font office de diaphragmes.

Sur l'un des embouts plans du deuxième tube, tu colles en tant qu'écran le papier parchemin préparé comme l'indique la figure 6.

Introduis finalement le tube plus mince avec l'écran en tête dans l'autre (fig. 7). Voilà, ta chambre noire est prête à l'expérience.

Tableau d'acuité visuelle

Place le manuel verticalement et tente de déchiffrer un maximum de lignes à 5 m de distance.

Si tu as des difficultés à reconnaître la deuxième ligne du haut dans une pièce bien éclairée, tes yeux ne fonctionnent pas normalement. (Tous les défauts de la vision ne se laissent pas détecter si facilement et le tableau d'acuité visuelle ne remplace pas une visite chez l'oculiste.)

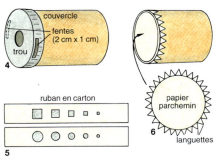
4

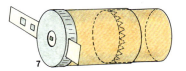
5

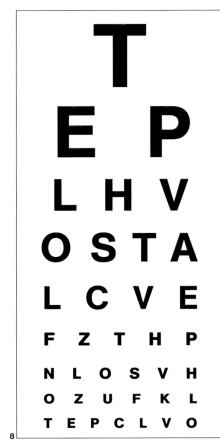
8

Guide de construction: **Un miroir double aux propriétés intéressantes**

Tu as besoin de:
1 planchette (5 cm · 40 cm);
2 petits blocs de bois;
1 vis (de longueur 4 cm);
2 miroirs de poche (au moins 6 cm · 9 cm);
colle;
ruban adhésif.

Voici la marche à suivre:
Un bloc de bois est monté sur pivot à l'une des extrémités de la planchette (fig. 9). Pour ce faire, tu perces un trou dans la planche, et tu y introduis la vis. Ensuite, tu boulonnes le bloc sur la planche sans trop le serrer.

Le miroir est fixé au bloc (p. ex. au moyen de ruban adhésif pour moquette).

A l'extrémité opposée de la planche, tu colles l'autre bloc de bois solidaire du deuxième miroir de façon à ce que l'angle entre le miroir et l'arête de la planchette mesure 45°.

Les figures 10–12 illustrent les différentes applications du miroir double.

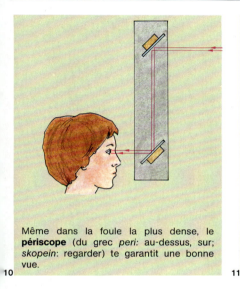

Même dans la foule la plus dense, le **périscope** (du grec *peri*: au-dessus, sur; *skopein*: regarder) te garantit une bonne vue.

10

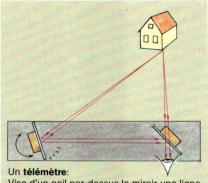

Un **télémètre**:
Vise d'un oeil par-dessus le miroir une ligne verticale (p. ex. l'arête d'une maison). Tourne le deuxième miroir pour faire coïncider cette ligne et son image vue dans le premier miroir. A toute distance cor-respond ainsi une position bien déterminée du miroir mobile.

11

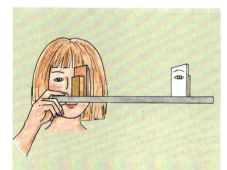

L'espace entre nos yeux est d'importance à la **perception tridimensionnelle** des objets qui nous environnent. Le miroir double sert à agrandir cet espace. Lorsque tu regardes à travers le miroir double, le bras qu'un copain tend vers toi, tu vois quelque chose de drôle; l'impression spatiale est en effet beaucoup plus prononcée qu'en général.

12

Guide de construction: **Le disque de Newton**

Tu as besoin de:
1 petit morceau de carton bleu, rouge et vert, si possible en couleurs lumineuses (fluorescentes);
1 allumette.

Voici la marche à suivre:
Découpe de chaque carton un disque d'un diamètre d'environ 5 cm. Les disques sont entaillés jusqu'au centre comme indiqué sur la figure 13.

Fais glisser entre eux les trois disques pour qu'ils se recouvrent partiellement et perce-les au centre d'une allumette (fig. 14). Les couleurs apparaissent dans des secteurs circu-laires, dont on peut changer la taille (fig. 15). Fais tourner la toupie ainsi réalisée sur la tête de l'allumette.

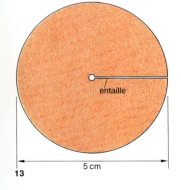

13

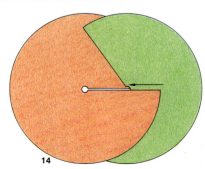

14

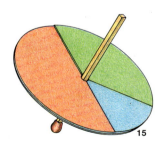

15

Lois de la réfraction

Nous avons déjà établi que le rayon incident, le rayon réfracté et la normale se trouvent dans un même plan. Cet énoncé constitue la *première loi de la réfraction*.

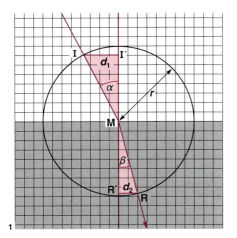

1

Nous allons établir la deuxième loi de la réfraction à partir de la figure 1.

Considère le triangle $MI'I$, qui est rectangle en I'. Tu connais la relation trigonométrique qui relie le côté opposé d'un triangle rectangle à son hypoténuse:

$$\sin \alpha = \frac{\text{côté opposé}}{\text{hypoténuse}}$$

$$\sin \alpha = \frac{I'I}{MI} = \frac{d_1}{r}$$

Ainsi, $d_1 = r \cdot \sin \alpha$.

De la même façon, dans le triangle $MR'R$, qui est rectangle en R', tu obtiens $d_2 = r \cdot \sin \beta$.

Tu peux alors déterminer l'indice de réfraction n:

$$n = \frac{d_1}{d_2} = \frac{r \cdot \sin \alpha}{r \cdot \sin \beta} = \frac{\sin \alpha}{\sin \beta}$$

Ainsi $\sin \alpha = n \cdot \sin \beta$.

Cette relation constitue la *deuxième loi de la réfraction*.

Masse volumique des solides et des liquides
(à 20 °C)

Substance	ϱ en $\frac{g}{cm^3}$
Styropor	0,015
Bois balsa	0,1
Liège	0,2 bis 0,4
Bois	0,4 bis 0,8
Beurre	0,86
Glace (0 °C)	0,92
Caoutchouc	0,9 bis 1,0
Stéarine	ca. 0,9
Ambre	1,0 bis 1,1
Plexiglas	1,2
Plastique (PVC)	ca. 1,4
Sable	ca. 1,5
Béton	1,5 bis 2,4
Carbone	
Graphite	2,25
Diamant	3,52
Verre	ca. 2,6
Aluminium	2,70
Granite	ca. 2,8
Marbre	ca. 2,8
Zinc	7,13
Etain	7,28
Fer	7,87
Acier	7,8 bis 7,9
Laiton	ca. 8,5
Nickel	8,90
Cuivre	8,96
Argent	10,5
Plomb	11,3
Or	19,3
Platine	21,5
Essence	ca. 0,7
Alcool (éthanol)	0,79
Huile de térébenthine	0,86
Eau (4 °C)	1,00
Lait	1,03
Eau salée	1,03
Glycérine	1,26
Acide sulfurique, concentré	1,83
Mercure	13,55

Masse volumique des gaz
(à 0 °C et 1013 Pa)

Substance	ϱ en $\frac{g}{l}$
Hydrogène	ca. 0,090
Hélium	ca. 0,18
Gaz naturel	ca. 0,7
Méthane	ca. 0,72
Air	ca. 1,29
Propane	ca. 2,01
Butane	ca. 2,73

Coefficient de dilatation linéaire des solides
(entre 0 °C et 100 °C)

Substance	α en $\frac{mm}{m \cdot K}$
Verre usuel	0,009
Acier (rails)	0,0115
Béton	0,012
Fer	0,012
Nickel	0,013
Or	0,014
Cuivre	0,017
Laiton	0,018
Argent	0,020
Aluminium	0,024
Zinc	0,026
Etain	0,027
Plomb	0,029

Dilatation des liquides
(entre 0 °C et 100 °C)

Substance	variation de volume en cm^3 en chauffant de 1 K
1 l de mercure	0,18
1 l d'eau	0,21
1 l de glycérine	0,50
1 l de mazout	ca. 0,9
1 l d'alcool	1,1
1 l d'essence	1,06
1 l de benzène	1,23

Index

Absorbant 81
Accommodation 129, 137
Action et réaction 12–15
Aimantation 166, 169
Aimants 162–169
Alnico 163
Amétropies 137
Analyse spectrale 150
Angle d'incidence 99, 107
Angle de réflexion 99
Angle de réfraction 107
Angle de réfraction limite 107
Angle de vision 84, 85, 103, 129, 134–137, 143
Angle limite 111
Année-lumière 79
Anomalies de l'eau 175
Anticyclone 65
Appareil photographique 121–124, 127
Arc-en-ciel 149
Archimède 50
Aréomètre 51
Aristote 8
Attraction universelle 28, 29

Balance 29, 31
Ballons 68, 69
Bar 41, 180
Baromètre 62, 63, 65, 73
Béton armé 177
Boussole 167, 168
Bunsen, Robert Wilhelm 150

Câble optique 111, 112
Camera obscura 92
Cavendish, Henry 28
Célérité de la lumière 79
Celsius, Anders 173
Chambre noire 92–95
Champ magnétique 165–167, 169
Champ magnétique terrestre 168
Changements d'état physique 34, 39
Charles, Jacques-Alexandre 180
Coefficient de dilatation linéaire 177, 183
Composantes de forces 22, 23
Condensation 34, 39
Condenseur 125
Cône d'ombre 87, 91
Constante de raideur 19, 23
Construction (géométrique) d'une image 117, 118
Copernic, Nicolas 141
Cornée 128, 137
Couleurs 146–161
Couleurs complémentaires 151
Couleurs des corps 157–159

Couleurs du spectre 146–148, 159
Couleurs fondamentales 153
Cristallin 128, 137
Croissance des cristaux 35

Dalton, John 37
Déclinaison (magnétique) 168
Décomposition de forces 22, 23
Défaut d'image (d'aberration) 120
Défauts de la vision 132–137
Déformation 7, 11, 15, 18
Démocrite 37
Dépression 65
Désaimantation 162, 169
Diaphragme 122
Diapositive 154, 155
Diffusion de la lumière 80–83
Dilatation linéaire 177, 183
Dioptre 107
Dioptrie 133
Direction d'une force 7
Dirigeable 69
Dispersion 147
Disque de Newton 151
Distance focale 116, 127
Distance minimale de vision distincte 134
Distance-image 87, 93, 116
Distance-objet 87, 93, 116
Droite d'action d'une force 7
Droite de régression 19
Dynamomètre 16, 17, 23

Echelle Celsius 170, 173
Echelle Fahrenheit 173
Echelle Kelvin 181
Echelle Réaumur 173
Echelle thermométrique absolue 181
Echelles thermométriques 170, 172, 173
Eclipse de Lune 89
Eclipse de Soleil 89
Effet dynamique 7, 15
Effet statique 7, 15
Elastique 11, 15
Endoscope 111
Equilibre des forces 10–12, 15
Erreur de mesure 19
Etalonnage 17
Expérience de la tache d'huile 38

Fahrenheit, Daniel Gabriel 173
Faisceau lumineux 77, 83
Faraday, Michel 167
Fibre optique 111, 112
Filtres colorés 155
Fizeau, Armand 79

Fluorescence 148
Force 6–15
Force de frottement 7–9, 12
Force de pesanteur 7
Force de rappel 11
Force pressante 41, 43
Foyer 116
Foyer virtuel 132
Fraunhofer, Joseph 150
Fusée 14
Fusion 34, 39

Galilei, Galileo (Galilée) 9, 79, 139, 141
Gay-Lussac, Joseph 180
Goethe, Johann Wolfgang von 147, 160, 161
Grandissement 93, 95, 119, 127
Gravitation 28, 29
Grossissement 135, 139, 143, 145
Guericke, Otto von 60–63, 172
Guide de lumière 111, 112

Hooke, Robert 19
Horror vacui 60
Hypermétropie 133, 137

Image donnée par un miroir 96–99
Image réelle 97, 116
Image virtuelle 97, 104, 105, 108, 116, 132
Images en relief 130
Images stéréoscopiques 130
Inclinaison (magnétique) 168
Indice de réfraction 110
Inertie 25, 31
Installation d'arrosage 174
Intensité de la pesanteur 27
Intervalle fondamental 170
Isobares 65

Jumelles à prisme 140
Jumelles de spectacle 140

Kelvin (K) 170, 181
Kelvin, Lord of Largs 181
Kepler, Johannes 139
Kilogramme (kg) 29, 31
Kilogramme-étalon 29–31
Kirchhoff, Gustav Robert 150
Koch, Robert 142

Lanterne magique 126
Laser 78
Leeuwenhoek, Anton van 142
Lentille convergente 114–120, 127, 137
Lentille de Fresnel 125

Lentille divergente (concave) 132, 133, 137
Ligne de champ magnétique 166, 169
Loi de Boyle-Mariotte 57, 72
Loi de Charles 182, 183
Loi de conjugaison 119, 127
Loi de Gay-Lussac 182, 183
Loi de grandissement 119, 127
Loi de Hooke 19, 23
Loi du retour inverse de la lumière 99, 107
Lois de la réflexion 99, 105
Lois des gaz 180–183
Lois des lentilles convergentes 118, 119
Longue-vue 138–145
Loupe 134–137
Lumière infrarouge 147, 148, 159
Lumière ultraviolette 147, 148, 159
Lunette à tirage 140
Lunette astronomique (lunette de Kepler) 138–140
Lunette hollandaise (lunette de Galilée) 138, 139
Lunettes de lecture 134
Lunettes terrestres 140

Machine simple 43, 54
Magnétite 167
Maladie des plongeurs 45
Manomètre 41, 63
Masse 24–31
Masse volumique 32, 33
Masses marquées 29, 31
Matériaux ferromagnétiques 163, 169
Mesure de forces 16, 17, 23
Microscope 138, 139, 142, 145
Miroir concave 103–105
Miroir convexe 102–105
Miroir courbe 102–105
Miroir triple 101
Mise au point 121
Modèle corpusculaire 35–37, 39, 41
Modèle magnétique 164, 169
Montgolfière 68, 181
Muscle ciliaire 128, 137
Myopie 133, 137

Négatif couleur 154
Newton (N) 17, 23, 30
Newton, Isaac 9, 13, 17, 147, 148, 151, 156
Nombre d'ouverture 122, 123
Normale 99
Norme d'une force 7

Objectif 120–127, 138, 139
Oculaire 138, 139

Oeil 128–137
Ombre 86–91
Ombre portée 87, 91
Ombre propre 87
Ombre pure 87, 91
Opaque 81
Oreille 67

Paradoxe hydrostatique 47
Parallélogramme des forces 22, 23
Pascal (Pa) 41, 180
Pascal, Blaise 41, 46
Pasteur, Louis 142
Pénombre 87, 91
Pinceau lumineux 77
Plan focal 116, 127
Plan-image 116
Poids 7, 26–31
Point d'application d'une force 7
Poissons 52
Pôles d'un aimant 163, 169
Pompes 70, 71, 73
Poussée d'Archimède 48, 49, 55, 67
Pression 40–47, 54, 180
Pression atmosphérique 60–66, 72, 73
Pression atmosphérique normale 63
Pression dans un gaz enfermé 56, 57, 72
Pression hydrostatique 43–47, 54
Principe d'Archimède 49
Principe de l'action et de la réaction 13–15
Principe de l'inertie 9, 15
Prisme 146–148, 150, 151, 159, 161
Profondeur de champ 123
Projecteur de diapositives 124, 125, 127
Projecteurs 124–127
Propagation de la lumière 77, 83
Proportionnalité 18, 19, 23
Proportionnalité inverse 58
Proportionnalités multiples 177, 183
Propulsion par réaction 14
Punctum proximum (de l'oeil) 134
Pupille 128, 137
Pupille de sortie 144

Raies spectrales 150
Rayon lumineux 77, 83
Rayons limites 77
Réaumur, René-Antoine 173
Récepteur de la lumière 81, 82
Réflexion 113
Réflexion totale 110–113
Réfraction 106–111, 113, 116
Résistance des matériaux 20, 21
Respiration 66
Résultante (de deux forces) 22, 23

Rétine 128, 137
Rétroprojecteur 125
Römer, Olaf 79, 173

Sens d'une force 7
Solidification 34, 39
Source lumineuse 74–76, 83
Sous-marin 52
Sous-pression 65, 66
Spectre 146–148, 159
Spectre de raies 150
Substances thermochromes 171
Surpression 65
Synthèse additive 151–153, 159
Synthèse des couleurs 151–155
Synthèse soustractive 151–153, 159
Système hydraulique 42, 43, 54

Taille-image 87, 93
Taille-objet 87, 93
Télémètre à coïncidence 100
Température 170
Température absolue 181, 182
Temps de pose 122
Théorie des couleurs de Goethe 160
Théorie des trois couleurs 155, 156
Thermocouple 171
Thermomètre à bilame 171
Thermomètre à cristaux liquides 171
Thermomètre à liquide 171
Thermomètre à maximum et minimum 171
Thermomètres 170–173
Torricelli, Evangelista 63
Translucide 81
Transparent 81

Vaporisation 34, 39
Variations de volume 174–183
– des gaz 179–183
– des liquides 174, 175, 183
– des solides 176–179, 183
Vecteur 7
Vergence 133
Vessie natatoire 52
Vision 81–83
Vision des couleurs 156
Vision du monde 141
Vision spatiale 130, 131, 137
Vitesse 7, 30
Vitesse de la lumière 79
Voyager 2 8

Young, Thomas 156

Zéro absolu 181

Grandeurs physiques et unités

Grandeur	Symbole	Unité		Autres unités		Relation
Température	T ϑ (Theta)	kelvin degré Celsius	K °C			0 K ≙ −273,15 °C 0 °C ≙ 273,15 K
Longueur	l	mètre	m	mille marin	M	1 M = 1852 m
Surface Section	S S	mètre carré	m²	ar hektar	a ha	1 a = 100 m² 1 ha = 100 a = 10 000 m²
Volume	V	mètre cube	m³	litre	l	1 l = 1 dm³ = 0,001 m³
Masse	m	kilogramme	kg	gramme tonne	g t	1 g = 10⁻³ kg = 0,001 kg 1 t = 10³ kg = 1000 kg
Masse volumique	ϱ (Rho)	gramme par centimètre cube	$\frac{g}{cm^3}$			
Force	F	newton	N			$1\ N = \frac{1\ kg\ m}{s^2}$
Pression	p	pascal	Pa	bar	1 bar	$1\ Pa = 1\ \frac{N}{m^2}$ 1 bar = 10⁵ Pa = 1000 hPa 1 mbar = 1 hPa = 10² Pa = 100 Pa
Travail Energie	W	joule newton mètre	J Nm			$1\ J = 1\ Nm = 1\ Ws = 1\ \frac{kg\ m^2}{s^2}$
Puissance	P	watt	W			$1\ W = 1\ \frac{Nm}{s} = 1\ \frac{J}{s}$
Temps	t	seconde	s	minute heure jour an	min h d a	1 min = 60 s 1 h = 60 min = 3600 s 1 d = 24 h = 1440 min = 86400 s
Vitesse	v	mètre par seconde	$\frac{m}{s}$	kilomètre par heure noeud	$\frac{km}{h}$ kn	$1\ \frac{km}{h} = \frac{1}{3,6}\ \frac{m}{s}$ $1\ kn = 1\ \frac{M}{h} = 1,852\ \frac{km}{h}$
Vergence	D	dioptrie	dpt			$1\ dpt = \frac{1}{m}$

Multiples et sous-multiples des unités

Préfixe	giga-	mega-	kilo-	hecto-	déca-	déci-	centi-	milli-	micro-	nano-	pico-
Symbole	G	M	k	h	da	d	c	m	µ	n	p
Facteur, par lequel l'unité est multipliée	10⁹	10⁶	10³	10²	10¹	10⁻¹	10⁻²	10⁻³	10⁻⁶	10⁻⁹	10⁻¹²